Ana Carolina de Araújo Marson, Augusto Leal Rinaldi
Carolina Antunes Condé de Lima, David Magalhães
Giovanna Ayres Arantes de Paiva, Jonathan de Araujo de Assis
Laerte Apolinário Júnior, Letícia Rizzotti Lima
Lívia Peres Milani, Lucas de Oliveira Ramos
Kimberly Alves Digolin, Matheus de Oliveira Pereira
Mauricio Homma, Thiago Felix Mattioli

Introdução às
RELAÇÕES
INTERNACIONAIS

Organização
Clarissa Nascimento Forner
Rodrigo Fernando Gallo

Prefácio
Cristina Soreanu Pecequilo

Freitas Bastos Editora

Copyright © 2025 by Ana Carolina de Araújo Marson, Augusto Leal Rinaldi, Carolina Antunes Condé de Lima, Clarissa Nascimento Forner, David Magalhães, Giovanna Ayres Arantes de Paiva, Jonathan de Araujo de Assis, Laerte Apolinário Júnior, Letícia Rizzotti Lima, Lívia Peres Milani, Lucas de Oliveira Ramos, Kimberly Alves Digolin, Matheus de Oliveira Pereira, Mauricio Homma, Rodrigo Fernando Gallo, Thiago Felix Mattioli.

Todos os direitos reservados e protegidos pela Lei nº 9.610, de 19.2.1998. É proibida a reprodução total ou parcial, por quaisquer meios, bem como a produção de apostilas, sem autorização prévia, por escrito, da Editora.

Direitos exclusivos da edição e distribuição em língua portuguesa:
Maria Augusta Delgado Livraria, Distribuidora e Editora

Direção Editorial: Isaac D. Abulafia
Gerência Editorial: Marisol Soto
Assistente Editorial: Larissa Guimarães
Copidesque: Tatiana Paiva
Revisão: Enrico Miranda
Diagramação e Capa: Vanúcia Santos

Dados Internacionais de Catalogação na Publicação (CIP) de acordo com ISBD

61	Introdução às Relações Internacionais / Ana Carolina de Araújo Marson... [et al.]. - Rio de Janeiro, RJ : Freitas Bastos, 2025. 364 p. ; 15,5cm x 23cm. ISBN: 978-65-5675-502-1 1. Relações Internacionais. I. Marson, Ana Carolina de Araújo. II. Rinaldi, Augusto Leal. III. Lima, Carolina Antunes Condé de. IV. Forner, Clarissa Nascimento. V. Magalhães, David. VI. Paiva, Giovanna Ayres Arantes de. VII. Assis, Jonathan de Araujo de. VIII. Júnior, Laerte Apolinário. IX. Lima, Letícia Rizzotti. X. Milani, Lívia Peres. XI. Ramos, Lucas de Oliveira. XII. Digolin, Kimberly Alves. XIII. Pereira, Matheus de Oliveira. XIV. Homma, Mauricio. XV. Gallo, Rodrigo Fernando. XVI. Mattioli, Thiago Felix. XVII. Título.
2025-889	CDD 327 CDU 327

Elaborado por Odilio Hilario Moreira Junior - CRB-8/9949

Índices para catálogo sistemático:
1. Relações Internacionais 327
2. Relações Internacionais 327

Freitas Bastos Editora
atendimento@freitasbastos.com
www.freitasbastos.com

CRISTINA SOREANU PECEQUILO[1]

Ao longo dos anos, a área de Relações Internacionais no Brasil apresenta ciclos alternados de expansão e retração, relacionados às condições sociais, políticas, econômicas, estratégicas e culturais do país. Tais ciclos correspondem às alterações no projeto de Estado e sociedade presentes no poder, afetando a inserção internacional brasileira, mas também são derivadas de dimensões acadêmico-profissionais domésticas que não percebem a relevância do "mundo de fora" para o "mundo de dentro".

Além disso, estes ciclos refletem fragmentações nas percepções nacionais sobre qual papel pode e deve ser desempenhado no exterior, em termos regionais e globais. Questionamentos que já deveriam estar no passado como a identidade (ou não) sul-americana do Brasil, a existência ou não de uma área de Relações Internacionais e a importância do setor externo para a consolidação do poder nacional ressurgem periodicamente, promovendo o retrocesso de projetos e a quebra de processos. Enquanto isso, na vida real, ultrapassando fronteiras, Estados e sociedades que pensam e agem de forma sistemática na geopolítica, na geoeconomia e na geocultura, ganham em eficiência, competitividade e autonomia, descolando do Brasil.

Em uma rápida linha temporal, podem ser identificados como ciclos de expansão o imediato pós-Guerra Fria em 1989, até meados

---

[1] Livre docente em Política Internacional pela Universidade Federal de São Paulo (USP). Doutora em Ciência Política pela Universidade de São Paulo (USP). Professora de Relações Internacionais da Unifesp e dos programas de pós-graduação em Relações Internacionais San Tiago Dantas (Unesp/Unicamp/PUC-SP) e em Economia Política Internacional da Universidade Federal do Rio de Janeiro (UFRJ). Pesquisadora do Núcleo Brasileiro de Estratégia e Relações Internacionais da Universidade Federal do Rio Grande do Sul (NERINT/UFRGS) e do CNPq. E-mail: crispece@gmail.com.

1995, assim como 2003-2010. Enquanto a primeira fase é associada à vitória dos Estados Unidos (EUA) no conflito bipolar contra a União Soviética (URSS) às utopias da globalização, com promessas de universalização de valores, democracia e prosperidade, a segunda representa uma fase de ascensão das nações emergentes, como os BRICS (Brasil, Rússia, Índia, China e África do Sul), e as tendências à multipolaridade e à desconcentração de poder mundial. Sobrepondo-se a esta expansão, a retração tem raízes na crise econômica global de 2008, focada nos EUA e na União Europeia (UE), e a ascensão das ideologias de extrema-direita, nacionalismo e unilateralismo em oposição às utopias e promessas não realizadas do neoliberalismo. Esta fase trouxe ao Brasil e à América Latina, uma década perdida entre 2011-2022, de baixo crescimento econômico e tensões políticas, colocando em xeque regimes democráticos.

Diante deste contexto, as perguntas que ficam são: e a segunda década do século XXI? O ciclo é de expansão ou retração? Em uma breve resposta pode-se dizer: o futuro está em aberto e precisa ser construído de um ponto de vista soberano para que a visão do Brasil se consolide, em respeito a seus interesses e sua sociedade. Porém, daqui surgem mais indagações: como fazê-lo em um mundo no qual se sucedem conflitos sem previsão de término em todos os continentes e predominam desigualdades graves, violência, insegurança alimentar, crises sanitárias, enquanto a prosperidade se limita a algumas regiões? A resposta está na China e sua cooperação ganha-ganha, na aliança renovada com a hegemonia estadunidense ou a busca de uma ação de barganha diante desta coexistência competitiva? Ou a saída está em pensar estrategicamente e projetar cenários na multipolaridade?

Todas estas opções são válidas, mas a primeira resposta, a qualquer uma destas perguntas é: a saída é pensar, conhecer, saber e refletir, para que o conhecimento traga luzes, começando do começo. E, para começar do começo, esta obra traz o essencial: os instrumentos para que se possa compreender o mundo, por meio da apresentação das principais características do campo de estudo das Relações Internacionais, suas áreas estruturantes e seus debates contemporâneos. Mais importante, um essencial que parte de uma visão brasileira, da nova geração de estudiosos, que, independentemente dos ciclos de expansão e retração da área, tornou-a sua vocação pessoal e profissional.

Estudiosos que, com muito orgulho, de discentes, tornaram-se, e permanecem, colegas nesta trajetória tanto apaixonante quanto desafiadora. Que as páginas seguintes despertem ainda mais vocações, em meio a esta constante luta pela reafirmação social da área no Brasil, no público e no privado. Somente com densidade, maturidade e dedicação, as Relações Internacionais e a projeção externa do país deixarão de ser objeto de oscilações e fragilidade, para se tornarem sinônimo da força e da identidade desta sociedade.

São Paulo, fevereiro de 2024.

APRESENTAÇÃO

O campo acadêmico de Relações Internacionais ainda é jovem no Brasil. Embora o primeiro curso tenha sido criado na década de 1970, foi apenas na década de 1990 que os bacharelados da área enfrentaram o primeiro ciclo de expansão, motivado pela abertura do mercado brasileiro para o exterior, a partir da gestão Collor de Mello, e posteriormente, na década de 2000, quando os dois primeiros governos Lula (2003-2010) impulsionaram o processo de inserção internacional do país.

A jovialidade das Relações Internacionais nos coloca em uma situação bastante dual: do ponto de vista positivo, o fato de a área ainda estar em processo de consolidação apresenta inúmeras oportunidades profissionais e acadêmicas; do ponto de vista negativo, ainda há muitas lacunas que precisam ser preenchidas, inclusive, para melhorar a qualidade dos cursos e da formação oferecida ao corpo discente.

Nesse sentido, disciplinas de *Introdução às Relações Internacionais* (ou equivalentes) são desafiadoras para docentes e estudantes. Por se tratar de uma unidade curricular normalmente oferecida em início de graduação, o público-alvo usualmente é composto por jovens com idades entre 17 e 20 anos, majoritariamente, que se deparam com a demanda de aprender conceitos complexos, como Estado, sistema internacional e atores não estatais. A lacuna é que, à exceção dos textos clássicos, geralmente oriundos de países anglo-americanos, há uma carência de livros em português com um caráter didático e linguagem acessível para pavimentar um caminho mais simples de compreensão para esses estudantes. Devemos admitir que não é fácil encarar a leitura de obras clássicas do campo, e manuais de graduação podem auxiliar no processo de transição do ensino médio para o ensino superior, e, ao mesmo tempo, para apresentar a área de RI às pessoas interessadas.

É fato que há obras nacionais que seguem esse tipo de abordagem. Porém, muitas delas carecem de atualização, uma vez que foram publicadas há mais de uma década e, portanto, não acompanharam as transformações acadêmicas da área de Relações Internacionais e a consolidação dos debates mais contemporâneos, tais como as questões de gênero e raça. Muitos desses livros, inclusive, são anteriores à publicação das Diretrizes Curriculares Nacionais (DCNs) do Ministério da Educação, de 2017. Tudo isso impacta o modo como as obras foram concebidas, deixando lacunas que professores e alunos precisam cobrir normalmente com o uso de literatura estrangeira.

Por conta disso, este livro foi proposto para suprir ao menos parte dessa demanda. Ao analisar as DCNs do campo de Relações Internacionais e as diretrizes de formação da área, optamos por construir um curso introdutório que apresenta aos estudantes os temas clássicos fundamentais, mas que revisita tais conceitos de forma crítica e apresenta as discussões contemporâneas.

Desse modo, o objetivo deste livro é oferecer um material didático e introdutório ao curso de Relações Internacionais, discutindo os conceitos-chave deste campo de estudos e as áreas que o compõem de forma atualizada e renovada. As unidades presentes na obra são pertinentes ao ensino, sobretudo da disciplina obrigatória de Introdução às Relações Internacionais, mas também a outras disciplinas correlacionadas, tais como Teoria das Relações Internacionais e Política Internacional.

Nas próximas páginas, o leitor vai encontrar um conjunto de unidades conectadas entre si, sendo que cada capítulo foi escrito por um(a) especialista no tema. Tais capítulos podem ser lidos de forma sequencial no decorrer do semestre acadêmico, levando em consideração as principais demandas de formação dos estudantes da área. Assim, o livro começa com uma unidade intitulada *As Relações Internacionais como campo de estudo*. Nessa etapa do estudo, Mauricio Homma mapeia o surgimento e o desenvolvimento das RI no mundo e no Brasil, enquanto Thiago Felix Mattioli apresenta uma discussão sobre o mercado de trabalho, essencial para atender às demandas das Diretrizes Curriculares Nacionais. Na sequência, revisitamos os debates mais clássicos: Rodrigo Gallo e Clarissa Nascimento Forner apresentam a discussão sobre Estado e poder, Lívia Peres Milani aborda os conceitos de sistema e ordem

Apresentação

internacional, Giovanna Ayres Arantes de Paiva ensina o que são organizações internacionais e Ana Carolina de Araújo Marson discute a ascensão dos atores não estatais no mundo.

Em seguida, a segunda unidade do nosso curso apresenta e discute as áreas estruturantes das Relações Internacionais em nível introdutório, para que, logo no início do bacharelado, o corpo discente possa conhecer melhor os eixos teóricos das RI, igualmente propostos pelas DCNs e devidamente atualizados. Sendo assim, Jonathan de Araujo de Assis apresenta a subárea de Segurança Internacional, Matheus de Oliveira Pereira discute o campo de Economia Política Internacional, Letícia Rizzotti Lima insere o estudante no universo do Direito Internacional, David Magalhães aborda a História das RI, e a dupla Augusto Leal Rinaldi e Laerte Apolinário Junior debate a Análise de Política Externa.

Por fim, a Unidade III leva para os futuros internacionalistas a introdução aos debates contemporâneos. Nesse sentido, Kimberly Alves Digolin apresenta a importante discussão sobre gênero e Relações Internacionais, Lucas de Oliveira Ramos debate as questões ligadas à raça e RI, e Carolina Condé de Lima enfrenta a tarefa de mapear as perspectivas do Sul Global para os estudantes da área.

Então, sejam bem-vindas(os) ao nosso curso de *Introdução às Relações Internacionais*. Boa leitura!

Sumário

Unidade I: As Relações Internacionais como campo de estudo..**12**

Capítulo 1 – O surgimento e desenvolvimento das Relações Internacionais no Brasil e no mundo.................................... 13

Capítulo 2 – Relações Internacionais e mercado de trabalho 39

Capítulo 3 – Estado e Poder...66

Capítulo 4 – Os conceitos de Sistema e Ordem Internacional.............94

Capítulo 5 – As Organizações Internacionais 118

Capítulo 6 – Atores não estatais..140

Unidade II: As áreas estruturantes das Relações Internacionais...**160**

Capítulo 7 – Segurança Internacional.. 161

Capítulo 8 – Economia Política Internacional..............................193

Capítulo 9 – Direito Internacional 214

Capítulo 10 – História das Relações Internacionais........................235

Capítulo 11 – Análise de Política Externa....................................259

Unidade III: Os debates contemporâneos das Relações Internacionais...**287**

Capítulo 12 – Relações Internacionais e gênero.............................218

Capítulo 13 – Raça e África nas Relações Internacionais..................313

Capítulo 14 – As Perspectivas do Sul Global nas Relações Internacionais 344

Biografia dos autores em ordem alfabética..........................**361**

UNIDADE I

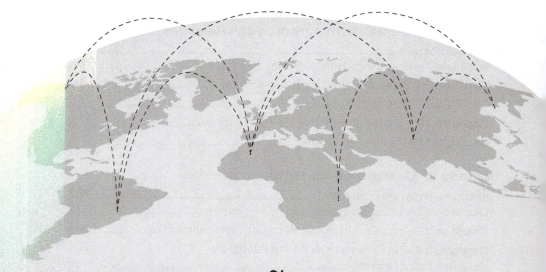

AS RELAÇÕES INTERNACIONAIS COMO CAMPO DE ESTUDO

O SURGIMENTO E DESENVOLVIMENTO DAS RELAÇÕES INTERNACIONAIS NO BRASIL E NO MUNDO

MAURICIO HOMMA[2]

1. INTRODUÇÃO

Boa parte dos ingressantes nos cursos de Relações Internacionais justifica sua decisão de escolha de carreira por fatores que hoje estão presentes no cotidiano de nossas vidas, seja no Brasil ou em outras partes do mundo. É certo que, em diversos grupos de mídias sociais ou canais variados que seguimos, imediatamente apresentam-se compartilhamentos de notícias de última hora, ou ainda de um suposto ou suposta comentarista sobre algum fato que está acontecendo. Então, recorremos a um canal de imprensa oficial, seja na *internet* ou na TV, para termos mais informações sobre o assunto. Pronto! Logo, encontramos alguns analistas internacionais, normalmente acadêmicos da área de Relações Internacionais, sendo entrevistados para oferecer aos espectadores um conjunto de considerações e análises sobre o assunto, seu contexto, os fatores históricos e políticos que o envolvem.

A globalização de praticamente todos os aspectos que envolvem nossas vidas em sociedades, aliada aos avanços das Tecnologias de Comunicação e Informação e, em particular, ao desenvolvimento e alastramento exponencial da *internet*, proporcionou a integração

---
[2] Doutor em Ciências Sociais: Relações Internacionais e mestre em Educação: currículo pela PUC-SP. Graduado em Ciências Políticas e Sociais pela Escola de Sociologia e Política de São Paulo. Professor no curso de Relações Internacionais da Universidade São Judas Tadeu.

constante do mundo e, junto a isso, o compartilhamento imediato de seus problemas, onde quer que estejam ocorrendo. Somos conectados ao vivo com as eleições de diversos países, principalmente aos que se destacam com interferência direta no ordenamento político global e regional; desperta nossa atenção quando algum evento de impacto na economia internacional pode alterar a relação e o posicionamento entre os países; inspira nossa expectativa quanto ao comprometimento da cooperação comercial internacional, se alguns países centrais impõem regras de protecionismo ao acesso de seu mercado interno; somos estimulados a buscar informações históricas que ajudem a entender determinados comportamentos de sociedades ou países no cenário internacional; ativa fortemente nossa preocupação quando assistimos ou estamos envolvidos em conflitos entre países, ou por alguma ação de grupos terroristas internacionais; causa-nos muito incômodo quando percebemos que a deterioração das condições do clima, dos recursos naturais e do equilíbrio do ecossistema está comprometendo a vida no planeta, mas não se consegue estabelecer entendimentos entre as lideranças dos países para assumir uma governança global positiva nessa agenda.

Esse tema é parte de um contexto que faz com que as Relações Internacionais estejam como elemento presente e constante na vida cotidiana das sociedades e, principalmente na atualidade, com reconhecimento de sua importância na contribuição para o entendimento e formação de consciência sobre os fatos em ambiente global.

Mas nem sempre foi assim, e há uma trajetória de consolidação da área de Relações Internacionais, seja por sua história e reconhecimento acadêmico no Brasil, seja, anteriormente, pelo surgimento da área em contextos globais determinados e reflexões científicas que proporcionaram sua identidade no campo da ciência.

Na segunda seção deste capítulo, serão abordadas tais circunstâncias que favoreceram a criação e implantação do campo de estudos das Relações Internacionais, prioritariamente no eixo acadêmico anglo-saxão. Essa é uma discussão essencial no início de qualquer estudo introdutório de RI. Na sequência, como abordagem da seção 3, há um destaque de considerações sobre os fatos relevantes ocorridos ao longo do século XX e a transição para o século XXI, como contextos que favoreceram o avanço e a consolidação da área no mundo. Já na seção 4 estão relatados alguns eventos importantes que contribuíram para o estabelecimento e expansão do campo de estudos e da área acadêmica das Relações Internacionais no Brasil, bem como as referências sobre o processo de regulamentação dos cursos de RI no Ensino Superior brasileiro.

2. O CAMPO DE ESTUDOS DAS RELAÇÕES INTERNACIONAIS

A área de estudos das Relações Internacionais (RI) é oriunda do campo das Ciências Sociais, tendo, inclusive, sua estrutura de visão holística (panorâmica) e de análise dos fatos sociais derivada desta última. Então, é importante retomar alguns aspectos relevantes da origem das Ciências Sociais. O final da Idade Média e início da Idade Moderna foi marcado pelo surgimento da ciência moderna, assentada no pensamento racional, fundamentado na observação dos fenômenos e na comprovação científica. O processo da Revolução Industrial, a partir da metade do século XVIII, na Inglaterra, promoveu intrínsecas mudanças nas sociedades europeias, não somente nas novas formas de produção e estabelecimento do modo de produção capitalista, mas também, e principalmente, nos valores e nas estruturas de organização das sociedades ocidentais.

Importante notar que, ainda no século XVII, após um longo período de conflitos e disputas por territórios com motivações religiosas, no contexto europeu, desencadeou-se um processo de entendimentos para o fim da Guerra dos Trinta Anos, com os Tratados da Paz de Westfália (1648)[3]. Nesses tratados houve a definição de delimitações

---

[3] A Guerra dos Trinta Anos denomina uma série de conflitos, entre 1618 e 1648, ocorridos na Europa e envolvendo o Sacro Império Romano-Germânico e algumas de suas províncias em desacordo, bem como abrangeu ainda a França, Suécia e Espanha, para além dos domínios do Sacro Império. Os motivos dos conflitos foram diversos, mas, principalmente, houve desentendimentos religiosos, entre a Igreja Católica e a Reforma Protestante, e disputas de territórios, dentre outros. Após um processo de várias negociações entre as diversas partes

Introdução às Relações Internacionais

de fronteiras para os territórios, retirando-se a centralidade das razões religiosas para o ordenamento do mundo, configurando-se o personagem do cenário internacional que se tornará, posteriormente, um dos atores centrais nos estudos das Relações Internacionais: o Estado Moderno.

Esses Estados Modernos passaram a atuar de forma marcante no século XVIII com as expansões marítimas, o mercantilismo e as colonizações, impulsionados pelos impactos da Revolução Industrial, que reordenaram as estruturas econômicas, sociais e políticas, desempenhando um papel de confronto no interior das sociedades. O tripé de poder, composto pela monarquia, o feudalismo e a Igreja, passava a ser questionado no contexto europeu, marcando a forte presença do pensamento iluminista como movimento de ruptura dessas estruturas, na perspectiva de um novo eixo de desenvolvimento e de direitos individuais.

O século XVIII seria palco ainda, nesse cenário de contestações e mudanças, da declaração de independência das colônias britânicas na América do Norte (1776), dando origem à formação dos Estados Unidos da América, e da Revolução Francesa (1789), que acabou com o Antigo Regime e derrubou a monarquia e a aristocracia francesa.

Aqui, é fundamental destacar que, se as Ciências Sociais, e, particularmente, a Sociologia, passaram a ter um campo que se firmou como próprio e relevante para o entendimento das diversas transformações sociais que estavam ocorrendo de forma impactante no mundo, a ciência política especificamente, dentro do espectro de análise das Ciências Sociais, se delineou como um foco de estudos importante, com a contribuição de diversos pensadores, tais como John Locke (1632-1704), Jean-Jacques Rousseau (1712-1778), Montesquieu (1689-1755), retomando-se obras do pensamento grego, como Platão (427-347 a.C.) e Aristóteles (384-322 a.C.), até Maquiavel (1469-1527) e Thomas Hobbes (1588-1679).

---

dos conflitos e o estabelecimento de um conjunto de tratados que foram sendo firmados, em 24 de outubro de 1648 é finalizada a série de acordos que consagram a Paz de Westfália, em menção à região da Alemanha onde se concentraram a ocorrência da maior parte dos encontros para tais entendimentos. Ver mais sobre esse assunto no Capítulo 11 desta publicação, "História das Relações Internacionais".

Dessa forma, os Estados soberanos, definidos na constituição do Estado Moderno como sendo instituídos por território, povo e governo, passaram a atuar como atores prioritários do ordenamento do mundo, principalmente os do "velho mundo" europeu, em fortes movimentos de expansão de territórios e ampliação de seus mercados consumidores.

Nesse contexto, iniciou-se o século XX e, logo na metade da segunda década, foi desencadeada a Primeira Guerra Mundial (1914-1918). Com o Tratado de Versalhes (1919), chegou-se aos termos para a confirmação do fim da guerra e a responsabilização da Alemanha para reparação dos prejuízos causados pelo conflito. Foi nesse momento que o então presidente dos Estados Unidos, Woodrow Wilson, que havia lançado em discurso os "14 pontos para a Paz" (em 8 de janeiro de 1918), tornou-se um dos principais defensores da criação de um organismo internacional interestatal que promovesse a garantia da paz entre as nações. A Conferência da Paz de Paris, em 28 de junho de 1919, criou o Pacto da Liga das Nações, sendo que a Liga iniciaria oficialmente suas atividades em 10 de janeiro de 1920.

Com esse propósito atribuído ao compromisso dos países, calcado nos traumas causados pela Primeira Guerra Mundial, começava a se desenhar o cenário para a consolidação de uma área de estudos que se dedicasse à observação e ao entendimento dos fatores determinantes do cenário internacional, principalmente aqueles relacionados às causas dos conflitos.

Já no início da década de 1920, duas instituições foram criadas para que pudessem se dedicar a tais estudos, de forma cooperativa: a *Council on Foreign Relations*, com sede em Nova Iorque, e o *Royal Institute of International Affairs*, com sede em Londres, e que passou a ser conhecido como a *Chatham House*. As produções das instituições não necessariamente ocorreram em cooperação acadêmica, mas desencadearam frutos importantes, como a publicação da revista *Foreign Affairs* pela entidade norte-americana, constituindo-se num periódico tradicional da área, e na produção do relatório periódico *Survey of International Affairs* pela *Chatham House* britânica (Sato, 2021, p. 3).

Importante também registrar que, ainda em 1919, foi lançada a primeira cátedra em RI na Universidade de Aberystwyth, no País de Gales, Reino Unido (Mendes, 2019, p. 23). Mas foi nos Estados Unidos que ocorreu o lançamento inédito de uma disciplina específica no campo das Relações Internacionais, no curso de Ciências Sociais, nas Universidades de Chicago, South California (SIR), Columbia, Georgetown e Wisconsin, adotando-se imediatamente em outras instituições de grande reconhecimento acadêmico, tais como as Universidades de Harvard, Stanford, MIT, John Hopkins, Yale, Michigan e Princeton. Porém, os estudos de Relações Internacionais tornaram-se um curso de graduação pela primeira vez em 1928, na Universidade de Chicago, sendo palco para diversos estudos e pensadores de destaque para a área das RI (Mendes, 2019, p. 24).

Mas, talvez, o campo das Relações Internacionais teria avançado mais lentamente em sua trajetória de consolidação acadêmica não fossem os fatos determinantes e de grande impacto no ordenamento das relações políticas entre os países, ocorridos ao longo de todo o século XX, que proporcionaram um significativo impulso e relevância para a área de estudos. Isso é o que trataremos na próxima seção.

3. O CENÁRIO DO SÉCULO XX COMO ESTÍMULO AO SURGIMENTO DAS RI

O século XX testemunhou uma série de conflitos e mudanças de grande impacto no ordenamento mundial e nas tendências de poder e de desenvolvimento dos países. Foi o período chamado pelo historiador Eric Hobsbawm de "Era dos Extremos" (1995), sendo esse o título de uma de suas obras consagradas que registra historicamente o século XX.

A entrada do século já foi marcada pelo fim dos grandes impérios[4]. A Rússia, dominada pelo czarismo desde 1547, sofreu um desgaste ao ser derrotada pelo Japão na Guerra Russo-Japonesa

---

[4] Ver mais sobre os grandes impérios em: HOBSBAWM, E. J. *A era dos impérios*: 1875-1914. Tradução de Siene Maria Campos e Yolanda Stidel de Toledo. São Paulo: Paz & Terra, 2012.

na Manchúria, território no nordeste da China, entre 1904 e 1905, em disputa pelo domínio de territórios estratégicos na região. O czarismo russo passou por um golpe fatal no processo interno da Revolução Russa, em 1917, com a ascensão do socialismo dos bolcheviques ao poder, sendo fundada posteriormente a União das Repúblicas Socialistas Soviéticas (URSS).

O fim da Primeira Guerra Mundial desencadeou ainda a desintegração do Império Austro-Húngaro que, derrotado como parte da Tríplice-Aliança com a Alemanha e a Itália, teve seu território fragmentado no surgimento da Áustria, Hungria, Tchecoslováquia, parte da Iugoslávia e parte da Romênia (Mingst, 2009, p. 32).

Por sua vez, o Império japonês, que havia sido constituído em 1868 com a Restauração Meiji, foi extinto em 1947, após derrota na Segunda Guerra Mundial e com a instituição da Constituição do Estado do Japão. Já o Império alemão, constituído desde 1871, sofreu o esfacelamento no desfecho da Primeira Guerra Mundial, provocando a queda do Kaiser e o fim do Império. Posteriormente, calcado no sentimento alemão de certa humilhação internacional e de injustiça pela forma como estavam sendo repartidos os territórios entre as grandes potências, surgiu o Terceiro Reich de Adolf Hitler, personagem central na Segunda Guerra Mundial, que também seria derrotado pelos países Aliados[5] no desfecho do conflito, em 1945.

O início do século XX foi marcado também pelo fim do Império Otomano, após mais de seis séculos de expansão (1299 a 1922) e ter alcançado mais de cinco milhões de quilômetros quadrados, com centralidade na Turquia e abrangência de parte do Sudeste europeu, da Ásia Ocidental, da região do Cáucaso[6] e do Norte da África. O Império Otomano já vinha enfrentando certo desgaste e conflitos internos, mas culminou em seu declínio pelo apoio dado à Tríplice Aliança, particularmente à Alemanha, durante a Primeira Guerra

---

[5] Os Aliados eram formados pelo bloco de países liderados principalmente por Reino Unido, França, Estados Unidos e União Soviética, com apoio da China.

[6] Região compreendida entre o Mar Negro e o Mar Cáspio, na fronteira da Ásia Ocidental com a Europa Oriental.

Mundial, o que se somou aos interesses geopolíticos e de acirramentos históricos com a Rússia. O fim do Império foi sacramentado pela abolição do sultanato otomano, em 17 de dezembro de 1922, e com a posterior declaração da República da Turquia, pela Grande Assembleia Nacional, em 29 de outubro de 1923.

Ao longo do século XX, também foi dissolvido o Império Britânico, depois de ter se constituído no maior império em extensão territorial em terras descontínuas. A partir do século XVI, com a busca pela expansão do comércio e pelo desenvolvimento da indústria naval, a Grã-Bretanha passou progressivamente a estabelecer colônias em todos os continentes, chegando a alcançar o domínio sobre quase um quarto (24% ou 35,5 milhões de km^2) de todas as porções de terras do mundo. No século XIX, no auge do seu poderio militar prioritariamente naval e de seu forte desenvolvimento econômico, decorrentes dos impactos da Revolução Industrial e da expansão do comércio, chegou a ser considerada a principal e incontestável potência mundial. Entretanto, a centralidade no protagonismo das duas guerras mundiais trouxe um desgaste militar muito forte e um grande déficit na sua economia, ao mesmo tempo em que foi se fortalecendo, ao longo do século XX, o poderio militar e econômico de Estados Unidos, Alemanha e Japão. Após a Segunda Guerra, iniciou-se um processo de descolonização nos diversos continentes, com grande impacto para o Império Britânico, sendo marcado pela independência da maior colônia britânica em 1947, a Índia. Em 20 anos, de 1945 a 1965, o número de pessoas sob domínio do Império Britânico em terras colonizadas caiu de 700 milhões para 5 milhões (Louis, 1999, p. 330)[7]. Com a maioria de suas colônias alcançando a independência, o fim do glorioso período imperial britânico foi simbolicamente considerado no ato de devolução de Hong Kong à soberania da China, em 1997.

O protagonismo no cenário das duas guerras mundiais, associado ao fim dos grandes impérios, colocou os Estados nacionais como os atores privilegiados e determinantes dos conflitos e disputas no

---

[7] LOUIS, Wm. Roger. The dissolution of the British Empire. *In*: BROWN; LOUIS, 1999, p. 329-356.

equilíbrio de poder para o novo ordenamento do mundo. Essa será a base para reflexões estruturais consistentes, que deram origem às teorias clássicas das Relações Internacionais. O marco teórico do Liberalismo, por exemplo, ocorre em 1918 pelo movimento liderado pelo então presidente norte-americano Woodrow Wilson, conforme já mencionado anteriormente neste capítulo, com a apresentação dos 14 Pontos[8] para o fim da Primeira Guerra e o estabelecimento das bases para uma nova ordem mundial, que privilegiasse a paz duradoura. A iniciativa de criação da Liga das Nações tinha o propósito de consolidar os preceitos do liberalismo, como uma organização internacional idealizada para a garantia mútua de independência política e integridade territorial dos Estados, de forma que contribuísse para a integração e cooperação entre as nações. Após a adesão parcial dos países e o impacto do desencadeamento da Segunda Guerra Mundial, a Liga foi posteriormente substituída, em 18 de abril de 1946, pela Organização das Nações Unidas (ONU)

O que marcaria o contraponto a esse pensamento, de forma crítica e que faria a abertura para o posterior Primeiro Grande Debate clássico das Relações Internacionais, seria o lançamento da obra de Edward Carr, em 1939 e no estopim da Segunda Guerra Mundial, intitulada *Vinte anos de crise: 1919-1939*. Desencadeou-se, a partir desse momento, a corrente de pensamento do realismo nas Relações Internacionais, baseada na observação do cenário político internacional como um sistema anárquico entre os Estados soberanos, com ausência de um poder superior central no sistema de Estados e motivado por relações determinadas pela defesa constante de interesses próprios dos países, sendo tal corrente fundamentada por lastros teóricos históricos da ciência política, centrada nos pensamentos de Thomas Hobbes e Nicolau Maquiavel, entre outros, desenvolvidos principalmente nos séculos XVI e XVII.

Assim, estavam dadas as bases para o fortalecimento da área de estudos das Relações Internacionais, sedimentada pela dedicação

---

[8] Ver sobre os 14 Pontos do presidente Woodrow Wilson em: NATIONAL ARCHIVES. *President Woodrow Wilson's 14 points (1918)*. Disponível em: https://www.archives.gov/milestone-documents/president-woodrow-wilsons-14-points. Acesso em: 10.nov.2023.

já mencionada dos focos de investigação acadêmica, principalmente nas universidades do mundo anglo-saxão do Reino Unido e da América do Norte. Seguiram-se produzindo obras e pensamentos de diversos autores, que se tornaram referências na área, assim como outras vertentes teóricas foram se delineando no campo da fundamentação para o debate nas Relações Internacionais.

Mas o impacto do século XX na consolidação da área de estudos das Relações Internacionais seria ainda mais relevante no pós--Segunda Guerra. Fortalecidos após o período de intenso desgaste e destruição das duas guerras mundiais, Estados Unidos e União Soviética se expressariam como as duas grandes potências dominantes do período. Logo, as diferenças de ideologias e de projetos políticos de Estado e de sociedades provocam um antagonismo nos objetivos estratégicos de determinação do ordenamento do mundo, para ambos os lados. Não houve tempo para o mundo respirar numa situação sem conflitos. Começava, na segunda metade da década de 1940, o período denominado de Guerra Fria, caracterizado pela tensão constante de um iminente confronto direto entre essas duas grandes potências, reforçado principalmente pela corrida ao desenvolvimento de armas nucleares e da bomba atômica.

A organização geopolítica de poder no mundo se estabelecia, portanto, de forma bipolar. Neste momento se consagraria a relevância para o campo de estudos das Relações Internacionais, nas possibilidades de reflexões empíricas sobre o ordenamento do sistema internacional de Estados determinado pela bipolaridade na disputa e equilíbrio do poder mundial. O mundo se dividia em dois grandes grupos de Estados, o bloco oriental socialista, liderado pela União Soviética (URSS), e o bloco ocidental da sociedade capitalista com eixo na democracia liberal, liderada pelos Estados Unidos.

A articulação interna entre os países nos dois blocos fez com que fossem criadas estratégias de defesa, o que gerou a criação da Organização do Tratado do Atlântico Norte (OTAN), em 4 de abril de 1949, no lado ocidental, e a consequente instauração da Organização do Tratado de Varsóvia (OTV), estabelecida pelo Pacto de Varsóvia em maio de 1955, como contraponto oriental. Desde o estabelecimento da doutrina Truman, em 1947, que disparou uma política global de contenção ao avanço do comunismo soviético, associada ao Plano Marshall, operando de 1948 a 1951 como um programa de auxílio econômico para a recuperação de países europeus do bloco capitalista, até a queda do muro de Berlim, em novembro de 1989, e a consequente dissolução da União Soviética, declarada em dezembro de 1991, diversos momentos de tensionamentos e distensionamentos marcaram esse longo período de Guerra Fria, com confrontos militares em localidades regionais, seja por tentativa de ocupação ou por apoio logístico de resistência aos aliados, mas em nenhum momento tais conflitos escalaram para uma guerra direta entre os dois polos de poder.

O reforço estratégico dos Estados Unidos ao bloco capitalista durante a disputa de influência ideológica na bipolaridade fez com que, ao mesmo tempo em que ocorriam fases de distensionamento na Guerra Fria, o avanço estrutural do comércio mundial, do livre mercado e dos valores liberais do Ocidente fossem sendo fortalecidos, estabelecendo a consolidação e integração entre os países do bloco, instituindo-se um sistema contemporâneo de interdependência entre os Estados. Dessa forma, quando se chegou, de fato, ao fim da Guerra Fria com a dissolução da União Soviética, em 1991, o mundo ocidental já estava em intensa atividade comercial, de produção e de desenvolvimento da economia capitalista.

No lado oriental, projetavam-se as estratégias de intervenções nos países do Leste europeu, principalmente a partir da reunificação de Berlim e da Alemanha. Mas os Estados Unidos já vinham desenvolvendo uma estratégia geopolítica na Ásia desde a Segunda Guerra. Primeiro, numa aliança de operação militar com a própria União Soviética, ocuparam a Península Coreana para expulsão do Japão em 1945, dividindo a Coreia em duas regiões, sendo ao Norte ocupada pelas tropas soviéticas e ao Sul ocupada pelos norte-americanos. Entretanto, como uma das situações que acirraram as disputas da bipolaridade na Guerra Fria, um conflito militar é desencadeado na região, de 1950 até 1953, devido à tentativa do regime comunista do Norte de invadir o Sul da Coreia para a unificação da Península, apoiado pela China como forma de conter a influência norte-americana longe de suas fronteiras. A intervenção militar dos Estados Unidos foi decisiva para a retomada do território sul-coreano e estabelecimento estratégico de cooperação com o governo da República da Coreia, para que os investimentos no desenvolvimento industrial e econômico fossem concretizados de forma estrutural, tornando-se um aliado geopolítico importante.

Esse fato só completou o plano estratégico dos Estados Unidos para a região, que, mesmo ao final da Segunda Guerra, após ter destruído o Japão com o lançamento de duas bombas nucleares, sobre Hiroshima e Nagasaki, implementou um plano de investimentos para reconstrução e recuperação da sociedade e da economia japonesa. Ficavam, assim, estabelecidas alianças estratégicas avançadas nas fronteiras do Leste asiático, ao mesmo tempo em que se garantiam mecanismos de proteção aos acessos às portas da América do Norte pelo Pacífico.

No campo das Relações Internacionais, o fim da Guerra Fria teve um impacto imediato no debate sobre as tendências de reordenamento do mundo. "E agora? O sistema de Estados, até então bipolar, se tornará unipolar?" Entre algumas análises e expectativas surgidas, duas obras com visões divergentes marcaram o palco das discussões: *O Fim da História e o Último Homem*, de Francis Fukuyama, lançada em 1992, e *O Choque de Civilizações e a Recomposição da Ordem Mundial*, de Samuel Huntington, publicada em 1996.

Fukuyama (1992), baseado numa interpretação pessoal sobre o conceito de Hegel de fim da história, presente na obra de 1837 com o título *Filosofia da História*, justificou que teria sido alcançado o fim da história com a supremacia da democracia liberal como estágio último de desenvolvimento para todos os países do mundo, uma vez que havia sido derrotado o fascismo na Segunda Guerra Mundial e o socialismo com o fim da Guerra Fria. O debate se tornou aquecido em torno dessa visão de Fukuyama, pois, para outros autores[9] e correntes de pensamento, ele distorceu a análise filosófica

---

[9] Pode-se mencionar aqui, entre outros, o debate colocado pelo historiador inglês Perry Anderson (1992), em sua obra *O fim da história: de Hegel a Fukuyama*, que traz um levantamento sobre as diversas visões sobre o conceito do fim da história, a partir de Hegel.

de Hegel, para justificar uma perspectiva imperiosa da democracia liberal ocidental, uma vez que Hegel teria se referido ao estágio a ser alcançado de liberdade como o fim da história, ou seja, o termo "fim" empregado com caráter de finalidade e não de finalização, como se utilizava Fukuyama.

Já Huntington (1997), com o lançamento de *O choque de civilizações*, trouxe a análise de que os Estados-nação continuariam sendo protagonistas importantes nas Relações Internacionais, uma vez que o eixo da história do século XX os havia reforçado, mas não estaria mais necessariamente na centralidade desses atores, seja por questões ideológicas, políticas ou econômicas, os futuros conflitos mais relevantes. Segundo o autor, os pilares principais dos conflitos seriam as diferenças entre civilizações, motivadas por conflitos culturais, étnicos e religiosos. Huntington apontou alguns agrupamentos geográficos de países que poderiam expressar as principais civilizações existentes:

- Civilização sínica, baseada na cultura da China e que envolveria também a Península Coreana, o Vietnã e o Tibete.
- Civilização nipônica, centrada especificamente no Japão.
- Civilização hindu, compreendida por Índia e Nepal.
- Civilização budista, envolvendo a comunidade religiosa presentes na Mongólia, Tailândia e Camboja.
- Civilização islâmica, formada por toda a comunidade que assume o Islã como religião, predominantemente no Norte da África e Oriente Médio.
- Civilização ocidental, marcada fortemente pela presença, modo de vida e valores das populações da América anglo-saxônica, Europa ocidental e Oceania.
- Civilização latino-americana, que compreende todos os países da América Latina.
- Civilização ortodoxa, constituída por comunidades de religião predominantemente ortodoxa do Cristianismo, principalmente na Rússia e países do Leste Europeu.
- Civilização subsaariana, compreendendo os países africanos que se situam ao sul do deserto do Saara, predominantemente cristãos.

- Alguns países são considerados de forma isolada, por características culturais específicas: Turquia, Israel, Etiópia e Haiti.

Embora essa reflexão teórica de Huntington também tenha recebido muitas críticas, principalmente pela ausência de uma definição metodológica mais clara e científica sobre as tais classificações, o autor foi expressivamente lembrado e mencionado após os eventos dos atentados terroristas de 11 de setembro de 2001, nos Estados Unidos[10]. Os atentados de 11 de setembro, identificados por autoria do grupo fundamentalista islâmico Al-Qaeda[11], assim como a ocorrência posterior de uma série de atentados terroristas assumidos pelo grupo jihadista Estado Islâmico[12], principalmente nos Estados Unidos e países europeus, marcaram a entrada do século XXI. Embora esses e outros grupos do fundamentalismo islâmico, bem como os próprios atos terroristas, não representem toda a comunidade do Islã, ficou marcado, ao menos nesse período e sem que se possa considerar que tenha ocorrido um fim desses conflitos, sob o ponto de vista da teoria de Huntington, que o confronto entre algumas células da civilização islâmica e de parcelas expressivas da civilização ocidental era um elemento relevante a ser

---

[10] Sobre os atentados terroristas de 11 de setembro de 2001 nos Estados Unidos, ver o registro oficial dos atos terroristas produzido pela National Commission on Terrorist Attacks Upon the United States. Disponível em: https://govinfo.library.unt.edu/911/report/911Report.pdf. Acesso em: 10.nov.2023.

[11] O grupo Al-Qaeda é uma organização fundamentalista islâmica, com ações terroristas, criada em agosto de 1988 com o objetivo de expulsar as tropas soviéticas que ocupavam o Afeganistão na Guerra Afegã-Soviética (1979-1989). O início das ações da Al-Qaeda foi financiado pelos Estados Unidos, que posteriormente viraram inimigos, e teve como um dos fundadores Osama bin Laden, que foi a principal liderança acusada de planejar e coordenar os atentados de 11 de setembro de 2001. Bin Laden foi declarado morto pelo governo norte-americano em 2 de maio de 2011 no território do Paquistão, após a operação militar de invasão dos Estados Unidos no Afeganistão nas ações pós-11 de setembro.

[12] Conhecido no seu período de maior impacto de ações terroristas por *Islamic State of Iraq and the Levant* ou ainda por *Islamic State of Iraq and Syria*, nas siglas ISIL ou ISIS, o Estado Islâmico (autodenominação assumida a partir de 2014) teve uma vertente de origem após a invasão dos Estados Unidos no Iraque, em março de 2003, e se identifica como uma organização jihadista de orientação sunita ortodoxa. Até 2017, quando perdeu força e domínio da quase totalidade da área que já havia dominado no Iraque e na Síria, havia promovido diversas ações terroristas assumidas em diversas partes do mundo.

considerado nos estudos e estratégias de segurança internacional. Principalmente se considerado que tais estudos de segurança internacional foram produzidos sob influência da visão estratégica que dominava, naquele momento, o pensamento hegemônico ocidental dos países centrais.

Ainda no final do século XX, a hegemonia de poder norte-americano começaria a se sentir incomodada com a entrada estratégica da China no mercado internacional, inicialmente com a oferta de produtos de baixo custo, baixa tecnologia, baixa qualidade, mas preços altamente competitivos e difíceis de serem rebatidos pelos padrões estabelecidos nos processos produtivos instalados no Ocidente. Assim que conseguiu conquistar os mercados capitalistas, a China foi progressivamente avançando no desenvolvimento tecnológico de ponta em diversos setores produtivos com alta tecnologia, alta qualidade, diferenciais de inovação e preços fortemente competitivos. Na virada do século, a China foi se consolidando como um grande centro de produção e distribuição agrícola e da indústria de transformação, com crescimento econômico impressionante, ao menos nas duas primeiras décadas do século XXI.

Assim, mais do que em outros períodos históricos, o século XXI registra um grau elevado de desigualdade na relação de interdependência no sistema internacional, determinada pelas diferenças consideráveis de participação de grupos distintos de países. Por um lado, pode-se identificar um grupo de países centrais, também chamados de países desenvolvidos e que se localizam principalmente no Hemisfério Norte, que atuam no sistema internacional com exportação de produtos de alta tecnologia e alto valor agregado, ao mesmo tempo em que importam produtos básicos de menor tecnologia e matérias-primas para insumos industriais. No outro lado, situam-se os países semiperiféricos ou periféricos, também chamados de países em desenvolvimento e que se localizam principalmente no Hemisfério Sul, que exportam, prioritariamente, matérias-primas ou produtos de baixa tecnologia e baixa intervenção industrial, de menor valor agregado, mas dependem significativamente da importação de produtos de alta tecnologia dos países centrais.

O acesso a recursos e a tecnologias tem sido elemento determinante para o desenvolvimento dos países, principalmente no cenário do século XXI com o avanço da indústria 4.0, da possibilidade de transmissão de grande fluxo de informações (*big data*), da *internet* das coisas (*IoT*[13]) e do uso da inteligência artificial (AI[14]). A análise dos cenários da interação e dos interesses dos países na contemporaneidade deve, sem dúvida, levar em consideração tais características que influenciam as relações econômicas e de poder no sistema internacional atual.

Com todos esses fatos marcantes e determinantes para o reordenamento do mundo ocorridos no século XX e entrada no século XXI, a área das Relações Internacionais encontrou diversos contextos muito favoráveis ao seu intenso desenvolvimento enquanto campo específico de estudos, como também foi sendo consolidada como abordagem estratégica e de conhecimentos essenciais para a interação do mundo contemporâneo. As subáreas de especializações acadêmicas foram sendo delineadas e se tornando canais de excelência para a atuação profissional dos internacionalistas, tais como a Política Internacional, as Teorias das Relações Internacionais, a História das Relações Internacionais, a Economia Política Internacional, o Direito Internacional e os Regimes Internacionais, os Estudos de Segurança Internacional, a Avaliação de Cenários e de Comércio Internacional, a História de Política Externa e a Análise de Política Externa, entre outras.

Assim como ocorreu em diversos países, o contexto relatado sobre o século XX, sobretudo em sua segunda metade, foi favorável ao estabelecimento da área de Relações Internacionais no Brasil. Na seção seguinte deste capítulo, vamos abordar o processo de implantação e consolidação das RI no território brasileiro, até o estabelecimento dos parâmetros normativos, em 2017, para a organização curricular dos cursos de graduação na área.

---

[13] Em inglês, *Internet of Things*.

[14] Em inglês, *artificial intelligence*.

4. CRESCIMENTO E REGULAMENTAÇÃO DAS RELAÇÕES INTERNACIONAIS NO BRASIL

Embora o órgão da chancelaria brasileira tenha se constituído desde o século XIX, após a Proclamação da Independência, somente em 1945 foram criados o Instituto Rio Branco e a carreira diplomática no Brasil. O Instituto passa a ser responsável pela seleção de candidatos, por meio de concurso público, bem como a formação, aperfeiçoamento e especialização do corpo técnico na carreira da diplomacia brasileira[15].

Posteriormente, no campo acadêmico, houve a criação do primeiro curso de Relações Internacionais no Brasil, em 1974, na Universidade de Brasília (UnB) (Miyamoto, 2003, p.105). Dez anos depois, em 1984, a UnB já lançava o primeiro curso de pós-graduação stricto sensu na área, com o programa de mestrado, sendo que, em agosto de 2001, entra em funcionamento o doutorado em RI da PUC-Rio e, em março de 2002, a UnB inicia também o doutorado na área (IREL|UnB, 2023; Miyamoto, 2003, p. 110).

Ainda a partir do final dos anos 1980 e nas décadas seguintes, diversas outras instituições públicas e privadas no Brasil lançaram cursos de graduação em Relações Internacionais, seja com foco de concentração em ciência política, Direito Internacional ou Negócios e Comércio Internacional. Inicialmente, no mundo externo ao ambiente acadêmico específico dessa área de conhecimento, houve certo estranhamento e incompreensão sobre o campo de atuação de um profissional formado em Relações Internacionais.

Mas, na medida em que foi ocorrendo uma intensificação das relações entre países, sociedades e comércio internacional, conforme já mencionado, nos períodos de distensionamento e fim da Guerra Fria, não somente as instituições políticas e órgãos governamentais identificaram a necessidade de um profissional específico, com competência técnica analítica sobre aquele cenário internacional,

---

[15] BRASIL. MINISTÉRIO DAS RELAÇÕES EXTERIORES. *História*. Disponível em: https://www.gov.br/mre/pt-br/instituto-rio-branco/o-instituto/historia. Atualizado em: 28 mar. 2023. Acesso em: 10 dez. 2023.

como também as empresas privadas, principalmente as grandes corporações, perceberam que a expansão de mercados demandava uma análise prévia de um internacionalista para a tomada de decisão das estratégias de negociações comerciais e de sustentabilidade das operações.

A abertura comercial da China, nessa passagem de séculos, foi um caso muito significativo sobre esse impacto no mercado profissional das RI. O mundo ocidental dos negócios olhava para a China como um enorme potencial mercado consumidor, sendo que passou a ser o principal foco para a expansão comercial das grandes empresas do mundo. Entretanto, logo as corporações ocidentais começaram a encontrar barreiras nas negociações, seja por questões de falta de conhecimento mais aprofundado sobre as questões culturais e de valores da sociedade chinesa, seja por certo obscurantismo do que seria a relação político-econômica num mercado controlado por um Estado centralizado de ideologia socialista, ou seja, pelas incertezas e inseguranças sobre a consistência do desenvolvimento econômico daquele país.

Nesse contexto, embora muitas vezes o próprio mercado corporativo ainda não identificasse claramente a possibilidade de contribuição significativa do profissional formado em Relações Internacionais, a academia identificou rapidamente esse campo de atuação e reforçou o lançamento de cursos de graduação na área.

A partir desse impulso acadêmico, motivado pelas oportunidades latentes de mercado, o número de cursos de graduação em Relações Internacionais teve um aumento progressivo no Brasil, conforme pode ser verificado na Figura 1, que retrata o período de 1974 a 2016 (Maia, 2017, p. 5).

Figura 1 – Gráfico da expansão da oferta de cursos de Relações Internacionais entre os anos de 1974 e 2016

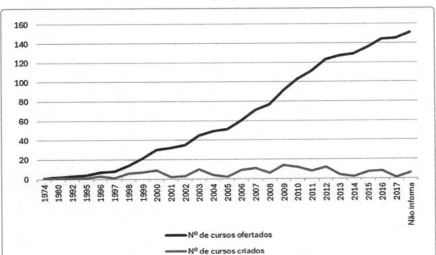

Fonte: MAIA, M. *Cenário dos cursos de Relações Internacionais ofertados pelas Instituições de Ensino Superior do Brasil*: documento técnico referente ao Produto 1 do Projeto CNE/UNESCO 914BRZ1042.3. Brasília: UNESCO/CNE, 2017, p. 5 (adaptado).

Percebe-se que, na observação da evolução das linhas no gráfico da Figura 1, principalmente a partir dos anos 1990, passa-se a ter lançamentos constantes de cursos de Relações Internacionais, praticamente com criação de cursos novos a cada ano. Esse movimento contribuiu para que o número total de bacharelados ofertados na área crescesse significativamente no Brasil, sobretudo na entrada do século XXI.

No âmbito da categoria administrativa das Instituições de Ensino Superior desses cursos, observa-se na Figura 2 como ocorreu a natureza dos investimentos por iniciativa pública ou privada, em relação a esse crescimento na oferta de cursos.

Figura 2 – Gráfico da expansão da oferta de cursos de Relações Internacionais entre os anos de 1974 e 2016 por categoria administrativa

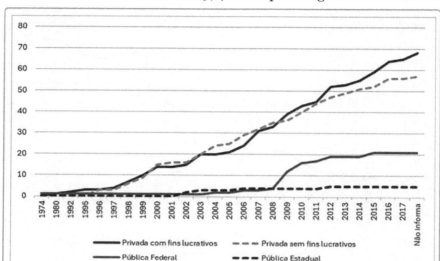

Fonte: MAIA, M. *Cenário dos cursos de Relações Internacionais ofertados pelas Instituições de Ensino Superior do Brasil*: documento técnico referente ao Produto 1 do Projeto CNE/UNESCO 914BRZ1042.3. Brasília: UNESCO/CNE, 2017, p. 6 (adaptado).

Na observação do gráfico apresentado na Figura 2 constata-se que, desde os anos 1990, a determinação na curva de crescimento na oferta de cursos de Relações Internacionais no Brasil teve contribuição significativa das instituições privadas, sejam com ou sem fins lucrativos. As instituições públicas de Ensino Superior, após a UnB ter sido precursora no Brasil, passaram a ter alguma contribuição com as universidades estaduais, a partir de 2002, e maior participação nas ofertas por universidades federais, a partir de 2008.

Com base nos dados do Censo do Ensino Superior de 2022, divulgados pelo INEP[16] naquele ano, a oferta de cursos de graduação na área de Relações Internacionais era disponibilizada por 127 Instituições de Ensino Superior, em 169 cursos. Estavam

---

[16] BRASIL | INEP – Instituto Nacional de Estudos e Pesquisas Educacionais Anísio Teixeira. Censo da Educação Superior. Disponível em: https://www.gov.br/inep/pt-br/areas-de-atuacao/pesquisas-estatisticas-e-indicadores/censo-da-educacao-superior.

matriculados nesses cursos um total de 27.562 estudantes no Brasil, sendo que cerca de 58% deles estavam na região Sudeste, outros 17,3% na região Sul, 9,7% no Nordeste, 9,6% no Centro-Oeste, 5% no Norte e o restante 0,4% sem identificação de localidade regional, provavelmente por se referir a cursos de Educação a Distância.

Importante ainda destacar, nessa trajetória de consolidação da área das RI no Brasil, que em 5 de outubro de 2017 foi publicada no Diário Oficial da União a Resolução nº 4, de 4 de outubro de 2017, sendo instituídas as Diretrizes Curriculares Nacionais (DCN) para o curso de graduação em Relações Internacionais. A partir desse momento, portanto, ficaram estabelecidas as referências normativas comuns para a organização curricular de todos os cursos de bacharelado nesse campo de formação acadêmica.

Em seu artigo 3º, as DCN das RI definem o curso da seguinte forma:

> Relações Internacionais é um curso em nível de graduação, na modalidade bacharelado, cujo objetivo fundamental é formar profissionais que possam exercer atividades com interface internacional nas esferas pública e privadas, tais como governos, universidades, empresas, organizações internacionais, organizações não-governamentais, consultorias, mercado financeiro, entre outras instituições (CNE, DOU nº 192, de 4 out. 2017, Seção 1, p. 18)[17].

Entre as competências e habilidades a serem focadas na formação do internacionalista, destaca-se aqui aquela apresentada no Inciso I do artigo 4º, devendo ser desenvolvida a "capacidade de compreensão de questões internacionais no seu contexto político, econômico, histórico, geográfico, estratégico, jurídico, cultural, ambiental e social, orientada por uma formação geral, humanística e ética" (CNE, DOU nº 192, de 4 out. 2017, Seção 1, p. 18).

Quanto à organização curricular, o curso de graduação em Relações Internacionais deve estar estruturado em quatro Eixos de Formação: I. o Estruturante, com componentes curriculares

---

[17] CNE – Conselho Nacional de Educação. Resolução nº 4, de 4 out. 2017. Publicado no DOU – Diário Oficial da União em 5 out. 2017, nº 192, Seção 1, p. 18.

específicos para a formação em RI; II. o Interdisciplinar, com conteúdos curriculares de áreas transversais à formação no campo da macro visão das Ciências Sociais, Economia e Direito, dentre outros requisitos legais, visando a formação geral, humanística e ética; III. o da Atividade Profissional, por meio de estudos, atividades práticas e simulações que proporcionem alguns referenciais da experiência do campo profissional; IV. o Complementar, com outros conhecimentos ou atividades que permitam uma complementação em focos mais específicos para enriquecimento do perfil do formando.

No caso do Eixo de Formação Estruturante, com componentes curriculares específicos na formação em RI, as DCN definem que o curso deve, obrigatoriamente, contemplar conteúdos sobre: Teorias das Relações Internacionais; Segurança, Estudos Estratégicos e Defesa; Política Externa; História das Relações Internacionais; Economia Política Internacional; Ciência Política; Direito Internacional e Direitos Humanos; Instituições, Regimes e Organizações Internacionais.

Na atualidade, alcançamos, no Brasil, um estágio importante de reconhecimento das Relações Internacionais, seja como área de estudos ou como campo de formação profissional do internacionalista. Isso coloca o mercado brasileiro em sintonia com os avanços e as contribuições das RI em âmbito global.

5. CONSIDERAÇÕES FINAIS

A partir dos fatos e da evolução histórica destacadas neste capítulo, pode-se constatar que a formação acadêmica no campo das Relações Internacionais no Brasil está plenamente consolidada, organizada e regulamentada, de maneira que permita a preparação de profissionais para atuarem com as competências necessárias e versatilidade nas áreas de atividades corporativas privadas, órgãos públicos nacionais, organismos internacionais ou em organizações não governamentais do Terceiro Setor.

A definição das Diretrizes Curriculares Nacionais para os cursos de graduação em Relações Internacionais, de 2017, foi um importante passo na organização da formação na área, criando condições objetivas para uma posterior regulamentação da profissão de internacionalistas no Brasil.

6. ESTUDO DIRIGIDO

Questão 1. Considerando o contexto histórico apresentado sobre o século XX e as mudanças geopolíticas, explique como o protagonismo dos Estados Modernos e a desintegração de impérios impactaram o campo de estudos das Relações Internacionais. Relacione esses eventos com o fortalecimento de teorias clássicas, como o liberalismo e o realismo, no debate sobre a ordem mundial.

Questão 2. Analise o papel desempenhado pelos Estados Unidos e pela União Soviética na consolidação do campo de estudos das Relações Internacionais, após a Segunda Guerra Mundial. Explique como a Guerra Fria influenciou teorias e debates na área, destacando a criação de organizações internacionais, como a Liga das Nações e a Organização das Nações Unidas, e o surgimento de instituições acadêmicas voltadas para os estudos internacionais.

Questão 3. Observando o cenário do século XXI descrito no texto, discuta as transformações na interdependência entre os países, destacando as diferenças entre países centrais e periféricos. Explique como fatores tais como tecnologia, comércio internacional e desigualdades econômicas influenciam as Relações Internacionais na contemporaneidade. Além disso, analise a relevância das teorias de Francis Fukuyama e Samuel Huntington no debate dessas dinâmicas no século XXI.

Questão 4. Considerando o crescimento e a regulamentação das Relações Internacionais no Brasil, explique como o contexto internacional, especialmente o período de distensionamento e fim da Guerra Fria no final do século XX, influenciou a demanda por profissionais formados nessa área. Analise também como as instituições acadêmicas e o mercado reagiram a essa demanda.

Questão 5. Com base nas Diretrizes Curriculares Nacionais (DCN) para o curso de graduação em Relações Internacionais, explique como essas diretrizes definem o curso, suas competências e habilidades principais. Destaque a importância dada à compreensão de questões internacionais em diferentes contextos e como a organização curricular é estruturada.

7. REFERÊNCIAS BIBLIOGRÁFICAS

ANDERSON, P. *O fim da história*: de Hegel a Fukuyama. Rio de Janeiro: Zahar, 1992.

BRASIL. CNE – CONSELHO NACIONAL DE EDUCAÇÃO. *Institui as Diretrizes Curriculares Nacionais para os cursos de graduação em Relações Internacionais, bacharelado, e dá outras providências.* Resolução nº 4, de 4 out. 2017. Publicado no DOU – Diário Oficial da União em 5 out. 2017, nº 192, Seção 1, p. 18. ISSN: 1677-7042.

BRASIL. INSTITUTO NACIONAL DE ESTUDOS E PESQUISAS EDUCACIONAIS ANÍSIO TEIXEIRA | INEP. *Censo da Educação Superior*: microdados do Censo da Educação Superior 2022. Disponível em: https://www.gov.br/inep/pt-br/acesso-a-informacao/dados-abertos/microdados/censo-da-educacao-superior. Acesso em: 10 dez. 2023.

BRASIL. MINISTÉRIO DAS RELAÇÕES EXTERIORES. *História*. Disponível em: https://www.gov.br/mre/pt-br/instituto-rio-branco/o-instituto/historia. Atualizado em: 28 mar. 2023. Acesso em: 10 dez. 2023.

BROWN, J. M.; LOUIS, WM. R. (edit.). *The Twentieth Century*. The Oxford history of the British Empire – Vol. IV. Oxford: Oxford University Press, 1999.

FUKUYAMA, F. *O fim da história e o último homem*. Rio de Janeiro: Rocco, 1992.

HOBSBAWM, E. J. *A era dos impérios*: 1875-1914. Tradução de Siene Maria Campos e Yolanda Stidel de Toledo. São Paulo: Paz & Terra, 2012.

HOBSBAWM, E. J. *Era dos extremos*: o breve século XX: 1914-1991. Tradução de Marcos Santarrita. São Paulo: Companhia das Letras, 1995.

HUNTINGTON, S. P. *O choque de civilizações e a recomposição da ordem mundial*. Rio de Janeiro: Objetiva, 1997.

IREL|PUC-Rio. Instituto de Relações Internacionais. Disponível em: http://irel.unb.br/institucional/sobre-o-irel. Acesso em: 10 nov. 2023.

LOUIS, W. R. The dissolution of the British Empire. *In*: BROWN, J. M.; LOUIS, W. R. (edit.). *The twentieth century*. The Oxford history of the British Empire – Vol. IV. Oxford: Oxford University Press, 1999, p. 329-356.

MAIA, M. *Cenário dos cursos de Relações Internacionais ofertados pelas instituições de ensino superior do Brasil*: documento técnico referente ao Produto 1 do Projeto CNE/UNESCO 914BRZ1042.3. Brasília: UNESCO/CNE, 2017.

MENDES, P. E. O nascimento das Relações Internacionais como ciência social: uma análise comparada do mundo anglo-americano e da Europa continental. Austral: *Revista Brasileira de Estratégia e Relações Internacionais*, v. 8, n. 16, jul./dez. 2019, p. 21-53. Disponível em: https://seer.ufrgs.br/index.php/austral/article/view/89031/54794. Acesso em: 28.out.2023.

MINGST. K. A. *princípios de Relações Internacionais*. Tradução de Arlete Simille Marques. Rio de Janeiro: Elsevier, 2009.

MIYAMOTO, S. O ensino das Relações Internacionais no Brasil: problemas e perspectivas. Curitiba: *Revista de Sociologia e Política*, nº 20, p. 103-114, jun. 2003. Disponível em: https://www.scielo.br/j/rsocp/a/5TbLWGTqBg8NCW9jwMvyXZP/?format=pdf&lang=pt. Acesso em: 28 out. 2023.

SARAIVA, J. F. S.; CERVO, A. L. (org.). *O crescimento das Relações Internacionais no Brasil*. Brasília: IBRI – Instituto Brasileiro de Relações Internacionais, 2005.

SATO, E. *Relações Internacionais como campo de estudo das Ciências Sociais e como profissão*. Disponível em: https://www.

souzaaranhamachado.com.br/2021/08/ri-como-campo-de-estudo-e--como-profissao/. Publicado em: 11 ago. 2021. Acesso em: 10 nov. 2023.

USA. NATIONAL ARCHIVES. *President Woodrow Wilson's 14 points (1918)*. Disponível em: https://www.archives.gov/milestone-documents/president-woodrow-wilsons-14-points. Acesso em: 10 nov. 2023.

USA. NATIONAL COMMISSION ON TERRORIST ATTACKS UPON THE UNITED STATES. *Complete 9/11 Commission report*. Disponível em: https://govinfo.library.unt.edu/911/report/911Report.pdf. Acesso em: 10 nov. 2023.

8. RECURSOS AUDIOVISUAIS

Adeus, Lenin! Gênero: drama. Ano: 1993. Direção: Wolfgang Becker. Sinopse: em 1989, pouco antes da queda do muro de Berlim, a Sra. Kerner (Katrin Sab) passa mal, entra em coma e fica desacordada durante os dias que marcaram o triunfo do regime capitalista. Quando ela desperta, em meados de 1990, sua cidade, Berlim Oriental, está sensivelmente modificada. Seu filho Alexander (Daniel Brühl), tenta controlar os impactos da nova realidade a ela.

Como e por que o 11 de Setembro mudou os rumos do mundo | 21 notícias que marcaram o século 21. BBC News Brasil. Gênero: documentário. Data da publicação: 10.set.2021. Sinopse: neste vídeo da BBC Brasil, parte da série especial "21 notícias que marcaram o século 21", a repórter Camilla Veras Mota explica o que aconteceu naquele dia e como a tragédia mudou, em vários aspectos, os rumos do mundo. Disponível em: https://youtu.be/CrSx1QpVOPM?si=QgephMoa3UgTUtde.

Jornal da ONU | ONU News. Gênero: *podcast* de notícias internacionais. Sinopse: áudio de notícias internacionais, produzido diariamente e em matérias especiais pela Organização das Nações Unidas. Disponível em: https://news.un.org/pt/audio-product/jornal-da-onu.

RELAÇÕES INTERNACIONAIS E MERCADO DE TRABALHO

THIAGO FELIX MATTIOLI[18]

1. INTRODUÇÃO

Uma das maiores preocupações de todo estudante que entra no ensino superior é conhecer sua área de atuação profissional. É natural que, ao escolher um curso específico para sua formação, questionamentos com o que se pode trabalhar, em quais áreas se pode atuar e, claro, quais os ganhos que se podem obter estejam entre as primeiras dúvidas a serem sanadas. Isso é verdade também para a área de Relações Internacionais e, talvez, com uma pitada a mais de dúvidas.

Apesar de quase cinquenta anos do desenvolvimento da área no país, ainda há muitas dúvidas sobre a atuação profissional do internacionalista. A própria profissão foi apenas inserida nos cadastros governamentais a partir de 2020 e ainda muitas empresas desconhecem a capacidade deste profissional em contribuir para o crescimento e progresso das organizações. Assim, para oferecer algumas respostas a tais questionamentos, neste capítulo do nosso estudo introdutório sobre Relações Internacionais, vamos abordar a questão profissional a partir de um percurso que discute, sinteticamente, a formação acadêmica e a qualidade de ensino, discorrendo sobre a preocupação relacionada ao mercado de

---

[18] Internacionalista, professor universitário, coordenador de projetos de extensão na área de Relações Internacionais, Comércio Exterior, Logística e Ciências Sociais. Mestre e doutor em Ciências Humanas e Sociais pela Universidade Federal do ABC.

trabalho e as competências profissionais na estruturação dos cursos de Relações Internacionais no país.

Posteriormente, o capítulo apresenta o conceito de competências, necessárias para a compreensão do rol de características apontadas como essenciais à formação do internacionalista durante sua graduação, em especial, a partir da disciplina de Introdução às RI. Por fim, expõe, por meio de pesquisas sobre a situação dos egressos do curso, dados sobre o mercado de trabalho e possíveis perspectivas profissionais aos formados na área.

2. FORMAÇÃO ACADÊMICA E QUALIDADE DE ENSINO

O internacionalista, nome dado ao profissional de Relações Internacionais, desenvolve sua formação em cursos superiores específicos da área, construídos a partir das determinações constantes nas Diretrizes Curriculares Nacionais (DCNs), estabelecidas pelo Conselho Nacional de Educação (CNE) do Ministério da Educação (MEC).

Estas diretrizes são adaptadas para as realidades locais de sua região, mas também pensadas a partir de como diferentes instituições planejam ofertar o curso. Dessa forma, não seria possível apresentar uma análise de cada Projeto Político-Pedagógico – documento que apresenta formalmente o plano de curso, suas diretrizes, ênfases e demais elementos – neste curto espaço. Entretanto, é necessária uma breve reflexão acerca da busca pela qualidade dos cursos e, portanto, dos profissionais internacionalistas, durante a graduação e como isso se relaciona às competências esperadas dos egressos.

Essa discussão passa pela própria estruturação dos cursos de Relações Internacionais no país. Desde o primeiro curso, criado na Universidade de Brasília (UnB) em 1974, até sua crescente expansão – em especial em instituições privadas – a questão das competências e do mercado é uma preocupação constante dos professores, estudantes e egressos (Pfrimer e Okado, 2019; Lessa, 2005; Miyamoto, 2003).

É importante ressaltar que a formação em Relações Internacionais é de caráter multidisciplinar, o que a difere de outras áreas que possuem um viés mais específico (Miyamoto, 2003), o que pode ser visto nas DCNs atuais sobre o curso. Nesse sentido, é importante notar que o objetivo do primeiro curso, da UnB, não era o de formar operadores internacionais – que atuassem com as questões técnicas do comércio exterior, por exemplo – mas sim a formação de analistas, que contribuíram com avaliações críticas sobre o internacional, compreendendo sua dinâmica e com habilidades para se posicionar e colaborar com a tomada de decisão das organizações que fizesse parte (Lessa, 2005).

Entretanto, a realidade do primeiro curso, e do primeiro mestrado na área, datado de 1984 na mesma UnB, não era refletida nos demais. Com o processo de expansão crescente, verificou-se uma série de obstáculos e dificuldades para a implementação de cursos de Relações Internacionais com qualidade (Pfrimer e Okado, 2019; Lessa, 2005; Miyamoto, 2003).

Os problemas da expansão da área se relacionavam ao fato de muitos cursos serem construídos apenas congregando diferentes disciplinas com temas internacionais ou sem base multidisciplinar. Além disso, também pecavam por não ter docentes especialistas e formados na área, bibliotecas contendo bibliografia essencial, além do próprio desconhecimento sobre a área e seu mercado de trabalho (Lessa, 2005; Miyamoto, 2003).

Nesse sentido, uma série de medidas foram suscitadas pelo governo federal e seus órgãos de educação, o que levou ao estabelecimento, em 1997, de algumas diretrizes para a autorização de novos cursos de Relações Internacionais que, de forma resumida, exigiam das instituições: a) coordenação e docentes formados em Relações Internacionais; b) proporção de um terço de professores doutores; c) Projeto Político Pedagógico com disciplinas específicas da área, auxiliares, correlatas e optativas e d) infraestrutura educacional adequada para o curso, contando com acesso à rede de *internet* e demais itens (Lessa, 2005; Miyamoto, 2003).

Tais elementos foram alterados ao longo do tempo, culminando na DCN emitida por meio da Resolução CNE/CES/4/2017 (Brasil,

2017) que, por si, é fruto de debates feitos também na Associação Brasileira de Relações Internacionais (ABRI), que apresentou uma proposta de DCN em 2013, contribuindo para o estabelecimento do documento atual (Maia, 2020; Pfrimer e Okado, 2019).

Entretanto, mesmo com tais documentos e diretrizes, a questão da qualidade ainda é essencial e tem sido discutida entre os profissionais da área, uma vez que se verifica uma concentração espacial importante em determinados centros urbanos, mesmo com o interiorização dos cursos, o que impede a universalização do acesso a este tipo de graduação e, ao mesmo tempo, acaba por impactar não apenas a qualidade, mas também o acesso ao mercado de trabalho para os egressos do curso (Pfrimer e Okado, 2019).

O breve percurso histórico acima mencionado serve para identificar que a preocupação com a qualidade dos cursos da área em expansão, que se mantém até o presente momento, assim como com o perfil do egresso e o acesso ao mercado de trabalho, foi objeto de debate entre especialistas, professores, associações e órgãos de educação. Nesse sentido, a DCN atual representa o resultado de um esforço conjunto para definir não apenas padrões de qualidade aos cursos da área, mas também a identificação do perfil profissional do egresso, que pode ser divulgado ao mercado de trabalho e aos candidatos que buscam a graduação em Relações Internacionais, e que será abordado a seguir.

3. COMPETÊNCIAS NECESSÁRIAS AO PROFISSIONAL DE RELAÇÕES INTERNACIONAIS

O ensino baseado em competências é um vasto campo de pesquisas, debates e até mesmo embates. Alguns autores compreendem essa forma de ensino como de característica fortemente mercadológica (Moretti e Moura, 2010), enquanto outros entendem o termo por uma lógica cognitiva e comportamental (Perrenoud, 2002). De qualquer forma, o ensino superior no país tem suas diretrizes curriculares focadas no desenvolvimento de competências, visão que tem sido implementada a partir do final dos anos 1990 e primeira metade dos anos

2000, em particular, desde a edição de novas DCNs, baseadas nos pareceres do CNE, órgão vinculado ao MEC (Teixeira Júnior, 2020).

Nesse sentido, é importante definir – mesmo que de forma operacional – o que se entende por competências, para que se possa identificar quais destas são necessárias ao profissional de Relações Internacionais. Assim, competências podem ser definidas como uma forma de mobilização de diferentes conhecimentos prévios, ajustados para a situação-problema em questão (Roldão, 2003), de forma que tal mobilização permita uma ação eficaz baseada no conhecimento, mas não restrito somente a este (Perrenoud, 1999).

De forma ainda mais sintética, é possível entender as competências como um conjunto de saberes, atitudes e valores, que podem ser divididos entre o saber (conteúdos conceituais, teóricos e formais), o saber-fazer (capacidade de aplicação e resolução dos problemas) e o saber-ser (compreender a si e suas condições) (Cruz, 2001).

Deste modo, seria competente o profissional que tenha obtido o conteúdo formal, teórico e conceitual das disciplinas durante a graduação, de forma que estejam articuladas com a capacidade de aplicar tais elementos em casos, situações ou cenários reais e complexos, mas de forma que reconheça suas condições e saiba agir perante tais situações, de modo a efetivamente articular, implementar e lidar com tais realidades.

Assim, considerando o acima exposto, é básico – mas importante ressaltar – que a formação do profissional de Relações Internacionais compreende a finalização de curso de Ensino Superior na área, como mencionado na primeira seção. Tais cursos são estruturados a partir de documentos e normativas do MEC e seu CNE, as DCNs anteriormente mencionadas. Entre outras questões essenciais à estrutura dos cursos de Relações Internacionais, este documento apresenta as principais competências e habilidades que o profissional da área deve desenvolver durante sua formação.

Todas as dezesseis habilidades e competências estão relacionadas ao gerenciamento, gestão e organização de atividades que lidam com aspectos internacionais (Brasil, 2017). O Quadro 1 apresenta o rol indicado no documento:

Quadro 1 – Competências e habilidades do profissional de Relações Internacionais

Compreensão de questões internacionais em contexto político, econômico, histórico, geográfico, estratégico, jurídico, cultural, ambiental e social	Raciocínio lógico e expressão de ideias complexas
Solução de problemas em realidades diversificadas e em transformação	Utilização de teorias e conceitos próprios da área e uso em situações concretas
Utilização de novas tecnologias de pesquisa e comunicação	Postura crítica em relação a argumentos, evidências, discursos e interpretações com relação à eventos, processos, abordagens, teorias e perspectivas da área
Habilidades interpessoais	Domínio de habilidades de comunicação e expressão oral em língua portuguesa
Planejamento, execução e avaliação de ações de promoção de desenvolvimento em escala local	Compreensão em língua estrangeira, em particular a língua inglesa
Planejamento e execução estratégica de internacionalização de organizações de diferentes tipos	Pesquisa, análise, avaliação e formulação de cenários para atuação internacional
Elaboração, avaliação e aplicação de instrumentos normativos internacionais	Tomada de decisões, planejamento, condução, análise e avaliação de negociações e resolução de problemas em realidades diversas e em transformação
Utilização de métodos quantitativos e qualitativos para análise de fenômenos históricos e contemporâneos de política internacional	Formulação, negociação e execução de projetos de cooperação internacional

Fonte: adaptado de Brasil (2017).

Considerando as competências e habilidades indicadas no Quadro 1, percebe-se uma maior recorrência dos termos: compreensão; planejamento, execução e avaliação, o que demonstra a necessidade de uma formação crítica e orientada à prática profissional. Portanto, espera-se que o profissional de Relações Internacionais tenha capacidades analíticas e operacionais sobre questões internacionais, entretanto, também considerando o seu contexto doméstico e mesmo local. Nesse sentido, para obter tais competências e habilidades torna-se necessário a construção de um programa de ensino que compreenda diferentes eixos de formação.

Para tal, as DCNs do curso indicam a fundamentação em quatro eixos: i) formação estruturante, responsável pelas disciplinas, temas e tópicos que distinguem a formação em Relações Internacionais; ii) formação interdisciplinar, que aborda temáticas essenciais e complementares, oferecendo uma formação humanística ética e crítica; iii) formação profissional, que congrega atividades práticas, interdisciplinares e transversais, oferecendo a capacitação em habilidades necessárias à atuação profissional do egresso e iv) formação complementar, também de caráter interdisciplinar e transversal, que oferece ao estudante oportunidades fora do ambiente de sala de aula para o aprimoramento de sua formação, de suas competências e habilidades (Brasil, 2017).

Isto posto, verifica-se que o conceito de competência indicado anteriormente está presente nas DCNs dos cursos de Relações Internacionais, que determinam que a graduação deve compreender o domínio teórico-conceitual, o saber, passando pelo desenvolvimento de habilidades de análise, avaliação e implementação destes conhecimentos, o saber-fazer, mas sem deixar de lado uma formação humanística, ética e crítica, o saber-ser. Assim, o profissional de Relações Internacionais que desenvolva tais competências e habilidades estará habilitado a atuar profissionalmente em diferentes capacidades, todas elas com a interface internacional, mas considerando as questões domésticas e locais, de forma a promover o desenvolvimento e crescimento da organização em que se encontra empregado, mas também da sociedade à sua volta.

4. POSSIBILIDADES DE ATUAÇÃO PROFISSIONAL AO FORMADO EM RELAÇÕES INTERNACIONAIS

A partir das discussões acerca da qualidade do ensino, da expansão dos cursos de Relações Internacionais no país, além do perfil profissional do egresso e suas competências, é essencial discutir quais as oportunidades de atuação profissional de Relações Internacionais. Entretanto, é importante mencionar que a profissão do egresso do curso – a de internacionalista – somente foi incluída no Cadastro Brasileiro de Ocupações em 2020, como parte dos esforços históricos de estudantes, professores e profissionais da área (Anapri, 2023).

Este registro é essencial para que os profissionais da área possam ter suas experiências de trabalho anotadas de forma adequada na carteira de trabalho, também permitindo – no futuro – o acesso aos dados do mercado de trabalho. Nesse sentido, quando se analisa o registro no CBO – no item 1423-50 – verifica-se a seguinte estrutura:

Quadro 2 – Estrutura da Ocupação 1423-50

Grande grupo	Membros superiores do poder público, dirigentes de organização de interesse público e de empresas e gerentes
Subgrupo principal	Gerentes
Subgrupo	Gerentes de áreas de apoio
Família	Gerentes de comercialização, marketing e comunicação
Ocupação	Profissional de Relações Internacionais
Sinônimos	Analista de mercado internacional Analista de Relações Internacionais Gestor de negócios internacionais Gestor de projetos internacionais Internacionalista

Fonte: elaborado pelos autores com informações de CBO (2023).

Assim, o que se depreende do Quadro 2 é que o profissional de Relações Internacionais é considerado como um trabalhador de gerência, atuando na área de negócios e comunicação, a partir de atividades de análise e gestão de mercados, negócios e Relações Internacionais, incluso nisto projetos que transcendem as fronteiras nacionais. Além disso, o CBO (2023) também apresenta outros dados importantes, como as características de trabalho, as áreas de atividade, as competências pessoais e os recursos de trabalho necessários ao profissional. Sugere-se a leitura destes itens para uma maior familiarização com a profissão.

Apesar da importância da criação do registro do profissional internacionalista no CBO (2023), é importante ressaltar que as atividades, funções e empregos da área não ficam restritos aos indicados acima, sendo a atuação do profissional muito mais ampla e permeando diferentes mercados e setores. Nesse sentido, ainda faltam estudos que demonstrem, de forma ampla e seriada, os dados de mercado de trabalho dos profissionais de Relações Internacionais no país, elemento que tem suscitado o interesse de pesquisadores e tentativas iniciais de mapeamento sobre o tema, em âmbito de suas instituições (Schimanski e Fernandes, 2021; Seabra, Leite e Dias, 2017) e em âmbito geral ou nacional (Maia, 2020; Ribeiro, Kato e Rainer, 2013).

Uma primeira pesquisa exploratória, publicada em 2013, contou com a participação de 121 formados em Relações Internacionais, em dez diferentes instituições e, apesar de não representar uma amostra considerável, permite verificar alguns elementos importantes (Ribeiro, Kato e Rainer, 2013). Dessa forma, foi possível identificar que 86% dos respondentes realizaram estágios durante a graduação e mais da metade continuaram seus estudos em cursos de pós-graduação *lato* e *stricto sensu* (mestrado e doutorado), e que tais egressos tinham como idioma estrangeiro principal o inglês, seguido do espanhol (Ribeiro, Kato e Rainer, 2013). Em termos de empregabilidade, verificou-se que 45% atuavam na iniciativa privada, seguido de 24% em instituições públicas, enquanto 23% estavam empregados na área acadêmica e somente 8% no terceiro setor[19] (Ribeiro, Kato e Rainer, 2013).

Uma segunda pesquisa, publicada inicialmente como relatório em 2017 e posteriormente em 2020 como livro, contou com a resposta de 728 egressos, com tratamento estatístico para que fosse representado o universo de 16.776 dos egressos que realizaram a prova do Exame Nacional de Desempenho de Estudantes (ENADE) aplicados nos anos de 2009, 2012 e 2015 (Maia, 2020; Maia, Franco e Neder, 2017). A pesquisa é bem detalhada e apresenta elementos importantes para a compreensão do perfil do egresso dos cursos de Relações Internacionais no país, apresentando dados de perfil básico, perfil acadêmico, conhecimento de idiomas, trabalho e renda, e relação entre trabalho e formação (Maia, 2020; Maia, Franco e Neder, 2017).

Esta pesquisa confirma alguns dados apresentados no estudo anterior, sendo que 28,6% apontaram ter realizado alguma pós--graduação, 26,2% declararam estar cursando algum curso deste tipo e 40% apresentaram o interesse em prosseguir seus estudos, o que demonstra a preocupação dos egressos em se manter atualizados e aprimorarem suas habilidades, competências e atitudes profissionais. Importante ressaltar que, conforme a pesquisa anterior, a maior parte dos egressos (28,2%) indicaram a realização de cursos de pós-graduação *lato sensu*, enquanto 18,2% relataram cursar mestrado ou doutorado (Maia, 2020; Maia, Franco e Neder, 2017).

O mesmo pode ser visto na questão dos idiomas estrangeiros, com a língua inglesa sendo reconhecida como de conhecimento avançado por 89,4% dos respondentes, seguido por 40,3% para a língua espanhola, o que apresenta a necessidade do conhecimento da língua franca dos negócios internacionais, somado a relevância da língua mais falada em nossa região. Por fim, as pesquisas também se aproximam quando a questão é o estágio, com o estudo posterior demonstrando que 54,5% dos respondentes realizaram estágios durante a graduação (Maia, 2020; Maia, Franco e Neder, 2017). Nesse quesito, é essencial ressaltar

---

[19] O terceiro setor compreende instituições de caráter privado, como organizações não governamentais, fundações e associações civis, que atuam com temas públicos. Estas instituições não buscam o lucro, mas sim objetivos de interesse social (Davies, 2019).

que a prática dos estágios durante o curso de Relações Internacionais é um instrumento importante para o desenvolvimento de habilidades e competências, além de um método de aprendizagem relevante, que deve ser incentivado (Schimanski, 2022).

Quando solicitados a se manifestar acerca de seu trabalho e a vinculação com a área, isto é, se consideram que seu trabalho está dentro da área de Relações Internacionais, 51,7% entendem que não, enquanto 21% compreendem que sim. Questionados se tal atuação profissional está em área relacionada, a resposta é idêntica, com 26,1% respondendo que sim e a mesma quantidade respondendo não (Maia, 2020; Maia, Franco e Neder, 2017).

Isto apresenta uma característica importante que o estudante de Relações Internacionais deve considerar e já mencionada anteriormente: a atuação profissional não se limita somente às funções mais esperadas como a diplomacia ou empresas internacionais, podendo ocorrer em diferentes tipos de setores e mesmo em áreas não relacionadas diretamente às RI, o que não retira a importância da formação ou a capacidade de colocar em prática as competências, habilidades e atitudes desenvolvidas durante a graduação.

O Gráfico 1 apresenta a distribuição dos egressos em setores de trabalho, o que ajuda a compreender a possibilidade de atuação do profissional, discutida nas próximas seções deste capítulo:

Figura 1 – Distribuição de egressos de acordo com o setor de trabalho

Fonte: adaptado de Maia (2020) e Maia, Franco e Neder (2017).

Com base no Gráfico 1, é possível identificar que a atuação do internacionalista se concentra em empresas privadas, passando pelo setor público, terceiro setor e atividades de ensino e pesquisa (Maia, 2020; Maia, Franco e Neder, 2017). Nesse sentido, as seções seguintes apresentam alguns apontamentos relacionados a cada um dos setores de trabalho identificados durante a pesquisa, com a indicação de algumas áreas possíveis de trabalho, para que o estudante de Relações Internacionais possa refletir sobre sua futura atuação.

Quando analisados os setores em que tal atuação efetivamente se dá, verifica-se que há uma grande amplitude, com concentração no setor de serviços coletivos, sociais e pessoais (14%) e setores educacionais (12,8%), com menor concentração nas indústrias de transformação (5,9%) e intermediação financeira (5,3%) (Maia, 2020; Maia, Franco e Neder, 2017). Por fim, quanto à ocupação – ou função – desempenhada na atividade profissional, também se identificam diferentes possibilidades, sendo as de maior concentração as ocupações relacionadas à análise, assessoria e gestão (Maia, 2020; Maia, Franco e Neder, 2017), o que está de acordo com o perfil profissional declarado no CBO mencionado previamente e com a visão acerca da atuação do internacionalista, como apontado nas seções anteriores.

Figura 2 – Distribuição dos egressos de acordo com a atividade econômica

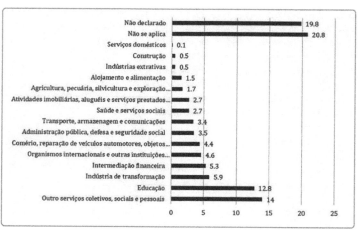

Fonte: adaptado de Maia (2020) e Maia, Franco e Neder (2017).

4.1. Empresas privadas

O setor privado é aquele que concentra a maior parte das oportunidades apontadas pelos entrevistados nas pesquisas (Maia, 2020; Maia, Franco e Neder, 2017; Ribeiro, Kato e Rainer, 2013). Assim, é importante ressaltar que as empresas privadas representam múltiplas possibilidades, dado que podem se constituir de diferentes formas como, por exemplo, empresas de grande, médio ou pequeno porte, podendo ser empresas transnacionais, nacionais ou mesmo empresas fundadas pelos egressos (Maia, 2020; Maia, Franco e Neder, 2017; Ribeiro, Kato e Rainer, 2013). Quando verificada a distribuição a partir destes setores, observa-se que as empresas estrangeiras ou transnacionais apresentam a maior concentração de egressos (15%), seguida de empresas de porte médio (11,5%), pequenas empresas (10,4%), grande empresa (8,6%) e, por fim, o negócio próprio (4,3%) (Maia, 2020; Maia, Franco e Neder, 2017).

A atuação do internacionalista nestas empresas pode se dar de diferentes formas, a partir da estrutura da empresa e do tipo de negócio. Quanto a isso, verifica-se que as respostas oferecidas pelos egressos apontam para funções de consultoria, gestão, direção, análise e assessoria como algumas das principais formas de atuação (Maia, 2020; Maia, Franco e Neder, 2017).

Entretanto, é importante ressaltar que tais classificações são genéricas, não contribuindo para a compreensão do que um internacionalista pode de fato fazer em empresas privadas. Assim, apresentam-se aqui, de forma não exaustiva, algumas das funções e ocupações desempenhadas por profissionais egressos do curso de Relações Internacionais:

4.1.1. Consultoria e assessoria internacional

Um mercado em expansão desde o século XIX, a consultoria e assessoria empresarial compreende o desenvolvimento de negócios, a partir da contribuição de profissionais especialistas em diferentes áreas, que se dedicam a compreender as necessidades empresariais e oferecer soluções para seus problemas a partir de mudanças organizacionais e que permitem a transferência de conhecimentos administrativos e gerenciais ao redor do mundo (Oliveira, 2019; Boussebaa, Sturdy e Morgan, 2014; Kipping e Clark, 2012; Donadone, 2010).

Assim, considerando as competências, habilidades e atitudes do egresso do curso, é possível identificar grande sinergia com esta área, uma vez que o profissional internacionalista conta com uma base importante de conhecimentos sobre economia, política e sociedade, o que permite desenvolver avaliações, análises e prescrições acerca dos negócios, em particular a partir de uma perspectiva internacional e de como tais fenômenos externos podem impactar os objetivos da empresa. Portanto, a consultoria e assessoria internacional contribuem para que as empresas possam tomar suas decisões de forma assertiva, a partir dos aportes especializados do internacionalista.

4.1.2. Negócios internacionais e comércio exterior

As atividades relacionadas a este setor são aquelas que, propriamente, colocam a área de Relações Internacionais como uma área correlata à de negócios, envolvendo desde processos de comercialização de bens e serviços, investimentos externos, internacionalização de empresas, fusões, aquisições e demais mecanismos negociais e empresariais que ultrapassam as fronteiras nacionais (Nyegray, 2022; Cavusgil, Knight e Riesenberger, 2009). Tais atividades necessitam de profissionais competentes, que compreendam as diferentes características nacionais, que influenciam o ambiente de negócio, somando-se os elementos locais de suas empresas, de forma que possam desenvolver um planejamento estratégico acertado acerca de sua internacionalização e dos negócios de comércio exterior ou investimento internacional (Nyegray, 2022; Cavusgil, Knight e Riesenberger, 2009).

Dessa forma, o internacionalista, a partir de sua formação, tem as qualidades necessárias para desenvolver análises e avaliações locais, nacionais e internacionais, de forma a compreender os diferentes mercados e as dinâmicas internacionais dos setores econômicos, respeitando as diferenças culturais e atuando para a maximização dos interesses das instituições em que atua. A área de negócios internacionais e comércio exterior acaba sendo a principal área de atuação do internacionalista, seja em pequenas empresas que começam a exportar, em empresas médias que atuam em mercados regionais ou das grandes corporações que movimentam grandes fluxos de pessoas, valores, serviços e mercadorias.

4.1.3. Relações governamentais e diplomacia corporativa

Esta área está ligada à necessidade das empresas em lidar com diferentes tipos de *stakeholders* – isto é, agentes interessados em sua atuação – e, nesse sentido, um dos principais agentes que companhias de diferentes tipos e tamanhos deve considerar são os governos, sejam eles locais, estaduais, nacionais ou mesmo internacionais, o que torna necessária a implementação de relações governamentais (Gozetto, 2018). O desenvolvimento de relações com governos permite que as empresas, de forma legítima, atuem de maneira a influenciar políticas públicas, questões regulatórias e decisões políticas nas áreas em que operam, ganhando potencial competitivo (Gozetto, 2018).

Próximo a isto, a área de diplomacia corporativa também lida com diversos interessados, ampliando o escopo para agentes sociais, políticos e empresariais, de forma que tais relações permitam um cenário positivo para os interesses da empresa, a partir do exercício de sua influência, minimizando riscos e gerindo eventuais conflitos, tanto em âmbito interno como internacional (Asquer, 2012; Sarfati, 2007; Saner, Yiu e Søndergaard, 2000). Próximo de um diplomata tradicional, cabe ao diplomata corporativo compreender os interesses da empresa, defendê-los perante os demais agentes interessados, negociar em seu nome e auxiliar as demais áreas a desenvolver seu planejamento estratégico ou, como alguns chamam, sua política externa corporativa (Asquer, 2012; Sarfati, 2007; Saner, Yiu e Søndergaard, 2000).

Portanto, percebe-se que a atuação do profissional de Relações Internacionais é plenamente possível nestas funções, uma vez que sua formação o habilita em técnicas de negociação, em avaliação de cenários domésticos e internacionais, partindo da compreensão de sistemas políticos, legislativos e judiciários que estão em constante mudança, em um dinâmico e complexo ambiente de relações entre diferentes agentes interessados, o que é o campo principal de ação das ocupações aqui mencionadas.

4.2. Setor público, diplomacia e organizações internacionais

O setor público e as organizações internacionais, de acordo com a pesquisa de egressos apresentada, representam uma frequência de 7,4% para o primeiro caso e de 3,4% para o segundo (Maia, 2020; Maia, Franco e Neder, 2017). Parte disso pode ser explicada pelo fato de que a atuação nessas áreas requer uma grande preparação, quando não a realização de concursos públicos, que filtram os candidatos a partir de múltiplos critérios rígidos. Por outro lado, o setor público – em particular no Brasil – acaba oferecendo remunerações vantajosas, além da estabilidade de um cargo público. Quanto às ocupações possíveis, aqui verifica-se uma sobreposição com outros setores, dado que o setor público conta com diferentes tipos de analistas, de gestores e burocratas (Maia, 2020; Maia, Franco e Neder, 2017). Dessa forma, apresenta-se de forma sintética algumas das possibilidades de atuação profissional para estes setores, de forma a permitir uma reflexão ao futuro profissional da área:

4.2.1. Setor público

Em termos gerais, a atuação no setor público é realizada por meio de concursos realizados pela administração pública direta ou indireta, nos diferentes entes federados – União, Estados, Municípios – e empresas públicas, de acordo com suas necessidades e demais critérios e requisitos (Brasil, 1990; Brasil, 1988). Isso significa que o profissional formado em Relações Internacionais poderá prestar qualquer certame que exija o diploma de ensino superior, entretanto, algumas funções públicas possuem grande aderência à formação recebida durante a graduação e necessitam das competências e habilidades obtidas durante o curso e já mencionadas.

Um exemplo possível é a carreira de Analista de Comércio Exterior, que permite atuação a partir do Ministério da Indústria, Comércio e Serviços ou o Ministério da Agricultura e Pecuária, e que consiste na gestão governamental em relação ao desenvolvimento, implementação e avaliação de políticas de comércio exterior (Brasil; 2023a).

Outra oportunidade, ainda ligada ao comércio exterior e negócios internacionais, são os processos seletivos da Agência Brasileira de Promoção de Exportações e Investimentos (ApexBrasil), que continuamente selecionam profissionais para a função de analistas de negócios internacionais, analistas de marketing, entre outros (ApexBrasil, 2023). Estes profissionais atuam na agência de forma a promover as exportações brasileiras no exterior, assim como a busca por investimentos estrangeiros e de empresas brasileiras fora do país, a partir de sua internacionalização (ApexBrasil, 2023).

Uma terceira oportunidade, mais recente, é a do profissional que realiza as Relações Internacionais de estados e municípios, também chamada de paradiplomacia (Rodrigues, 2021). Esta prática tem crescido ao longo dos últimos anos, se colocando como um importante elemento de atuação subnacional, evidenciada pela criação de diferentes estruturas internas para lidar com tópicos e temas internacionais (Junqueira, 2015). Nesse sentido, o profissional internacionalista auxiliaria em projetos, programas e na interface internacional desta unidade subnacional, contribuindo para a gestão pública de qualidade e o desenvolvimento de políticas públicas que enfrentam os problemas e desafios daquela localidade.

4.2.2. Diplomacia e organizações internacionais

Uma das carreiras mais desejadas pelos profissionais de Relações Internacionais, mas que também chama a atenção de profissionais de outras áreas, é a diplomacia. Para que alguém se torne diplomata é necessário a aprovação em um concurso público específico, o Concurso de Admissão à Carreira Diplomática (CACD), um dos mais concorridos e complexos do país (Brasil, 2023b). Cabe ao diplomata representar o país em território estrangeiro, negociar e celebrar tratados e acordos, implementar a política externa do país, além de colher informações, promover produtos nacionais no exterior e a cultura brasileira (Brasil, 2023b). Assim, se o diplomata representa o país e está a ele vinculado, o trabalho em organizações internacionais se coloca como uma forma diferente de atuação, na qual o profissional não representará seu país, mas sim sua organização, sendo considerado um servidor público internacional (ONU, 2023). Cabe a tais servidores atuar em agências, programas e projetos desenvolvidos por tais organizações, em qualquer lugar do mundo, promovendo objetivos como a paz, a segurança internacional, o desenvolvimento humano e sustentável, além do respeito aos direitos humanos (ONU, 2023).

Portanto, é possível perceber que a atuação em órgãos públicos nacionais e internacionais oferecem a oportunidade de lidar com diferentes problemas – desde os locais aos globais – que exigem do profissional uma compreensão dos fenômenos domésticos, internacionais, além da capacidade de comunicação em múltiplos idiomas, em trabalho em equipe multiculturais, elementos estes que um egresso do curso de Relações Internacionais desenvolve durante sua graduação, obtendo uma vantagem competitiva em relação aos demais interessados.

4.3. Organizações não governamentais

O trabalho no Terceiro Setor representa, de acordo com a pesquisa realizada, 5,5% do total de respostas (Maia, 2020; Maia, Franco e Neder, 2017), permitindo identificar uma área relevante para a atuação do profissional internacionalista e que está ligada a ocupações de outras áreas, como as de consultoria, assessoria, gestão, programas e projetos (Maia, 2020; Maia, Franco e Neder, 2017).

As Organizações não Governamentais fazem parte do que se compreende como Terceiro Setor, tendo como característica principal o fato de não buscarem o lucro a partir de suas atividades e de defenderem interesses sociais em nível local, nacional ou internacional, atuando por meio de redes internacionais e com capacidade de influência e pressão sobre outros atores internacionais (Davies, 2019). Estas organizações atuam em diferentes temas como, por exemplo, questões ambientais, de direitos humanos, de defesa civil e social, segurança internacional, transparência política, o que as coloca em quase todos os campos de atuação do cenário internacional (Davies, 2019).

Isto se apresenta como uma grande oportunidade ao profissional de Relações Internacionais, uma vez que os temas tratados por estas organizações perpassam aqueles discutidos durante a graduação, mas também pelo fato de que se relacionam não apenas umas com as outras, mas também com governos, empresas e diferentes atores internacionais, necessitando de pessoas capacitadas e competentes em análise internacional, na compreensão de fenômenos sociais e políticos, dispostas a trabalhar em equipes multidisciplinares e multiculturais e que também tenham capacidades de mediação e negociação de múltiplos interesses ou, aquilo que o profissional internacionalista apresenta a partir de sua formação inicial.

4.4. Ensino e pesquisa

Por fim, a área de ensino e pesquisa conta – conforme o estudo mencionado neste capítulo – com a participação de 3,9% na área privada e 1,5% na área pública (Maia, 2020; Maia, Franco e Neder, 2017). Apesar de os números parecerem baixos, é interessante apontar que 12,8% dos respondentes indicam atuar no setor educacional, sendo a ocupação de professor e pesquisador apontadas por 6,2% e 1,9% respectivamente (Maia, 2020; Maia, Franco e Neder, 2017), o que pode demonstrar que a atuação neste setor se dá além das atividades educacionais, com outras ocupações a tal relacionada.

De qualquer forma, a atuação de professores e pesquisadores é essencial à área de Relações Internacionais e à formação das próximas gerações de internacionalistas. Como dito anteriormente, a área de Relações Internacionais no país tem se estruturado nos últimos 50 anos a partir da criação de cursos de graduação e pós-graduação na área – em particular mestrados e doutorados – além da expansão para diversas cidades e regiões (Pfrimer e Okado, 2019; Lessa, 2005; Miyamoto, 2003). Esta expansão tem permitido uma maior qualidade e quantidade de bacharéis, mestres e doutores, que não apenas contribuem com a área a partir de sua prática profissional no setor público, privado e no terceiro setor, mas também contribuem com o desenvolvimento de pesquisas sobre temas internacionais e das Relações Internacionais brasileiras, aprofundando o conhecimento sobre tais temáticas e aprimorando a formação das novas gerações (Pfrimer e Okado, 2019; Lessa, 2005; Miyamoto, 2003).

Assim como as demais áreas, a área de ensino e pesquisa também exige do internacionalista todas as competências, habilidades e atitudes desenvolvidas durante a graduação e lapidadas durante o mestrado e doutorado, oferecendo a oportunidade não apenas de trabalhar com temas internacionais – que se espera que todo o internacionalista deseje – mas oferecendo a oportunidade de contribuir e melhorar a formação de seus colegas, se colocando como uma das ocupações mais fundamentais para a estruturação, consolidação e expansão da área no país.

5. CONSIDERAÇÕES FINAIS

A área de Relações Internacionais do Brasil, apesar de seus 50 anos, ainda está em processo de estruturação, consolidação e expansão. Desde seu início nos anos 1970, passando pela expansão do ensino privado na década de 1990, seguido pela expansão do ensino público nos anos 2000[20], os cursos de Relações Internacionais têm buscado desenvolver um perfil de seu egresso, isto é, apresentar as características, competências, habilidades e atitudes que a sociedade pode esperar de um formado nesta área. As discussões acerca desses

---

[20] Como demonstrado por Pfrimer e Okado (2019).

Relações Internacionais e Mercado de Trabalho

elementos foram desenvolvidas dentro da própria academia – por professores e estudantes – mas também por associações da área que contribuíram com uma proposta de estrutura curricular que garantisse ao internacionalista uma série de conhecimentos – o saber – articulados com uma série de técnicas e metodologias – o saber-fazer – combinada com atitudes e autoconhecimento – o saber-ser.

Esta estrutura baseada apresentou 16 competências necessárias aos internacionalistas e desenvolvidas durante a graduação, todas relacionadas à concepção, gestão e organização com interface internacional, passando por competências tecnológicas, habilidades interpessoais, conhecimento de idiomas estrangeiros, de conceitos, teorias e temas internacionais, além daquelas relacionadas à aplicação de tais conteúdos, da avaliação de seus impactos e da compreensão dos fenômenos diversos e complexos em escala local e global. A partir disso, o internacionalista estaria apto a atuar em diferentes organizações, de modo a contribuir com a tomada de decisão, atuando para o progresso e obtenção dos interesses em suas diferentes esferas de ação.

Este perfil de competências oferece uma grande oportunidade ao profissional formado em Relações Internacionais, que pode atuar nos mais diversos mercados, funções e ocupações. Como visto, pesquisas sobre os egressos dos cursos apresentam que sua atuação pode ser vista no setor privado em empresas de diferentes portes, desde as multinacionais até empresas pequenas e negócios próprios – passando pela atuação no setor público, seja em atividades governamentais ligadas ao comércio exterior ou de assessoria internacional, seja na diplomacia tradicional ou em organizações internacionais.

A pesquisa também apresenta a oportunidade que as Organizações Internacionais representam, com sua atuação em múltiplos temas internacionais e a crescente necessidade de lidar com uma grande variedade de atores internacionais, em temas que – por suas características – sempre se colocam através das fronteiras nacionais. Por fim, a área acadêmica se coloca como um importante alicerce da profissão, uma vez que a formação das próximas gerações de internacionalistas necessita de um corpo docente bem qualificado – com graduação, mestrado e doutorado na área – mas também

Introdução às Relações Internacionais

das pesquisas desenvolvidas por aqueles que se debruçam sobre os temas internacionais, oferecendo e permitindo uma maior compreensão sobre as dinâmicas globais e contribuindo para uma maior qualificação de nossos profissionais internacionalistas.

Entretanto, as ocupações e áreas apresentadas neste capítulo não devem ser vistos de forma restrita ou restritiva. O profissional de Relações Internacionais é competente para atuar em sua área, mas também o é para atuar em áreas correlatas e mesmo em áreas que inicialmente não enxerga como seu campo de atuação. Uma formação sólida é aquela que permite ao profissional atuar não apenas em sua área principal, mas em múltiplas áreas nas quais suas competências podem ser aplicadas e adaptadas. O profissional internacionalista é aquele que recebe este tipo de formação e é plenamente capaz de aplicar suas competências em qualquer área que deseje.

6. ESTUDO DIRIGIDO

Questão 1. Quais são as principais competências que um profissional de Relações Internacionais desenvolve durante a graduação e como essas habilidades o preparam para enfrentar desafios na carreira?

Questão 2. Como as perspectivas de carreira para profissionais de Relações Internacionais têm evoluído desde os primeiros cursos criados até o cenário atual de intensa expansão?

Questão 3. De que forma a fluência em idiomas estrangeiros impacta a trajetória profissional de um graduado em Relações Internacionais, e como essa habilidade é valorizada no mercado de trabalho?

Questão 4. Quais são os principais setores e organizações que demandam profissionais de Relações Internacionais, e como as oportunidades de trabalho variam entre o setor público e o privado?

Questão 5. Como as competências desenvolvidas durante a graduação podem contribuir para a atuação profissional do internacionalista? Desenvolva uma resposta criando uma tabela que relacione as múltiplas competências com as perspectivas profissionais aqui elencadas.

7. REFERÊNCIAS BIBLIOGRÁFICAS

AGÊNCIA BRASILEIRA DE PROMOÇÃO DE EXPORTAÇÕES E INVESTIMENTOS. *Quem Somos*. 2023. Disponível em: https://apexbrasil.com.br/br/pt/sobre-a-apex-brasil.html. Acesso em: 2 dez. 2023.

ASSOCIAÇÃO NACIONAL DOS PROFISSIONAIS DE RELAÇÕES INTERNACIONAIS. *Nossa história*. 2023. Disponível em: https://www.anapri.org.br/nossa-historia-new/. Acesso em: 2 dez. 2023.

ASQUER, A. What is Corporate Diplomacy? *Social Science Research Network*. [S.L], p. 1-16, 2012. Disponível em: http://papers.ssrn.com/sol3/papers.cfm?abstract_id=2009812. Acesso em: 2 dez. 2023.

BRASIL. Constituição da República Federativa do Brasil. Brasília, DF: Presidência da República. Disponível em: http://www.planalto.gov.br/ccivil_03/constituicao/ConstituicaoCompilado.htm. Acesso em: 2 dez. 2023.

BRASIL. Dispõe sobre o regime jurídico dos servidores públicos civis da União, das autarquias e das fundações públicas federais. *Lei Nº 8.112, de 11 de dezembro de 1990*. Brasília, 1990. Disponível em: https://www.planalto.gov.br/ccivil_03/leis/l8112cons.htm. Acesso em: 2 dez. 2023.

BRASIL. PORTAL DO SERVIDOR. *Analista de Comércio Exterior (ACE)*. 2023a. Disponível em: https://www.gov.br/servidor/pt-br/acesso-a-informacao/servidor/carreiras/ace. Acesso em: 2 dez. 2023a.

BRASIL. MINISTÉRIO DAS RELAÇÕES EXTERIORES. *A carreira de Diplomata*. 2023b. Disponível em: https://www.gov.br/mre/pt-br/instituto-rio-branco/carreira-diplomatica/a-carreira-de-diplomata. Acesso em: 2 dez. 2023.

BRASIL. *Resolução CNE/CES/4/2017* – Institui as Diretrizes Curriculares Nacionais para o curso de graduação em Relações Internacionais, bacharelado, e dá outras providências. MEC: Brasília – DF, 2017.

BOUSSEBAA, M.; STURDY, A.; MORGAN, G. Learning from the world? Horizontal knowledge flows and geopolitics in international consulting firms. *The International Journal Of Human Resource Management,* [S.L.], v. 25, n. 9, p. 1227-1242, 12 set. 2014. Disponível em: http://dx.doi.org/10.1080/09585192.2013.826711. Acesso em: 2 dez. 2023.

CAVUSGIL, S. T.; KNIGHT, G.; RIESENBERGER, J. R. *Negócios internacionais:* estratégia, gestão e novas realidades. 1. ed. São Paulo, SP: Pearson, 2009.

CRUZ, C. *Competências e habilidades:* da proposta à prática. São Paulo: Edições Loyola, 2001.

DAVIES, T. Introducing NGOs and International Relations. *In*: DAVIES, T. (ed.). *Routledge Handbook of NGOs and International Relations.* New York: Routledge, 2019. p. 1-16.

DONADONE, J. C. Consultoria internacional em expansão e formas emergentes de globalização das trocas e contenciosos gerenciais. *Tempo Social,* [S.L.], v. 22, n. 1, p. 101-125, jun. 2010. Disponível em: http://dx.doi.org/10.1590/s0103-20702010000100006. Acesso em: 2 dez. 2023.

GOZETTO, A. Relações governamentais como fator de competitividade. *Cadernos Adenauer.* XIX. n. 2, 2018. Disponível em: https://www.kas.de/c/document_library/get_file?uuid=7aa228c9-add4-b-619-8d1c2c95c8d3755e&groupId=265553. Acesso em: 02 dez. 2023.

JUNQUEIRA, C. G. B. A criação das Secretarias Municipais de Relações Internacionais (SMRIs) como nova realidade da inserção internacional dos entes subnacionais brasileiros. *Boletim de Economia e Política Internacional,* setembro/dezembro 2015.

KIPPING, M.; CLARK, T. Researching management consulting: an introduction to the handbook. *In*: CLARK, T.; KIPPING, M. (eds). *The Oxford Handbook of Management Consulting.* New York: Oxford University Press, 2012.

LESSA, A. C. O ensino das Relações Internacionais no Brasil. *In*: SARAIVA, J. S.; CERVO, A. L. (Eds.) *O crescimento das Relações*

Internacionais no Brasil. Brasília, DF: Instituto Brasileiro de Relações Internacionais, 2005, p. 33-50.

MAIA, M. (org.). *Formação em Relações Internacionais no Brasil:* panorama dos cursos de graduação e perfil dos egressos. Belo Horizonte: PUC Minas, 2020. Disponível em: https://www.editora. pucminas.br/obra/formacao-em-relacoes-internacionais-no-bra-sil-panorama-dos-cursos-de-graduacao-e-perfil-dos-egressos-e-book-amazon. Acesso em: 2 dez. 2023.

MAIA, M.; FRANCO, A. M. de P.; NEDER, H. D. *O fortalecimento do papel institucional do Conselho Nacional de Educação no processo de elaboração, aperfeiçoamento e acompanhamento das políticas públicas de educação básica e superior em todas as etapas e modalidades de educação e ensino:* Documento Técnico referente ao Produto 2 do Projeto CNE/UNESCO 914/ BRZ1042.3 – Contrato AS-379/2017. Brasília: Conselho Nacional de Educação, 2017.

MIYAMOTO, S. Ensino das Relações Internacionais do Brasil: problemas e perspectivas. *Revista de Sociologia Política*, Curitiba, n. 20, 2003, p. 103-114. Disponível em: https://doi.org/10.1590/ S0104-44782003000100009. Acesso em: 2 dez. 2023.

MORETTI, V. D.; MOURA, M. O. de. A formação docente na perspectiva histórico-cultural: em busca da superação da competência individual. *Psicologia Política*, v. 10, n. 20, p. 345-361, jul./dez., 2010.

NYEGRAY, J. A. L. *Negócios internacionais.* 1. ed. São Paulo: Contexto, 2022.

OLIVEIRA, D. P. R. *Manual de consultoria empresarial*, 14. ed. São Paulo: Grupo GEN, 2019.

ORGANIZAÇÃO DAS NAÇÕES UNIDAS. CAREERS. *The UN workforce.* 2023. Disponível em: https://careers.un.org/work-force. Acesso em: 2 dez. 2023.

PERRENOUD, P. *Construir as competências desde a escola.* Porto Alegre: Artmed, 1999.

PERRENOUD, P. De uma metáfora a outra: transferir ou mobilizar conhecimentos?. *In*: DOLZ, J.; OLLAGNIER, E. (org.). *O enigma da competência em educação*. Porto Alegre: Artmed, 2002.

PFRIMER, M. H.; OKADO, G. H. C. Dispersão e concentração espaciais dos cursos de Relações Internacionais no Brasil. *Carta Internacional*, [S.L.], v. 14, n. 1, p. 225-249, 21 maio 2019. Disponível em: https://doi.org/10.21530/ci.v14n1.2019.867. Acesso em 02 de dez. 2023.

RIBEIRO, P. F.; KATO, M.; RAINER, G. Mercado de trabalho e Relações Internacionais no Brasil: um estudo exploratório. *Meridiano 47*, n. 135, jan-feb 2013.

RODRIGUES, G. M. A. *Paradiplomacia:* cidades e estados na cena global. São Paulo: Desatino, 2021.

ROLDÃO, M. *Gestão do currículo e avaliação de competências*: as questões dos professores Lisboa: Editorial Presença, 2003.

SANER, R.; YIU, L.; SØNDERGAARD, M. Business diplomacy management: a core competency for global companies. *Academy of Management Perspectives*, [S.L.], v. 14, n. 1, p. 80-92, fev. 2000. Disponível em: http://dx.doi.org/10.5465/ame.2000.2909841. Acesso em: 2 dez. 2023.

SARFATI, G. *Manual de diplomacia corporativa:* construção das Relações Internacionais da empresa. São Paulo, Atlas, 2007.

SEABRA, F. LEITE; I. DIAS, F. Principais resultados e análises da primeira pesquisa dos egressos da Graduação em Relações Internacionais da UFSC. *In: Anais do 6º Encontro da ABRI*. Belo Horizonte, 2017. Disponível em: https://www.abri.org.br/download/download?ID_DOWNLOAD=799. Acesso em: 2 dez. 2023.

SCHIMANSKI, S. Estágios como experiência de aprendizagem no ensino de Relações Internacionais. *Carta Internacional*, [S.L.], v. 17, n. 3, p. 1-24. Disponível em: http://dx.doi.org/10.21530/ci.v17n3.2022.1265. Acesso em: 2 dez. 2023.

SCHIMANSKI, S. FERNANDES, F. M. Relações internacionais da Universidade Federal de Pelotas em seus dez anos: principais resultados da primeira pesquisa dos egressos. *Anais do 8º Encontro Nacional da ABRI*. Online, 2021. Disponível em: https://www.encontro2021.abri.org.br/trabalho/view?ID_TRABALHO=2772. Acesso em: 2 dez. 2023.

TEIXEIRA JÚNIOR, P. R. Diretrizes Curriculares Nacionais para o ensino superior: a lógica das competências em foco. *Crítica Educativa*, Sorocaba, v. 6, p. 01-18, 2020. Disponível em: https://www.criticaeducativa.ufscar.br/index.php/criticaeducativa/article/view/483/495. Acesso em: 2 dez. 2023.

7. RECURSOS AUDIOVISUAIS

Munique – No limite da guerra. Gênero: drama histórico. Ano: 2021. Direção: Christian Schwochow. Sinopse: o filme retrata a atuação de dois jovens amigos que, atuando em lados opostos, participam das negociações da Conferência de Munique de 1938.

A diplomata. Série. Gênero: drama. Ano: 2023. Criação: Debora Cahn. Sinopse: a série retrata a atuação de uma diplomata recém-promovida durante uma crise internacional, que pode ter consequências importantes para seu futuro político e pessoal.

MauáCast – Ep. 11 – 2ª Temporada – Dia do Internacionalista. Entrevistador: Rodrigo Gallo. Sinopse: o episódio apresenta uma discussão acerca do profissional de Relações Internacionais e suas atividades como diplomata corporativo e relações governamentais, com o convidado Paulo Araújo. Disponível em: https://www.youtube.com/watch?v=B2TU5EwexuA.

A carreira do internacionalista e o mercado de trabalho. Apresentador: Feliciano Guimarães. Sinopse: o vídeo apresenta as principais possibilidades de carreiras para o profissional de Relações Internacionais. Disponível em: https://www.youtube.com/watch?v=CifdEKCpj1o.

ESTADO E PODER
RODRIGO FERNANDO GALLO[21]
CLARISSA NASCIMENTO FORNER[22]

1. INTRODUÇÃO

Ainda que o conceito de Estado seja fluido e, mais recentemente, tenha sua primazia questionada por perspectivas de análise pós-positivistas, trata-se de um debate elementar que serve como ponto de partida para estudos de Relações Internacionais. Isso ocorre porque boa parte da literatura, em especial aquelas abordagens mais tradicionais, classificam o surgimento do Estado moderno, concebido a partir da chamada Paz de Westfália, no século XVII, como o marco fundador das RI, visão reafirmada também por autores do campo da ciência política.

Desta forma, é imprescindível estudarmos o conceito de Estado para entender as visões tradicionais acerca do motivo pelo qual os países conseguem se relacionar em um sistema internacional

---

[21] Cientista político, mestre e doutor em Ciências Humanas e Sociais pela Universidade Federal do ABC (UFABC). Leciona em cursos de graduação nas áreas de Administração, Ciências Econômicas e Relações Internacionais, e de pós-graduação nas áreas de Ciência Política e Relações Internacionais. Coordenador do curso de Relações Internacionais do Instituto Mauá de Tecnologia (IMT) e do Laboratório de Gestão e Negócios. *E-mail*: rodrigo.gallo@hotmail.com.

[22] Doutora em Relações Internacionais pelo PPGRI San Tiago Dantas (Unesp/Unicamp/PUC-SP). Professora do Departamento de Relações Internacionais da Universidade do Estado do Rio de Janeiro (UERJ). Pesquisadora do Grupo de Estudos de Defesa e Segurança Internacional (Gedes) e do Instituto Nacional de Ciência e Tecnologia para Estudos sobre os Estados Unidos (INCT-INEU). E-mail: clarissaforner@gmail.com.

complexo, bem como compreender as causas para eventos sistêmicos como conflitos e cooperação diplomática. Isso ocorre porque, em paralelo ao advento do Estado moderno, também se desenvolve um longo e gradativo processo de concentração de poder a partir de 1648, pautado pela ideia de soberania e de poder – conceitos igualmente dinâmicos e que podem – e são – desafiados pelo desenvolvimento de correntes teóricas mais atuais.

Desta maneira, podemos pensar o mundo como um imenso condomínio composto por vizinhos distintos, cada um com características e objetivos próprios, que buscam uma forma de conviver de forma harmoniosa – o que não impede o surgimento de eventuais conflitos.

Conforme veremos no decorrer deste capítulo do nosso estudo, existem inúmeras dificuldades para se compreender o conceito de Estado. Um dos maiores problemas é que se trata de um termo muitas vezes polissêmico, ou seja, uma palavra que pode significar "coisas" ligeiramente diferentes a depender da interpretação. Por exemplo, é comum que os meios de comunicação tratem "Estado" e "governo" como se fossem sinônimos, confundindo a audiência. A ideologização do debate político também contribui para a dificuldade de se compreender o conceito. Isso ocorre, entre outros casos, quando grupos liberais mais radicais propalam a perspectiva de que o "Estado" não deveria intervir na economia, assumindo assim uma posição de que as forças do mercado deveriam fluir livremente.

Seja como for, o objetivo deste capítulo é justamente enfrentar o desafio de compreender o conceito de Estado e associá-lo ao poder e às dinâmicas geopolíticas das Relações Internacionais, de modo a permitir uma visão inicial sobre essa importante – e controversa – base de fundação da área.

2. O CONCEITO DE ESTADO

2.1. O que é Estado?

Fala-se em "Estado" o tempo todo no nosso cotidiano, principalmente na mídia. No entanto, é um termo mais complexo do que parece. É interessante resgatar a discussão de Coelho e Viana (2021), de que Estado e governo são palavras que praticamente todos usam e dizem saber o que significam, mas poucos conseguem efetivamente explicá-los e diferenciá-los (Coelho e Viana, 2021, p. 35). Isso nos indica que estamos falando de palavras muitas vezes empregadas de forma genérica, e que, por isso mesmo, ocultam a complexidade por trás dessas discussões. Mas um estudante de Relações Internacionais precisa se blindar deste erro!

O grande problema é que o Estado, como objeto de análise, não nos apresenta uma interpretação única. Liberais e marxistas, por exemplo, o enxergam de um modo sensivelmente diferente, do mesmo modo como o ator estatal não é uma verdade histórica, pois se apresenta de formas diferentes no tempo e no espaço – o que tem forçado filósofos políticos a se debruçar sobre o conceito desde a Antiguidade, produzindo teorias com constatações muitas vezes bastante diferentes (Gallo, 2021a, p. 26).

O estudo sobre o conceito de Estado encontra subsídios teóricos mais bem fundamentados a partir da Idade Moderna, sobretudo com a publicação da obra *O Príncipe*, de Nicolau Maquiavel, em 1513, mas é inegável que há séculos já havia pesquisas que, direta ou indiretamente, contribuíram para compreender o tema: esse tipo de reflexão aparece em obras de filósofos Antigos como Sócrates e Marco Túlio Cícero, mas também nos textos historiográficos de Heródoto e Tucídides, de uma forma não sistematizada, sem contar nos inúmeros trabalhos de dramaturgos, como Aristófanes, e mesmo de pensadores mais ligados à teologia, como Tomás de Aquino. É inegável que boa parte desses pensadores antigos, medievais e modernos se debruçaram basicamente sobre duas questões: o conceito de Estado e os debates acerca das formas de governo, o que os fez refletir, obviamente, sobre a ideia de poder (Gallo, 2021b, p. 93-94).

Ainda que haja divergências quanto à interpretação, é fato que o conceito de Estado normalmente utilizado pelos especialistas provém de uma matriz de pensamento Ocidental, principalmente de base eurocêntrica, o que nos faz refletir sobre seus usos inclusive no processo colonial e na legitimidade do domínio Europeu em territórios africanos nos séculos XIX e XX. Logo, especialmente nas universidades brasileiras, há uma escassez de discussões que levem em consideração as importantes contribuições de teóricos políticos da Ásia e da África sobre o Estado, o que cria uma espécie de viés interpretativo – que também afeta nossa visão sobre as ideias de liberdade, poder, território, entre inúmeros outros termos (Gallo, 2020, p. 138).

Por ora, é fundamental compreendermos que o Estado está relacionado à organização do território, ao exercício do poder político e à necessidade de se criar um ordenamento jurídico, baseado em algum critério, para encerrar certas inseguranças e oferecer garantias à sociedade, como segurança, bem-estar, entre outras. Nesse sentido, alguns autores argumentam que o Estado é a mais importante instituição produzida no mundo moderno, cujas heranças chegam até os nossos dias: o fato de ser único ator a deter a condição de soberania, diferentemente dos modelos anteriores, como aquele existente durante o feudalismo; ser um ator territorial, que exerce poder exclusivamente sobre quem vive dentro das suas fronteiras; uma instituição abstrata, no sentido de que o poder não é exercido por um indivíduo de forma personalista, mas sim por uma ideia política e juridicamente legitimada socialmente (Creveld, 2004, p. 596).

A obra de Vattel, publicada em 1758, apresenta um bom ponto de partida para compreendermos essa discussão, ao refletir que o Estado é uma junção de pessoas e de interesses que, conjuntamente, se associam e deliberam acerca da busca de objetivos em comum dentro de um determinado território (Vattel, 2004, p. 1). Para Jackson e Sørensen (2007, p. 28), é essencial considerar, também, que os Estados são organizações territoriais, concebidas a partir de processos complexos cujo objetivo primordial é buscar meios de garantir a proteção, a liberdade, a ordem, a justiça, entre outros.

Partindo dessas duas possíveis explicações, que, admitimos, estão simplificadas neste capítulo, podemos verificar que o Estado surge – natural ou artificialmente, a depender da interpretação – para atender necessidades consideradas básicas, tornando-se, desta forma, uma espécie de regulador da vida política, econômica e social de quem vive em um território. Todavia, é fundamental reconhecermos que não existem sociedades homogêneas, e os supostos interesses comuns jamais serão observados da mesma forma em diferentes países. Sendo assim, os modelos de Estado são diferentes. Ou seja, nenhum país é igual. Por exemplo, o que se entende por liberdade econômica e intervenção estatal nos Estados Unidos é diferente da Inglaterra. O mesmo ocorre como temáticas consideradas mais polêmicas, como descriminalização do aborto, consumo de drogas e a laicidade, que são debatidas e resolvidas de formas distintas em cada nação, como fruto do modo como cada população entende essas questões.

Parte da literatura, deste modo, reforça que o Estado é uma organização dinâmica, que surge e se transforma de forma gradativa e ininterrupta a partir das interações entre os indivíduos, que elegem representantes (no caso de democracias) em tese para atender suas convicções políticas, mudando eventualmente os rumos de certa discussão (Azambuja, 2008, p. 22). Essa constatação indica que o Estado, então, busca atender as demandas de uma maioria hegemônica dentro do território, ainda que todos devam ser atendidos minimamente por ele. Essas mudanças valem, por exemplo, para a definição do orçamento e da criação/manutenção/ampliação/ encerramento de políticas públicas: eventualmente, uma coalizão vencedora num processo eleitoral vai desenvolver uma ampla estratégia de combate à fome, primeiro porque é um problema que deve ser combatido, segundo porque representa os interesses da maioria dos eleitores que votou nesse projeto de governo, e terceiro porque provavelmente representa a ideologia do grupo que ocupa o assento presidencial. O mesmo processo ocorre com temáticas diversas, como a definição da agenda da política externa, eventuais mudanças na política de preservação ambiental, entre outras.

Portanto, também é importante refletirmos que o Estado pode ser considerado o reflexo das lutas internas entre os grupos que vivem no território: cada um busca meios de pautar seus interesses e fazer com que sejam materializados pelo governo. Em países democráticos, essas lutas ocorrem, por exemplo, em contextos eleitorais: grupos diversos procuram eleger seus representantes, que, supostamente, ficarão responsáveis por transformar aquelas demandas em ações. Em nações não democráticas, as lutas podem ser mais intensas e físicas, como por exemplo a insurgência de um grupo oprimido contra o governo autoritário, desencadeando episódios de violência. Assim sendo, devemos considerar que o Estado também é moldado pelo uso da força dentro do território.

Independentemente do modelo, o Estado pode ser considerado uma comunidade politicamente e juridicamente ordenada em torno de um sistema de leis, sejam elas aprovadas de forma republicana ou impostas por um governante autoritário (Kelsen, 2016, p. 183).

2.2. Os diferentes modelos de Estado

Ainda que o conceito teórico de Estado não seja uma discussão pacificada, pois sempre existiram, e ainda existem, interpretações diferentes, devemos admitir, para este estudo, que é impossível existir um modelo único. Isso ocorre porque, ao considerarmos o Estado como uma entidade territorial e que organiza a vida das pessoas, há um conjunto de diferenças cruciais que levam à adoção de perspectivas singulares em cada lugar. Por exemplo, o fato de um país ter saídas para os mares quentes facilita o comércio exterior, o que implica dizer que esse Estado provavelmente terá uma política comercial diferente daquele que está isolado dentro de um continente e sem acesso a portos marítimos. O mesmo vale para nações com ou sem acesso a fontes de petróleo e minério de ferro, dois recursos fundamentais para o desenvolvimento industrial. Ou seja, a escassez ou a presença de determinados elementos no território certamente influencia a identificação das necessidades e o processo de tomada de decisão em múltiplos níveis.

Ainda podemos considerar questões culturais diversas, como a predominância de uma determinada religião, a existência ou ausência de tradição de liberdade econômica, social e política, o histórico recente de participação em guerras, fenômenos multivariáveis como fome, pobreza, entre outros. Enfim, tudo pode impactar para as escolhas quanto ao modelo de Estado adotado por um determinado povo. Logo, é importante reafirmar que não existem países idênticos, do mesmo modo que em um prédio não existem apartamentos e vizinhos iguais.

Dito isso, devemos considerar que, didaticamente falando, é necessário analisar três elementos para compreender o modelo de Estado: o tipo (se unitário, federativo ou confederativo), a forma de governo (se monarquia, aristocracia ou democracia, lembrando que a literatura apresenta diversas variações sobre o tema) e o sistema de governo (se presidencialista ou parlamentarista). Isso sinaliza a diversidade de "opções" no que diz respeito ao debate sobre centralização e descentralização de poder político dentro de um território. Essa é uma discussão complexa, mas vamos simplificá-la, abordando apenas os pontos elementares.

2.2.1. O tipo de Estado

O debate sobre o tipo de Estado diz respeito à organização interna de um país. Conforme já mencionamos, a Paz de Westfália inaugurou o Estado moderno, por estabelecer, entre outras coisas, a ideia de que existem fronteiras entre as nações, ou seja, linhas imaginárias que separam um país do outro, e que, contemporaneamente, são legitimadas pelas Nações Unidas. Porém, para além dessas fronteiras internacionais, também existem linhas imaginárias que dividem internamente as nações, e isso influencia a vida das pessoas de diversas formas. Por exemplo, há impostos municipais, como o IPTU (Imposto Predial e Territorial Urbano) e o ISS (Imposto sobre Serviço), e estaduais, como o ICMS (Imposto sobre Circulação de Mercadorias e Serviços); há feriados que existem em determinadas partes do território, e em outros não, como o Dia da Consciência Negra. Esse é o modelo de Estado que conhecemos no Brasil, que não é aplicado em outros lugares. No limite, podemos afirmar que a opção pelo tipo de Estado influencia a forma como a vida cotidiana é organizada.

A literatura da área de ciência política, válida para as Relações Internacionais, entende que alguns países são unitários, enquanto outros são federativos e outros confederativos. A adoção do modelo está ligada à história e à cultura política locais. Vamos, neste tópico do nosso estudo, discutir cada um desses modelos.

Em Estados unitários, a principal característica é a centralização de poder de uma forma bastante verticalizada, pois o governo central assume o papel de autoridade soberana em todo o território nacional, enquanto os chamados atores subnacionais, como os municípios, funcionam basicamente como unidades administrativas. Na prática, significa que essas unidades só podem fazer aquilo que está legalmente autorizado pelo governo central, sem a possibilidade de criar leis próprias – geralmente são atividades relacionadas à gestão do dia a dia, como tapar buracos de rua, organizar o sistema de trânsito e garantir o funcionamento dos postos de saúde.

Ao olharmos para o mapa, percebemos que boa parte do mundo é composto por Estados unitários. Isso se justifica porque uma quantidade muito grande de nações não tem uma vasta extensão territorial. Desta forma, não é necessário possuir uma estrutura de Estado tão descentralizada, com governos subnacionais tão complexos e com atribuição de poderes exclusivos para essas divisões internas – ao contrário do que ocorre com os países maiores, como Brasil e Estados Unidos. A lógica é que, quanto menor e menos diverso for o país, maior será a possibilidade de adotar regras gerais que valham para todos os cantos.

Na América do Sul, há muitos casos de Estados unitários. No Uruguai, o governo central é exercido por um presidente eleito por meio do voto popular, que responde, em nível nacional, pelas áreas de educação, justiça, segurança, saúde, entre outras, sem que os departamentos (o nome dado às divisões internas) possam criar políticas específicas sobre isso tudo. Algo similar ocorre na Bolívia, no Chile e na Colômbia. As unidades subnacionais possuem bem menos autonomia do que no Brasil, por exemplo.

Europa, Portugal, Grécia, Luxemburgo, Países Baixos e Dinamarca seguem princípios semelhantes, inclusive por conta do tamanho desses países. O Reino Unido é um caso atípico de Estado unitário, cujo poder é exercido de forma centralizada, mas parcialmente devolvido – ou seja, delegado – aos parlamentos da Escócia, Irlanda do Norte e País de Gales, que preservam algum grau de autonomia para determinadas questões. Essa "devolução" de poder decorre do fato de que o Reino Unido é considerado uma união política entre quatro países, e as dinâmicas internas dessa junção levaram à necessidade de flexibilizar a centralização.

Por sua vez, Estados federativos funcionam de acordo com outras premissas, principalmente por conta do tamanho dos países, e operam a partir de uma lógica de maior descentralização de poder. Nesses casos, houve a opção de a autoridade central dividir poder com os entes subnacionais, inclusive porque as diferenças regionais demandam muitas vezes regras distintas. Trata-se, portanto, de uma união de estados-membros, reunidos em torno de um governo federal soberano, cuja função é desempenhar algumas atividades específicas, como definição da política monetária, tratados internacionais com outros países, declarações de paz e guerra, enquanto os atores subnacionais têm determinados graus de autonomia para agir, como criação de impostos e leis locais. Esses membros preservam autonomia financeira, o que nos ajuda a compreender o motivo de determinadas cidades desfrutarem situações econômicas tão distintas, e todo esse arranjo é definido pela constituição (Silotto, 2021, p. 77). É importante reforçar que as nações federativas impedem que os membros se separem. Isso significa, por exemplo, que um estado brasileiro não poderia se desmembrar do restante da federação.

De acordo com Lijphart, Estados federativos são mais apropriados para países com grande extensão territorial e heterogeneidade étnico-cultural: assim, o compartilhamento de poder em nível subnacional permitiria que todas as regiões e minorias pudessem ter algum grau de representatividade e buscar a satisfação de seus interesses (Lijphart, 2003), além de diminuir as assimetrias entre as diversas regiões do país.

É importante ressaltar, no entanto, que o modelo de federação também encontra uma subdivisão. Deste modo, compreendemos que o Brasil é um país que opera a partir da dinâmica do federalismo centralizado, cujo pacto estabelece que as unidades subnacionais concordam em exercer sua autonomia de forma a não contradizer leis superiores: ou seja, leis municipais não podem afrontar legislações estaduais, que por sua vez não podem contrariar decisões que emanem do governo federal. Isso significa dizer, também, que todas as prefeituras e governos estaduais são unidades similares em termos políticos, ainda que possam ter tamanhos e orçamentos diferentes.

Por outro lado, há o modelo de federalismo descentralizado, cujo principal expoente são os Estados Unidos. Lá, o governo federal resguarda a soberania e atribuições específicas, como no Brasil. Porém, o grau de liberdade delegado aos atores subnacionais é muito maior. É por isso que cada cidade ou estado pode ter leis muito díspares entre si. Por exemplo, enquanto nos estados do Texas e Missouri há previsão legal para aplicação da pena de morte, na Flórida e Nova York, pena capital é vetada; da mesma forma como há partes do território norte-americano onde é permitida a posse e o consumo de certas drogas, enquanto em outros há proibição total.

Por fim, há Estados confederados, cuja principal característica é que, pela lógica de descentralização de poder, há um governo central sem atribuição legal de baixar resoluções obrigatórias aos membros, e sim somente recomendações. Além disso, cada membro preserva o direito de se desvincular legalmente do país, caso julgue que essa decisão seria adequada. Isso significa, na prática, que a confederação é uma junção de Estados que preservam sua soberania, e resolvem se "aliar" em torno de alguns objetivos em comum, mas sem um alto grau de compartilhamento de práticas. A literatura considera que confederações podem ser modelos de transição, cujo resultado será a criação de uma federação. Países como Suíça, Alemanha e Itália já foram confederações no passado (Soares, 1998, p. 141).

2.2.2. As formas de governo

Para além de refletirmos sobre o tipo de Estado, também é essencial analisarmos a forma de governo, que basicamente responde a duas perguntas: quem governa o país, ou seja, a composição de pessoas que ocupam os cargos de governo, e como governa, isso é, a orientação dada por esses indivíduos para a sua gestão. Desta forma, os pensadores do tema normalmente descrevem a forma de governo tipificando-as a partir de algum critério, para depois, qualificá-las, indicando se são boas ou más quanto ao atendimento de algumas expectativas (Bobbio, 1985, p. 33). Trata-se de um debate caro para muitos teóricos políticos, em especial da Antiguidade e da Idade Moderna, mas que parece ter perdido forças no último século. Pensadores clássicos como Platão, Aristóteles, Cícero, Maquiavel e tantos outros ocuparam ao menos uma parte de suas obras para discutir a questão.

Como forma de simplificarmos esse debate, vamos partir do pressuposto que, basicamente, há governos formados por um indivíduo (obviamente amparado por um grupo de ministros ou conselheiros), por poucas pessoas e pela maioria dos cidadãos que integram aquela sociedade. Logo, as formas de governo também tratam da questão da distribuição de poder. No primeiro caso, normalmente se dá o nome de monarquia; no segundo, aristocracia; no terceiro, democracia. A nomenclatura de cada forma de governo muda a depender do autor e obviamente do seu ponto de vista. Cada uma dessas formas de governo pode possuir versões deturpadas ou impuras, como a tirania sendo o contraponto da monarquia. Estamos falando, basicamente, de um processo complexo de escolha que dá conta de como o poder político será dividido dentro de um território.

É importante destacar a perspectiva de que a análise das formas de governo denota as estruturas fundamentais que formam o governo em si e a maneira como elas estão relacionadas. Ao olhar para essa questão detalhadamente, vemos que os Estados podem ser similares quanto essa classificação, mas todos possuem características únicas (Dallari, 2011, p. 221). Por exemplo, ainda que Dinamarca e Japão

Estado e Poder

sejam monarquias, as duas nações possuem particularidades na formação de suas instituições em decorrência de inúmeras questões culturais e sociais, assim como a posição geográfica, as aspirações dos grupos de pressão domésticos, as expectativas externas, entre outros.

O advento das democracias coincide historicamente com o alargamento das discussões sobre a ampliação dos direitos civis e políticos, que tocam pontos importantes como sufrágio universal, equidade de gênero, liberdade religiosa, entre outros (Bobbio, 1986, p. 117). Em cada território essas questões são discutidas com base em princípios e valores locais.

2.2.3. Os sistemas de governo

Uma discussão mais contemporânea diz respeito aos sistemas de governo, que trata do modo como os poderes se relacionam – em especial o Executivo e o Legislativo. Imagine que em alguns países, como Brasil e Estados Unidos, os eleitores votam em um indivíduo que recebe o cargo de presidente, e que concentra as chefias de governo e de Estado ao mesmo tempo. Em outros lugares, como no Reino Unido, os eleitores escolhem os parlamentares, e posteriormente um deles será nomeado o primeiro-ministro, o chefe de governo; nessa nação, a chefia de Estado cabe ao rei, uma figura majoritariamente simbólica e sem atribuições legais para governar. Isso modifica sensivelmente as relações entre Executivo e Legislativo.

A literatura indica que há dois sistemas de governo majoritários, e um modelo híbrido. Assim sendo, existem países que optam por um sistema presidencialista, como as nações latino-americanas e os Estados Unidos, onde o presidente é eleito para exercer um mandato de prazo fixo, estabelecido em Constituição, e o Legislativo normalmente é bicameral em nível federal, ou seja, possui um Câmara dos Deputados e um Senado. Nesses casos, o presidente tanto representa a nação nas relações exteriores quanto tem atribuições de governo, como sancionar ou vetar leis. Ainda que o eleito se mostre ineficiente para resolver determinada demanda, ele só pode ser removido do cargo em caso de *impeachment*, um dispositivo de impedimento normalmente previsto na legislação.

O modelo presidencialista foi criado nos Estados Unidos como resultado da Guerra da Independência, no final do século XVIII, onde desenvolveu-se uma repulsa contra a monarquia britânica e contra a ideia do cargo real. Desde então, esse sistema tem sido adotado normalmente pelas chamadas novas democracias.

Uma crítica normalmente feita ao presidencialismo é que, a depender da conjuntura política do país, o sistema pode criar uma espécie de ditadura de prazo fixo, quando o presidente eleito pelo voto passa a governar a partir de decisões contrárias à vontade do povo que o elegeu e mesmo do Congresso nacional – e isso pode se arrastar por anos, até a realização de uma nova votação (Dallari, 2011, p. 241).

O sistema parlamentarista pode ser empregado tanto em países republicanos, como a Itália, quanto em monarquistas, como o Reino Unido. Isso significa que, numa monarquia parlamentarista, o chefe de Estado é o rei ou a rainha, que assume o cargo normalmente por sucessão dinástica, e se ocupa de funções mais simbólicas da nação, como reforçar laços de pertencimento e identidade, além de representar o país nas Relações Internacionais, mas sem a atribuição legal de celebrar acordos políticos e comerciais. É, portanto, um cargo mais figurativo, ainda que isso preserve uma importância cultural e política.

O chefe de governo, por sua vez, é o primeiro-ministro: na maior parte dos casos, o povo vai às urnas escolher seus deputados; posteriormente, os grupos internos ao Parlamento decidem, por meio de uma votação interna, quem deles ocupará essa posição. O primeiro-ministro não tem mandato fixo, podendo ocupar o cargo por poucas semanas ou por uma grande quantidade de anos. Para isso, o indivíduo precisa manter o apoio da maioria parlamentar, algo mais simples em países bipartidários, ou seja, onde as disputas se concentram entre dois partidos políticos. Trata-se de um modelo considerado mais adequado para responder a crises: em caso de problemas graves, não é necessário aguardar uma nova eleição;

basta retirar o chamado voto de confiança do primeiro-ministro, destituí-lo do cargo e escolher um novo parlamentar para exercer a função.

Já no caso de repúblicas parlamentaristas, por conta da ausência de uma figura monárquica, a população elege periodicamente um presidente, que ocupa o cargo por um período predeterminado de tempo e exerce funções de caráter simbólicas. O chefe de governo é primeiro-ministro, selecionado da mesma forma como descrito no parágrafo anterior.

É importante compreendermos que a discussão sobre os sistemas de governo está relacionada, em essência, à lógica de separação de poderes, de modo que nenhuma esfera do país – Legislativo ou Executivo – seja colocada em um posto superior às demais, acumulando autoridade em excesso a ponto de desequilibrar a situação política. Entretanto, é necessário admitirmos que esse modelo pressupõe uma separação formal que, na prática, é difícil de ser observada, já que essas esferas se relacionam de forma incessante e interdependente em qualquer nação (Dallari, 2011, p. 217).

Aprendemos nessa seção do capítulo o conceito de Estado e as principais questões ligadas aos modelos distintos de Estado, adotados por uma série de razões ligadas ao processo histórico vivenciado por cada país, bem como por suas limitações e possibilidades. No próximo tópico, vamos entender o funcionamento da sociedade internacional de Estados e o modo como o poder é empregado pelas nações.

3. O ESTADO, AS RELAÇÕES INTERNACIONAIS E O PODER

3.1. A sociedade internacional de Estados

Agora que já compreendemos o conceito de Estado e toda a discussão derivada da organização interna de um país, é fundamental seguirmos com o nosso estudo relacionando as nações entre si – que, juntas, formam uma complexa sociedade internacional de Estados, na qual soberania e poder são eixos fundamentais para a criação de padrões de atuação e comportamento. É importante lembrar que, em um mundo tão complexo, países diferentes precisam encontrar formas de se relacionar e negociar entre si. Por exemplo, os Estados Unidos, uma democracia federativa presidencialista, mantêm relações com a Arábia Saudita, uma monarquia com características absolutistas. Isso demanda um esforço político, que evidentemente não elimina eventuais atritos.

Parte da literatura considera que as Relações Internacionais nascem, enquanto área de estudo, somente no início do século XX, no encerramento da Primeira Guerra Mundial e a criação da Cátedra Woodrow Wilson de RI no Reino Unido, mas é importante reconhecer que os países praticam Relações Internacionais de um modo organizado e metódico desde o advento do Estado moderno, no século XVII. A questão é que, até então, não havia estudos sistematizados sobre a área.

Ocorre que, a partir do início institucional dos estudos de Relações Internacionais, o Estado passou a ser considerado um ator central no funcionamento do sistema internacional. Para Castro, esse Estado moderno, que surgiu dos escombros de uma Europa devastada pela Guerra dos Trinta Anos (1618-1648), alcançou um caráter de protagonismo, garantindo que nenhum outro ator tivesse capacidade jurídica para exercer soberania – e assumindo o papel de ser tanto um meio como um fim (Castro, 2012, p. 99). A partir das transformações oriundas do Tratado de Westfália, somente Estados soberanos passaram a ter a atribuição de celebrar acordos internacionais com outros países soberanos. As perspectivas marxistas e críticas também ressaltam a relevância do modelo de produção capitalista no processo de consolidação do Estado enquanto organização política hegemônica, que, posteriormente, seria difundida nos processos de colonização.

Valendo-se de um argumento inspirado no filósofo inglês Thomas Hobbes, é as perspectivas tradicionais de RI afirmam que o mundo é um sistema de Estados na qual as partes, ou seja, as nações, vivem em uma espécie de anarquia. Isso significa que, segundo estas perspectivas, todos os países possuem as mesmas características e objetivos elementares: por não existir um governo global que possa salvá-los dos problemas, cada país precisa defender a soberania e a integridade do território, buscar desenvolvimento econômico, assegurar a proteção das fronteiras, entre outras. Obviamente, as dificuldades, as possibilidades e as limitações de cada país variam de acordo com uma série de questões, o que por sua vez leva à elaboração de estratégias distintas. De qualquer forma, todo Estado tem um conjunto de necessidades básicas.

A questão é que, eventualmente, a satisfação de um desses objetivos colide diretamente com os interesses de outro país. Por exemplo, em dado momento do século XIX, o projeto de unificação e expansão da Alemanha levou à anexação de territórios ricos em minério de ferro e carvão, fundamentais para o desenvolvimento da indústria. Tais recursos estavam disponíveis nas regiões da Alsácia e Lorena, territórios franceses. O resultado foi que, em parte, essa demanda gerou um atrito severo com a França e, por isso, levou à Guerra Franco-Prussiana (1870-1871).

O conceito de anarquia mencionado anteriormente pressupõe que não há nenhuma autoridade acima do Estado – ainda que, desde meados do século XX, as organizações internacionais venham funcionando como fóruns de diálogos entre os países, como forma de amenizar problemas e evitar que eles escalem.

Segundo Watson, o Tratado de Westfália e a construção dessa sociedade internacional de Estados criou uma espécie de comunidade de países, cada um deles sendo supostamente autônomo para controlar os assuntos domésticos da forma como preferir, e também independentes para a tomada de decisão em política externa (Watson, 2004, p. 263). Ainda assim, há a concepção gradativa de regras para melhorar o gerenciamento das relações entre essas nações, e cada um dos membros dessa sociedade voluntariamente, ou sob pressão, aceita seguir tais regras. Voltando à metáfora do condomínio, observamos um sistema em que cada morador escolheu viver naquele ambiente e concordou em seguir o regimento interno – o que não encerra as possibilidades de conflitos eventuais. As organizações internacionais, mencionadas há pouco, são as principais responsáveis por institucionalizar essas regras.

Antes de passar adiante, é importante frisar um ponto essencial: se considerarmos que o Estado é uma espécie de mito de fundação da área de RI, e que os relacionamentos entre nações são construídos em torno do ator estatal, devemos admitir que estamos falando de uma ciência majoritariamente anglo-europeia. O motivo é: o modelo de Estado utilizado para balizar essas conclusões surgiu na Europa. Na próxima seção, discutiremos as implicações críticas das origens ocidentais do campo de RI e como isto reverbera na construção das reflexões sobre a geopolítica e as dinâmicas de funcionamento do sistema internacional.

3.2. O Estado-nação como justificativa para o colonialismo

Na seção anterior do nosso estudo, destacamos que o Estado moderno é considerado um marco fundador das Relações Internacionais, a partir do momento em que os países desenvolveram normas e padrões de relacionamento entre si. Não podemos esquecer, porém, que esse modelo político é uma construção Ocidental, e que, em alguma medida, foi utilizado para justificar o processo colonial nos continentes africano e asiático. Na década de 1990, vimos uma crise nessa lógica de "Estado-nação" – o que, por sua vez, desencadeou um debate crítico sobre a necessidade de reflexão e até mesmo de desconstrução desse tipo de ator.

Inicialmente, cabe esclarecer que o conceito de Estado-nação, caracterizado essencialmente pela ideia de uma entidade política soberana, unificada e territorialmente definida, baseada na construção de um senso de pertencimento do indivíduo a uma pátria, foi aplicado de forma seletiva pelos colonizadores europeus para demarcar e reivindicar territórios na África e na Ásia (Smith, 1991). Ocorre que, sobretudo no século XIX, as grandes potências europeias passaram a demandar mais matérias-primas para abastecer as indústrias em crescimento. Por conta disso, grupos empresariais pressionaram os governos a contribuir nesse processo, e a solução desenvolvida foi a criação de políticas coloniais: ocupar territórios na Ásia e na África para extrair as riquezas do solo e levá-las para a Europa.

O problema é que, para a estratégia funcionar, desenvolveu-se uma narrativa de que as populações africanas e asiáticas viviam sob formas de organizações políticas primitivas, se comparadas aos modelos de Estado vigentes em solo europeu. Esse discurso criou uma legitimidade para que os processos coloniais fossem implementados inclusive mediante o uso de violência, sob a justificativa de levar civilidade aos povos afetados pela ocupação territorial.

Os tratados de divisão colonial, como a Conferência de Berlim (1884-1885), que estabeleceu as regras para a partilha da África entre as potências europeias, foram justificados pela suposta necessidade de criar Estados-nação estáveis e civilizados nessas regiões, seguindo o modelo dos países europeus (Herbst, 2000). Desta forma, o colonialismo europeu mantido durante os séculos XIX e XX foi amplamente justificado e legitimado pelo conceito do Estado, que serviu como uma espécie de ferramenta ideológica para a expansão imperialista e a dominação colonial (Anderson, 2016). As potências europeias, em sua busca por recursos naturais, mercados e prestígio internacional, utilizaram o pretexto do desenvolvimento do Estado como uma justificativa para a intervenção e para o controle dos territórios estrangeiros (Bayly, 2003).

A clássica charge retratada na Figura 1 representa as grandes potências europeias, sob coordenação do então chanceler da Alemanha, Otto von Bismarck, dividindo os territórios africanos entre si, num ato de exploração imperialista. A África, na imagem, é retratada como um bolo que vai ser partilhado entre os "convidados" da festa de busca por recursos naturais e novos mercados consumidores.

Figura 1 – Charge sobre a Partilha da África

Fonte: reprodução da *internet*.

Além disso, os europeus frequentemente alegavam estar introduzindo o conceito de Estado-nação nessas áreas como parte de um pretenso "fardo civilizacional", ou seja, os governantes supostamente assumiram a missão de "civilizar" e "modernizar" as populações locais, tendo os modelos políticos Europeus como exemplos positivos (Said, 2007). Essa narrativa imperialista retratava os povos africanos e asiáticos como primitivos, que necessitavam da tutela e do domínio europeu para alcançarem a civilização e o progresso. Nesse processo, ignorou-se o fato de que cada sociedade africana, por exemplo, possuía uma história e uma cultura pregressas, o que por sua vez dava base para o desenvolvimento de estruturas e instituições políticas particulares – que, obviamente, eram muito distintas daqueles modelos discutidos na primeira parte deste capítulo.

Esta correlação de forças também foi observada na construção das Relações Internacionais como uma área do saber. Como veremos adiante, a centralidade do Estado assumida pelas perspectivas teóricas tradicionais do campo pode ser interpretada como uma herança de suas origens eurocêntricas. O mesmo pode ser afirmado em relação a algumas das principais subáreas de estudo das RI, como a Geopolítica.

A Geopolítica como campo de estudos foi um produto da transição do século XIX para o XX, mesmo momento em que as potências europeias se reorganizavam na competição neocolonial por novos territórios, descrita anteriormente. Até aquele momento, o estudo da relação entre a ação humana e os aspectos físicos do território era essencialmente um domínio de reflexão da Geografia. No entanto, o aumento do interesse dos Estados em maximizar o aproveitamento dos recursos geográficos em prol da ampliação de suas respectivas projeções internacionais fez surgir a demanda por novas reflexões e formas de analisar o espaço geográfico, que seriam supridas pela Geopolítica.

De acordo com Teixeira Jr. (2017), o primeiro uso do termo "geopolítica" é atribuído ao cientista político sueco Rudolf Kjellén, em 1899. Desde então, a Geopolítica passou a se desenvolver e institucionalizar como um campo de estudos. Conforme a perspectiva de Miyamoto, embora compartilhe muitas semelhanças e interesses com áreas como a Geografia, a História e a Ciência Política, a Geopolítica se caracteriza como "[...] o estudo da influência dos fatores geográficos na condução da política interna e externa do Estado" (1984, p. 56). Assim, ela se distingue da Geografia por enfatizar não apenas as interações entre os aspectos físicos e humanos em um território, mas também por se debruçar sobre o estudo das relações de poder travadas no espaço (Teixeira Jr., 2017), e por analisar o aproveitamento dos recursos geográficos – localização, clima, relevo, entre outros – no processo de ampliação da projeção de poder estatal.

Uma ponderação importante se refere ao fato de que, embora a conceitualização proposta e as teorias tradicionais de geopolítica sugiram uma maior concentração analítica no papel do Estado, compreendido usualmente como o principal responsável pela mobilização dos recursos geográficos, as abordagens contemporâneas procuram enfatizar que o estudo da Geopolítica não se restringe à esfera estatal. A Geopolítica crítica, em particular, ressalta a relevância dos conhecimentos produzidos pela sociedade civil, neste campo. Em mesma medida, esta vertente teórica questiona a concepção fixa do espaço, apontando as correlações entre as práticas, discursos e a produção de fronteiras que reiteram as relações de poder em sociedade e no sistema internacional (Agnew, 2015).

Com isto, queremos dizer que a própria percepção do território é um elemento em disputa, e não um dado fixo da realidade. O que reafirma a relevância da consideração de que, como outras áreas do conhecimento a Geopolítica não é uma ciência neutra. A forma como a estudamos e a discutimos também envolve considerações e impactos de ordem política. Isto se torna ainda mais importante, quando consideramos que boa parte da produção teórica da área se deu durante o momento da expansão colonial europeia, fazendo com que o conhecimento geopolítico também fosse empregado como um instrumento de legitimação dos empreendimentos coloniais.

O uso do conceito de Estado-nação como justificativa para o colonialismo europeu envolveu, portanto, a imposição de fronteiras arbitrárias e artificiais, muitas vezes ignorando as divisões étnicas, culturais e territoriais prévias (Mamdani, 2018). Isso resultou em conflitos, rivalidades regionais e divisões políticas profundamente enraizadas, que ainda afetam muitos países.

Podemos resumir que o colonialismo europeu na África e na Ásia foi justificado pelo conceito do Estado-nação, que serviu como uma ferramenta para a expansão imperialista, a dominação territorial e a exploração econômica. Essa exploração, travestida de missão civilizatória, teve impactos devastadores nas sociedades colonizadas, moldando profundamente suas estruturas políticas, sociais e econômicas por gerações – o que também abriu espaço, mais recentemente, para o desenvolvimento de uma literatura crítica não somente ao colonialismo, mas também ao modelo de Estado europeu e ao uso ideológico de suas instituições na legitimação da exploração.

3.3. A crise do Estado-nação

A crise do Estado-nação surgiu como um fenômeno complexo no contexto do avanço da globalização e das transformações sociais, políticas e econômicas do encerramento do século XX e início do século XXI (Held, 1995). Como vimos em nosso estudo, o Estado-nação tem sido a principal unidade de organização política das Relações Internacionais – ou pelo menos das RI pela perspectiva ocidental –, exercendo autoridade sobre um determinado território e uma população definida (Hobsbawm, 2012). No entanto, uma série de desafios contemporâneos têm colocado em dúvida a soberania e a eficácia dos Estados, além da reflexão sobre modelos distintos de organização espacial, como os modelos africanos e asiáticos.

Um dos principais desafios enfrentados pelo Estado-nação é a crescente interdependência econômica e política entre os países, impulsionada pela globalização. A ascensão do comércio internacional, dos fluxos financeiros transnacionais e das redes de comunicação globais têm enfraquecido as fronteiras nacionais e diminuído a capacidade dos governos de controlar completamente suas economias e políticas internas, uma vez que empresas privadas, por exemplo, exercem grande pressão e influência sobre o sistema. É inegável que grandes corporações, como Google e Xiaomi, por exemplo, têm capacidades econômicas e de barganha substantivas no cenário internacional.

Além disso, o surgimento de problemas globais urgentes, como mudanças climáticas, pandemias e migração em massa, desafia a capacidade dos Estados de fornecer respostas eficazes individualizadas. A disseminação da COVID-19 é um bom exemplo para refletirmos sobre esse ponto: a Organização Mundial de Saúde (OMS) foi a responsável por desenvolver e recomendar uma série de políticas públicas de enfrentamento ao coronavírus, que acabaram sendo seguidas por muitos países. Essas questões transcendem as fronteiras nacionais e exigem cooperação internacional e governança multinível para serem encaradas de forma precisa.

Outro aspecto importante da crise do Estado-nação é o fortalecimento de identidades e movimentos políticos regionais e subnacionais, que questionam a legitimidade e a relevância dos Estados centrais (Gellner, 2009). Grupos políticos, culturais, religiosos e linguísticos buscam maior autonomia e reconhecimento de suas identidades distintas, desafiando a integridade territorial e a coesão nacional dos Estados. Um exemplo é a Espanha: com o *zoom* distante da agitação das ruas, pode-se compreender que o país é coeso, e que o governo de Madri exerce influência para desenvolver uma identidade nacional amplamente abraçada pela população. Porém, um olhar mais atento indica que regiões como a Catalunha e o País Basco operam em outra frequência, que por vezes leva ao surgimento de ideias e movimentos separatistas devido à não identificação dos moradores em relação à nação. Nem mesmo os símbolos pátrios tradicionais, como a bandeira e o hino nacional, são aceitos por boa parte das pessoas. Esse tipo de fenômeno se reproduz, em maior ou menor grau, em todos os cantos do mundo.

Por fim, as mudanças na natureza do poder e da política no mundo contemporâneo também contribuem para a crise do Estado-nação. O surgimento de atores não estatais poderosos, como corporações multinacionais, organizações não governamentais e organismos internacionais, desafia o monopólio do Estado sobre o uso legítimo da violência e a capacidade de definir e implementar políticas públicas.

Diante dessas ponderações, o Estado-nação enfrenta uma crise de legitimidade e eficácia, que coloca em questão seu papel e sua relevância no mundo globalizado do século XXI (Held, 1995). No entanto, apesar das pressões e transformações, é possível considerar que o Estado continua sendo uma unidade fundamental de organização política, ainda que isso ocorra sob inúmeros questionamentos.

4. CONSIDERAÇÕES FINAIS

Como aprendemos nesta etapa do nosso estudo sobre Introdução às Relações Internacionais, o Estado é uma complexa formação política, econômica e social, e responde pela demanda de organizar pessoas que vivem em um determinado território. É importante lembrar que não existem países idênticos, uma vez que cada nação, por razões particulares, escolhe um tipo de Estado, uma forma e um sistema de governo.

Também é importante ressaltar que o Estado, como conhecemos, é um projeto político iniciado na Europa, e que serviu – e ainda tem servido – para legitimar uma série de movimentos políticos e militares no mundo não ocidental, e que esse processo tem levado a inúmeras críticas e crises.

Historicizar o nascimento do Estado é importante para a compreensão crítica das Relações Internacionais, enquanto campo de conhecimento. Ao problematizar como certos conceitos e formações políticas tornam-se hegemônicas, também conseguimos reconstituir as relações de poder travadas em nossa própria área de estudos, identificando como e porque determinadas perspectivas se tornaram dominantes ou parte do *mainstream*, enquanto outras permanecem marginalizadas. Estas dinâmicas serão o tema de discussão dos próximos capítulos deste livro.

5. ESTUDO DIRIGIDO

Questão 1. Defina o conceito de Estado, considerando a interpretação de pelo menos dois autores distintos.

Questão 2. Explique as diferenças centrais entre os Estados quanto ao seu tipo (unitário, federativo e confederativo) e forma de governo (monarquia, aristocracia e democracia), citando exemplos.

Questão 3. Sobre os sistemas de governo, responda: como a adoção de um sistema parlamentarista ou presidencialista afeta as relações entre Executivo e Legislativo? Cite exemplos.

Questão 4. Se considerarmos que o mundo é uma sociedade internacional de Estados soberanos, analise a forma como as organizações internacionais afetam o processo de tomada de decisões internas e externas.

Questão 5. Discuta o que é a crise do Estado-nação e como ela impacta para a soberania dos Estados e para as Relações Internacionais.

6. REFERÊNCIAS BIBLIOGRÁFICAS

AGNEW, J. Understanding "geopolitics" in an era of globalization. *Revista Tamoios*, n. 2, jul./dez. 2015.

ANDERSON, B. *Imagined communities:* reflections on the origin and spread of nationalism. Londres: Verso, 2016.

AZAMBUJA, D. *Teoria geral do estado.* São Paulo: Globo, 2008.

BAYLY, C. A. *The birth of the modern world, 1780-1914:* global connections and comparisons. New Jersey: Blackwell Publishing, 2003.

BOBBIO. N. *A teoria das formas de governo.* 4. ed. Brasília: UnB, 1985.

BOBBIO. N. *Estado, governo e sociedade* – para uma teoria geral da política. Rio de Janeiro: Paz & Terra, 1986.

CASTRO, T. *Teoria das Relações Internacionais.* Brasília: FUNAG, 2012.

COELHO, A. L.; VIANA, J. P. S. L. Considerações sobre os conceitos de estado e governo na ciência política. *In*: DANTAS, H.; Luz, J. (coord.). *Ciência política e políticas de educação: conceitos e referências.* Rio de Janeiro: Konrad Adenauer, 2021, p. 35-49.

CREVELD, M. V. *Ascensão e declínio do Estado.* São Paulo: Martins Fontes, 2004.

DALLARI, D. A. *Elementos da teoria geral do estado.* 30. ed. São Paulo: Saraiva, 2011.

GALLO, R. Por que ler os clássicos? A importância da filosofia política para a compreensão da política contemporânea. *Revista Páginas de Filosofia*, v. 9, n. 2, julho-dezembro, 2020, p. 131-145.

GALLO, R. Teoria do Estado e a sociedade internacional de Estados. *In*: GALLO, R. (org.). *Relações internacionais:* temas clássicos. Boa Vista: Iole, 2021a, p. 21-74.

GALLO, R. Teoria política. *In*: DANTAS, H.; Luz, J. (coord.). *Ciência política e políticas de educação: conceitos e referências.* Rio de Janeiro: Konrad Adenauer, 2021b, p. 88-111.

GELLNER, E. *Nations and nationalism:* second edition. Ithaca: Cornell University Press, 2009.

HELD, D. *Democracy and the global order:* from the modern state to cosmopolitan governance. Stanford: Stanford University Press, 1995.

HERBST, J. *States and power in Africa:* comparative lessons in authority and control. Princeton: Princeton University Press, 2000.

HOBSBAWM, E. *Nação e nacionalismo desde 1780*. São Paulo: Paz & Terra, 2012.

JACKSON, R.; SØRENSEN, G. *Introdução às Relações Internacionais*: teoria e abordagens. Rio de Janeiro: Zahar, 2007.

KELSEN, H. *A teoria geral do direito e do estado*. São Paulo: Martins Fontes, 2016.

LIJPHART, A. *Modelos de democracia*. Rio de Janeiro: Civilização Brasileira, 2003.

MAMDANI, M. *Citizen and subject:* contemporary Africa and the legacy of late colonialism. Princeton: Princeton University Press, 2018.

MIYAMOTO, S. Geopolítica, poder e Relações Internacionais. *A Defesa Nacional*, n. 712, 1984.

SILOTTO, G. Lógica Federativa e princípios da divisão dos poderes. *In*: DANTAS, H.; Luz, J. (coord.). *Ciência política e políticas de educação: conceitos e referências*. Rio de Janeiro: Konrad Adenauer, 2021, p. 74-87.

SAID, E. *Orientalismo*: o oriente como invenção do ocidente. Rio de Janeiro: Companhia das Letras, 2007.

SMITH. A. *The ethnic origins of nations*. New Jersey: Wiley-Blackwell, 1991.

SOARES, M. M. Federação, democracia e instituições políticas. *Lua Nova*, vol. 1, 1998, p. 137-163.

TEIXEIRA JR., A. W. M. *Geopolítica: do pensamento clássico aos contemporâneos*. Curitiba: Ed. Intersaberes, 2017.

VATTEL, E. *Direito das gentes*. Brasília: FUNAG, 2004.

WATSON, A. *A evolução da sociedade internacional*. Brasília: UnB, 2004.

7. RECURSOS AUDIOVISUAIS

A onda. Gênero: drama. Ano: 2008. Direção: Dennis Gansel. Sinopse: um professor de ensino médio decide aplicar uma atividade para ensinar seus alunos o que é um Estado autocrático, no qual os estudantes deveriam construir seu próprio regime autoritário. O resultado é que o experimento fugiu do controle e o modelo desenvolvido pela sala se assemelha ao nazismo. O filme revisita questões e posturas das décadas de 1930 e 1940, mas que continuam latentes no século XXI, como ideologias e comportamentos extremistas, e colocam em risco as bases do Estado democrático de direito.

Beasts of no nation. Gênero: drama. Ano: 2015. Direção: Cary Fukunaga. Sinopse: estrelado por Idris Elba, o filme retrata o recrutamento de crianças-soldado em um contexto de guerra civil em um país do continente africano, onde a queda do governo levou à ascensão de um grupo rebelde que assumiu o controle. A obra permite uma reflexão sobre os efeitos do colonialismo na África e sobre diferentes perspectivas de organização política para além do mundo Ocidental.

Designated survivor. Gênero: série. Ano: 2017-2019. Criação: David Guggenheim. Sinopse: Kiefer Sutherland interpreta um político idealista do baixo escalão dos Estados Unidos, que, por conta de uma improvável sucessão de acontecimentos, se torna presidente do país em meio ao caos. A série possibilita uma visão sobre os bastidores do poder, onde o choque entre o ideal e o real ocorre diariamente.

Os pilares da terra. Ano: 2010. Sinopse: em uma Europa feudal, portanto, anterior ao surgimento do Estado moderno e da lógica da soberania, a luta pelo poder e a sucessão ao trono pautam a criação e desconstrução de alianças entre lideranças políticas e religiosas. É uma boa série para compreender o funcionamento de uma sociedade baseada na lógica da soberania dividida entre atores diversos.

Podcast The Political Theory Review – episódio The state. Ano: 2023. Sinopse: o *host* deste *podcast*, professor Jeffrey Church, conversa com Philip Pettit sobre o conceito de Estado e sobre os desafios contemporâneos enfrentados pelo ator estatal, como a ascensão do nacionalismo e do pensamento religioso, as pressões dos interesses privados e a porosidade das fronteiras. *Podcast* em inglês, disponível em: https://www.podomatic.com/podcasts/thepolitical-theoryreview/episodes/2023-08-29T12_12_38-07_00.

OS CONCEITOS DE SISTEMA E ORDEM INTERNACIONAL
LÍVIA PERES MILANI[23]

1. INTRODUÇÃO

Parte relevante da discussão teórico-conceitual sobre política internacional centra-se nas definições de "sistema internacional" e "ordem internacional", os quais se tornam, portanto, centrais para a disciplina de Introdução às Relações Internacionais. A depender de como esses dois conceitos são elaborados, surgem visões diferentes sobre as relações entre os Estados e diagnósticos distintos sobre comportamentos estatais mais ou menos prováveis. Um elemento central no debate e na definição sobre esses conceitos refere-se à discussão sobre a existência e profundidade de formas de organização na política internacional, vista de formas díspares por autores que empregam esses conceitos.

De maneira geral, aqueles que se referem à existência de um sistema internacional não costumam negar a existência de formas incipientes de ordem – e, portanto, padrões, recorrências, arranjos e alguma previsibilidade nas relações interestatais. Contudo, em grande parte, estes autores entendem que tais padrões são formados de maneira não intencional, como resultado da distribuição de capacidades entre os Estados e da busca constante e individual pelo

---

[23] Doutora em Relações Internacionais pelo programa de pós-graduação San Tiago Dantas (Unesp/Unicamp/PUC-SP), onde também realizou estágio de pós-doutorado. É pesquisadora do Grupo de Estudos em Defesa e Segurança Internacional (Gedes) e do Instituto Nacional de Ciência e Tecnologia para Estudos sobre Estados Unidos (INCT-INEU).

interesse nacional, definido em termos de poder ou sobrevivência. Por outro lado, aqueles que empregam o conceito "ordem internacional" costumam assumir a existência de normas, instituições e valores que caracterizam a política internacional e, de alguma maneira, moldam o comportamento dos atores. Nesse caso, entende-se que esses elementos são formulados – ou negociados – de forma intencional por uma ou mais lideranças estatais.

Embora não exista uma rigidez sobre preferências por uso de termos específicos e orientações teóricas, percebe-se que a discussão sobre "sistema internacional" foi amplamente conduzida pelos autores realistas – corrente teórica das Relações Internacionais que se centra na distribuição de capacidades entre os atores e em sua atuação racional, visando poder ou sobrevivência. Os pensadores construtivistas – corrente teórica que se contrapõe ao realismo pela ênfase na importância das ideias – apresentam releitura sobre o conceito de "sistema internacional", ressaltando variáveis antes abstraídas ou colocadas em segundo plano.

Já a discussão sobre "ordem internacional" remonta fortemente à Escola Inglesa – corrente das RI desenvolvida a partir dos anos 1950 que apresentava uma leitura mais influenciada pela Sociologia e pelo Direito Internacional, questionando a centralidade das capacidades estatais como principal variável explicativa do comportamento dos Estados. Hoje, a influência da Escola Inglesa manifesta-se em discussões de vertente liberal, especialmente desde os Estados Unidos e do Reino Unido. Perspectivas críticas, com influência marxista e que buscam adaptar os conceitos desenvolvidos pelo politólogo italiano Antonio Gramsci (1891-1937), apresentam uma outra visão sobre o conceito de ordem internacional, vinculando-o fortemente à discussão sobre hegemonia e enfatizando as assimetrias e formas de exploração presentes na ordem internacional.

Neste capítulo do nosso livro sobre Introdução às Relações Internacionais, serão explorados debates sobre os conceitos de sistema internacional, a partir das análises de Raymond Aron, Kenneth Waltz, Alexander Wendt, e ordem internacional, por meio da leitura de Hedley Bull, James Rosenau, John Ikenberry e Robert Cox. A exposição inicia-se retomando as discussões teóricas sobre o conceito de sistema internacional. Na seção posterior, são resumidas as discussões teóricas sobre ordem internacional, abordando também os debates correntes sobre o que tem sido convencionalmente referido como "crise da ordem liberal internacional". O capítulo conclui com um balanço sobre as diferenças de abordagens referentes à ordem e ao sistema internacional.

2. O CONCEITO DE SISTEMA INTERNACIONAL PELAS LENTES DOS REALISMOS E DO CONSTRUTIVISMO

Entre os autores do realismo clássico, Raymond Aron destaca-se por definir o conceito de sistema internacional de forma sistemática em um capítulo do tradicional livro *Paz e Guerra entre as Nações*, publicado originalmente em 1962. Em suas palavras,

> Sistema Internacional é o conjunto constituído pelas unidades políticas que mantêm relações regulares entre si e que são suscetíveis de entrar numa guerra geral. São membros integrais de um sistema internacional as unidades políticas que os governantes dos principais Estados levam em conta nos seus cálculos de forças. (Aron, 2002, p. 153).

Fica clara nessa definição que, na concepção deste autor, a possibilidade de eclodir uma guerra é a característica central da política internacional e das interações nesse sistema, marcado pela competição e pelo conflito. Ademais, o elemento definidor para identificar quais unidades políticas são parte do sistema é exatamente a possibilidade de guerra entre elas. Também chama a atenção o cuidado do autor em não definir "Estados", mas "unidades políticas" como atores principais, remetendo à possibilidade de outras formas de organização política e compreendendo sistemas internacionais históricos, como aqueles constituídos por cidades-estados na Grécia antiga.

Outro ponto relevante da definição refere-se à ênfase em "principais Estados". Assim, a definição de sistema internacional é estadocêntrica e, mais que isso, centrada na atuação das principais potências. São aqueles Estados que as principais potências percebem como virtualmente ameaçadores ou possíveis aliados que integram de forma plena o sistema internacional, na visão do realismo clássico. No momento atual, podemos pensar que tais membros plenos seriam os integrantes permanentes do Conselho de Segurança da Organização das Nações Unidas (ONU) (Estados Unidos, China, Rússia, Reino Unido e França), além de algumas outras potências ascendentes, como a Índia. Nessa visão, há uma distinção entre membros pouco relevantes e membros integrais. De acordo com o autor, "a estrutura dos sistemas internacionais é sempre oligopolística. Os atores principais determinam em cada época como deve ser o sistema muito mais do que são determinados por ele" (Aron, 2002, p. 154).

A principal variável considerada sobre o sistema internacional são as relações de força entre as principais potências. Assim, há uma caracterização do sistema como bipolar ou multipolar. No primeiro caso, a distribuição de capacidades ocorre entre dois Estados principais e coalizões formadas por eles. Já um sistema internacional multipolar existe quando há três (ou mais) grandes potências e várias possibilidades de alinhamento (Aron, 2002).

Para Aron (2002), a distribuição de capacidades é o elemento central que condiciona o comportamento dos Estados e a formação de alianças entre eles – contudo, não se trata da única variável explicativa. Além desta, as ideias e os sentimentos também influenciam na tomada de decisão e há diferenças entre os tipos de Estado, marcadas pelos regimes políticos internos. Aron se refere a sistemas internacionais homogêneos e sistemas internacionais heterogêneos:

> Sistemas homogêneos são aqueles que reúnem Estados do mesmo tipo dentro de uma mesma concepção da política. Sistemas heterogêneos são os que congregam Estados organizados sobre princípios diferentes, postulando valores contraditórios. (Aron, 2002, p. 160).

No caso de sistemas heterogêneos, há também uma disputa ideológica entre os principais atores e maior instabilidade política, com elevado grau de intervenção das potências na política interna de outros Estados, especialmente daqueles que compõem a coalizão adversária, com o objetivo de mudar alinhamentos e enfraquecer a coalizão oposta.

Assim, para Aron (2002), a distribuição de capacidades é essencial para analisar a política internacional, porém, existem outros elementos – como a política interna – que não devem ser abstraídos. Neste ponto, há uma diferença entre o realismo clássico e o realismo estrutural (ou neorrealismo), sendo que o segundo abstrai a dimensão da política interna. Na visão de Waltz (1979), o elemento que importa para explicar o comportamento estatal é, exatamente, a distribuição de capacidades.

Em *O Homem, o Estado e a Guerra*, Waltz (2004) sistematiza as observações da política internacional como divididas em três níveis de análise: o individual, o estatal e o internacional, e entende o terceiro como a fonte principal de explicação. A partir dessa noção, Waltz busca, em *Teoria da Política Internacional* (1979), a construção de uma teoria sistêmica que explique o comportamento estatal a partir da estrutura em que se inserem os Estados. A ideia de uma teoria sistêmica implica que a soma dos elementos não é suficiente para explicar um sistema, pois também é necessário analisar como estes estão organizados, como tais unidades estão dispostas umas em relação às outras (Waltz, 1979).

O autor define a noção de "sistema" como um conjunto que reúne unidades em interação e uma estrutura, que remete à forma como estas estão dispostas. A estrutura permite pensar no sistema como um todo e, para a conceituação teórica, deve deixar de lado a interação entre as unidades e suas características individuais. A ideia é isolar as variáveis no nível da estrutura. Assim, a definição de estrutura deve buscar entender as posições que as unidades ocupam umas em relação às outras, mas prescinde de entender os aspectos próprios das unidades. Em suas palavras:

> Um sistema é composto por uma estrutura e por unidades que interagem. A estrutura é o componente que abrange todo

o sistema e permite pensar no sistema como um todo [...] As definições de estrutura devem deixar de lado, ou abstrair, as características das unidades, seu comportamento e suas interações. Por que esses assuntos obviamente importantes devem ser omitidos? Eles devem ser omitidos para que possamos distinguir entre variáveis ao nível das unidades e variáveis ao nível do sistema (Waltz, 1979, p. 79).

Argumenta-se que a forma como tais unidades estão posicionadas, como estão justapostas ou combinadas, impõe limites e constrangimentos ao seu comportamento e às suas interações. Portanto, entender as características, interações e motivações das unidades políticas seria insuficiente para compreender seu comportamento. As causas do comportamento estatal derivam da estrutura e as mudanças no sistema internacional apenas são estruturais se envolverem transformações no posicionamento dos Estados, na forma como estão organizados (Waltz, 1979).

Para entender a estrutura do sistema internacional e construir sua teoria, Waltz (1979) faz analogias com a microeconomia, enfatizando a noção de sistema econômico. Assim como o mercado é gerado de forma espontânea e independente da intenção dos indivíduos, também a estrutura do sistema internacional surge de forma não intencional, a partir de ações baseadas no interesse próprio e na autoajuda. Waltz (1979, p. 91) aponta que: "os sistemas político-internacionais, assim como mercados econômicos são individualistas em sua origem, gerados de forma espontânea e não intencional". De forma semelhante a Aron (2002), para Waltz (1979), as estruturas internacionais são definidas pelas principais unidades políticas – no momento atual, os principais Estados. Estas, inseridas em ambiente anárquico no qual sua segurança não está garantida, teriam como principal motivação a sua sobrevivência.

Para construir sua teoria, Waltz (1979) também faz importantes analogias com a teoria política, começando com a explicação de que as estruturas políticas domésticas são compostas por três elementos principais: o princípio de ordenamento, a especificação de funções de unidades diferentes e a distribuição de capacidades entre as unidades. No âmbito interno, o princípio ordenador seria a hierarquia, em decorrência, haveria diferentes funções ocupadas pelas unidades; alguns teriam a função de comando e outros de obedecer. Já o sistema político internacional seria marcado pela anarquia e, neste sentido, as unidades teriam a mesma função, já que todos os Estados seriam entidades políticas soberanas, unidades políticas autônomas.

Assim, sendo semelhantes em termos de sua soberania política, os Estados são diferentes apenas em suas capacidades. As transformações no sistema internacional são marcadas pelas mudanças no número de Estados principais, a estrutura muda – na visão de Waltz – de acordo com variações na distribuição de capacidades. As **mudanças na estrutura**, internas, decorrem de tais alterações nas capacidades. Contudo, **mudanças de estrutura** – transições de sistema – apenas ocorreriam com a superação do princípio ordenador, ou seja, com a passagem da anarquia para hierarquia, o que o autor entende como improvável (Waltz, 2000).

Na visão do realismo estrutural, essa estrutura marcada pela anarquia coloca constrangimentos aos comportamentos dos atores, incentivando a preocupação com ganhos de capacidades por outros atores, limitando a cooperação entre eles e fomentando a busca constante pela segurança. Trata-se, portanto, de um sistema de autoajuda, no qual equilíbrios de poder tendem a se formar e os Estados menores tendem a emular as políticas dos mais bem sucedidos. Assim, os Estados acabam por gerar equilíbrios de poder independentemente de seu desejo ou motivação.

Até agora, vimos que os autores realistas, exemplificados aqui por Aron (2002) e Waltz (1979),apontam a distribuição de capacidades como elemento central para a explicação das mudanças sistêmicas e do comportamento dos atores no sistema internacional. Há matizes importantes entre eles: diferentemente de Waltz (1979), Aron (2002) não exclui elementos relacionados às ideias e aos regimes políticos, apenas aponta a prevalência dos aspectos materiais, ou seja, as capacidades estatais. Já Waltz (1979) avança em entender a política de poder como resultado direto da estrutura do sistema internacional e de seu caráter anárquico. As concepções comuns ao realismo, contudo, são questionadas pela proposição do construtivismo, segundo o qual o sistema internacional é marcado pela distribuição de ideias. Nesta visão, o conhecimento compartilhado seria a variável explicativa do comportamento estatal.

Em *Social Theory of International Politics* (Teoria Social da Política Internacional, 1999), Alexander Wendt faz uma crítica direta à concepção de Waltz (1979) sobre as implicações da anarquia, questionando a noção de que esta levaria – necessariamente – à competição entre os principais atores. Para Wendt (1999), as formas como os atores políticos se comportam não são determinadas pela anarquia em si, mas pelo histórico de interações e ideias compartilhadas entre eles. Em suas palavras:

> Acredito que se quisermos dizer um pequeno número de coisas grandes e importantes sobre a política mundial, faríamos melhor se nos concentrássemos primeiro nas ideias dos Estados e nos interesses que elas constituem, e só depois nos preocuparíamos com quem tem quantas armas. (Wendt, 1999, p. 256).

O autor propõe que diferentes "lógicas" são compatíveis com a anarquia e propõe a possibilidade de três estruturas: a hobbesiana, marcada pela autoajuda e pela inimizade; a lockeana, na qual há percepção mútua de rivalidade; e a kantiana, na qual os Estados se percebem como amigos (Wendt, 1999). No caso de inimizade, os Estados ameaçam sua sobrevivência mutuamente, no caso da rivalidade, há competição com recurso à violência e, no caso da amizade, predominam as alianças e as disputas são resolvidas de forma pacífica. Essas lógicas são definidas como diferentes culturas políticas e são estruturais no sentido em que se baseiam em ideias compartilhadas, que tendem a se reproduzir ao longo do tempo, sendo semelhantes a profecias autorrealizáveis. Assim, a lógica de autoajuda e a busca constante pela sobrevivência não seriam características intrínsecas do sistema internacional anárquico.

Para a construção de seu argumento, Wendt (1999) conceitua estrutura em termos sociais e não materiais – dessa forma, a estrutura é entendida como formada pelas ideias que os Estados têm, reciprocamente, de seus papéis e natureza. O autor não argumenta que o poder é irrelevante, mas que o seu significado é constituído a partir de ideias coletivas. Ademais, Wendt (1999) entende que a estrutura não teria efeitos apenas no comportamento, mas na própria identidade e nos interesses dos Estados. Wendt (1999), portanto, tem uma visão que contrasta de forma relevante com os realistas, ao privilegiar os elementos ideacionais que compõem a estrutura, enquanto os primeiros abstraem estes elementos para focar as questões materiais. O construtivismo, contudo, reproduz uma visão da estrutura como fonte principal de explicação da política internacional – de forma talvez até mais profunda, entendendo que esta modifica interesses e identidades, e não apenas comportamentos.

Sintetizando (ver Quadro 1), percebe-se que a ideia de sistema internacional se centra em uma visão da política internacional que foca a coexistência de Estados. Predomina a caracterização deste sistema como anárquico e não são incorporadas ou vistas como relevantes estruturas de governança que mediariam as Relações Internacionais. Na visão do realismo, a anarquia implica competição e a possibilidade de guerra, concebendo a autoajuda e a busca constante de sobrevivência como fatos inescapáveis da política internacional. O construtivismo traz uma releitura dessa visão, questionando a ideia da competição e do conflito como elementos intrínsecos à uma estrutura anárquica. Em comum, no entanto, aparece a noção de que o comportamento estatal decorre de padrões e arranjos criados de forma não necessariamente intencional – seja pela distribuição de capacidades ou pelo histórico de interações – e a ênfase no conceito de anarquia – cujas consequências são definidas de formas conflitantes por realistas e construtivistas.

Quadro 1 – Síntese das perspectivas teóricas sobre sistema internacional

	Definição de sistema	Principais atores	Principais variáveis	Interações entre os Estados
Realismo clássico (R. Aron)	Conjunto de unidades em interação. O pertencimento ao sistema se define pela possibilidade de guerra.	Estados mais poderosos, estrutura oligopolística.	Capacidades estatais e regimes políticos internos	Baseadas em competição e conflito; possibilidade sempre presente de guerra.
Realismo Estrutural (K. Waltz)	Conjunto de unidades e estrutura política, definida pela anarquia e distribuição de capacidades.	Estados mais poderosos	Distribuição de capacidades estatais	Baseadas em autoajuda e sobrevivência; possibilidade sempre presente de guerra.
Construtivismo (A. Wendt)	Conjunto de atores e ideias compartilhadas, a estrutura é definida pelo histórico de interações e pela cultura política.	Estados	Ideias, conhecimento compartilhado, cultura política.	Baseadas no histórico de interações e no conhecimento compartilhado; possibilidade de superar o espectro da guerra.

Fonte: elaborado pelos autores.

3. O CONCEITO DE ORDEM INTERNACIONAL NAS PERSPECTIVAS LIBERAIS E CRÍTICAS

A discussão sobre ordem na política internacional remete ao trabalho de Hedley Bull (2002), um dos principais expoentes da Escola Inglesa, que trabalha extensivamente o conceito no livro *A Sociedade Anárquica: um estudo da ordem na política mundial*, publicado originalmente em 1977. Neste livro, o autor aponta que, do ponto de vista social, "ordem" implica não apenas a existência de padrões e regularidades, mas "uma estrutura de conduta que leve a um resultado particular, um arranjo da vida social que promove determinadas metas ou valores" (Bull, 2002, p. 8). Na vida social, ordem remete a um padrão das atividades humanas que sustenta objetivos elementares ou primários, entre os enumerados pelo autor: a segurança, o cumprimento de acordos e a propriedade.

Entendendo que existe, em alguma medida, formas de ordenamento nas relações interestatais, o autor apresenta o conceito de "sociedade internacional". Em sua visão existem valores e interesses comuns, regras e instituições destinadas à manutenção da soberania e à imposição de limites ao uso da força que justificam a referência a uma sociedade de Estados, ou sociedade internacional (Bull, 2002).

Assim, o autor define ordem internacional como um "padrão de atividade que sustenta os objetivos elementares ou primários da sociedade dos estados [...]" (Bull, 2002, p. 23). Em sua concepção, tais objetivos seriam, em ordem de importância: i) a preservação do sistema, ii) a manutenção da soberania; iii) a conservação da paz – avalizando seu rompimento apenas em situações especiais; iv) objetivos elementares (limitação da violência, cumprimento de promessas, estabilidade da posse).

Bull (2002) entende que, no momento contemporâneo, há uma sociedade internacional global, que se expandiu desde a Europa, pois há regras estabelecidas e expectativas de que estas serão razoavelmente respeitadas – ou que sua quebra seja justificada – mesmo durante conflitos armados. Há, portanto, uma **ordem internacional**, ainda que imperfeita. Por isso, é importante resgatar a expressão "sociedade anárquica": em sua visão, os Estados formariam uma sociedade sem governo – o fator anarquia não seria um impedimento à construção de acordos comuns, à formação de normas e à organização do sistema. Assim, a ênfase na existência de normas e regras significa que, para aqueles que se referem a uma "ordem internacional", a anarquia é amenizada.

No contexto pós-Guerra Fria (1947-1989), a ideia de ordem na política internacional foi retomada por James Rosenau (2000), a partir de uma perspectiva liberal. Em edição organizada e publicada em 1992, o autor propõe a ideia de que a política internacional poderia ser descrita pela existência de "governança sem governo". Em outras palavras, o autor indica que existe um sistema de ordenação nas relações entre os Estados, mesmo que não haja autoridade central. Esta forma de organização derivaria de interesses comuns e mecanismos formais e informais que pautam o comportamento dos Estados e de outros atores internacionais.

Nesta visão, a ordem estaria presente na existência de entendimentos rotineiros, os quais seriam planejados em diversos de seus elementos, assim a ordem internacional seria um "conjunto único de entendimentos e arranjos" (Rosenau, 2000, p.28). Esta ordem seria mundial no sentido que abrange todos os países do globo e seria composta por estruturas em três níveis de atividades: i) o ideacional, que expressa crenças e valores compartilhados, ii) o comportamental, relacionado a práticas e rotinas e iii) o agregado-político, que remete às instituições formais e aos regimes internacionais. Assim, em contraste com o conceito de "sistema internacional", o conceito de "ordem internacional" pressupõe elementos intencionais que estão presentes na formação de normas e instituições, além de elementos intersubjetivos e ideacionais.

Outro importante expoente da concepção liberal sobre ordem internacional é John Ikenberry. Em sua visão, a "ordem internacional se manifesta em regras estabelecidas e arranjos entre Estados que definem e guiam suas interações" (Ikenberry, 2011, p. 12). Existem três princípios que podem garantir estabilidade a essa ordem: o equilíbrio de poder, quando a distribuição de poder impõe limites a certos comportamentos; o comando, quando um Estado poderoso organiza e aplica a ordem; e o consenso, quando são estabelecidas instituições e regras acordadas.

O autor faz uma retomada histórica da origem da ordem internacional contemporânea e a descreve como formada a partir da liderança dos Estados Unidos, em negociação com os países europeus. Este Estado teria, no cenário pós-Segunda Guerra, se tornado o "organizador hegemônico e gestor daquela ordem", caracterizada como "liberal" e "baseada em regras" (Ikenberry, 2011, p. 2). A "ordem liberal internacional", prevalecente no momento contemporâneo, seria uma ordem com características de comando, em razão da proeminência dos EUA, e com elementos de consenso em razão do multilateralismo, das normas acordadas e de formas concertadas de tomada de decisão. Baseando-se na ideia de proeminência dos Estados Unidos e existência de regras estabelecidas, Ikenberry (2011) entende a ordem liberal internacional como hierárquica, levando um passo além o processo de matização do conceito de anarquia.

Inicialmente uma ordem regional, centrada nos Estados Unidos e na Europa, a ordem liberal internacional se expandiu após o fim da Guerra Fria. Essa ordem sustenta-se em acordos entre os EUA, a Europa e o Japão, por meio dos quais os EUA provêm segurança e os outros aceitam sua liderança. Baseia-se também em princípios como mercados abertos, cooperação multilateral, segurança coletiva, mudança gradual e promoção dos direitos humanos (Ikenberry, 2011).

Em comum, Hedley Bull (2002), James Rosenau (2000) e John Ikenberry (2011), apesar de buscarem descrever de forma empírica a política internacional, sustentam uma visão relativamente positiva sobre a existência da ordem internacional. Essa noção é contrastada pela perspectiva de Robert Cox (1983, 1981), que recupera os escritos de Antônio Gramsci para redefinir a ordem internacional como pautada em relações de classe. Para este autor, a formação de uma ordem internacional tem por base uma hegemonia, que se consolida inicialmente no âmbito doméstico, em um Estado dominante.

Hegemonia é definida como uma forma de poder que combina coerção e consenso, na qual este último é mais aparente, embora a possibilidade de uso da força esteja sempre subentendida.

Internamente, a classe dominante pode sujeitar o Estado e a sociedade civil, os quais, nesta visão, são entendidos como semelhantes. Gramsci propõe uma noção ampliada de Estado, que inclui "as bases da estrutura política da sociedade civil" (Cox, 2007, p.104), como são a igreja, o sistema educacional e a imprensa. Por meio do controle desses órgãos, a classe dominante teria condições de expandir sua visão de mundo e apresentar seus interesses corporativos como se fossem relativos ao conjunto da nação.

Essa hegemonia interna pode se expandir para o âmbito externo, quando um Estado dominante difunde sua ideologia para além das fronteiras nacionais, o que ocorre por meio da criação de uma ordem mundial. De acordo com Cox

> [...] para se tornar hegemônico, um Estado teria de fundar e proteger uma ordem mundial que fosse universal em termos de concepção, isto é, uma ordem em que um Estado não explore outros Estados diretamente, mas na qual a maioria desses [...] possa considerá-la compatível com seus interesses [...] O conceito hegemônico de ordem mundial não se baseia apenas na regulação do conflito interestados, mas também em uma sociedade civil concebida globalmente, isto é, num modo de produção de extensão global que gera vínculos entre as classes sociais dos países nela incluídos. (COX, 2007, p. 117-118).

Para Cox (1981), a hegemonia envolve poder material, ideias e instituições. Uma diferença entre Cox (1981) e Waltz (1979) é que enquanto o primeiro busca visualizar estruturas históricas, em sua totalidade, compreendendo as inter-relações e interconexões entre forças sociais, tipos de Estados e ordem internacional, o segundo busca isolar as variáveis em um nível específico, o internacional, e em uma dimensão específica, a política. Assim, Cox (1981, 1983) busca uma análise que interconecta o social e o internacional, o econômico e o político. Já Waltz (1979) busca a construção de uma teoria específica e compartimentalizada para entender a política internacional, como diferente e específica em relação a outras esferas de atuação humana.

Na visão de Cox (2007), as organizações internacionais são um dos mecanismos que legitimam a hegemonia, pois refletem normas que compõe a ordem internacional, são produtos dessa ordem, co-optam elites periféricas e transformam ideias desafiadoras. No que se refere às normas acordadas, o autor concebe a possibilidade de que haja concessões das potências hegemônicas – mas apenas em termos que não afetem seus interesses principais.

Por meio de suas considerações sobre ordem internacional e hegemonia, Cox (2007) questiona fortemente os aspectos positivos geralmente atribuídos à noção de "ordem internacional", como são as noções de que esta geraria estabilidade, previsibilidade e limitaria os conflitos. Também questiona os aspectos supostamente consensuais desta ordem levantados por Ikenberry (2011), os quais, em sua concepção, seriam uma expressão do domínio da classe dirigente de um Estado dominante. A ordem mundial, na perspectiva crítica seria, portanto, fundada na exploração capitalista e na subordinação de classes sociais tanto interna como externamente ao Estado dominante.

De forma ainda mais direta, Parmar (2018) argumenta que a visão de ordem internacional articulada por Ikenberry seria uma ideologia legitimadora, mais que uma forma de explicação sobre como a ordem liberal internacional funciona. Em sua visão, esta ordem "é uma hegemonia elitista e baseada em classes – fortemente imbuída de suposições raciais e coloniais/imperiais explícitas e implícitas – tanto nas relações internas como externas dos EUA" (Parmar, 2018, p. 152). Na visão de Parmar, a discussão sobre a ordem liberal internacional minimiza as desigualdades internas, de classe, raça e gênero, e externas, relativas ao histórico de colonialismo e a persistência de uma abordagem hierárquica em relação ao Sul Global. De forma resumida, podemos agrupar estas visões, conforme o Quadro 2:

Quadro 2 – Síntese das perspectivas teóricas sobre ordem internacional

	Definição de ordem internacional	Principais atores	Formas de sustentação da ordem
Escola Inglesa (H. Bull)	A ordem define-se pela existência de um padrão de atividades que sustenta objetivos elementares.	Estados europeus (onde a ordem internacional se origina e a partir de onde se expande).	Interesses comuns, regras e instituições.
Liberalismo (J. Rosenau)	Formas de organização da política internacional.	Estados, organizações da sociedade civil, empresas.	Interesses comuns, mecanismos formais e informais (entendimentos compartilhados, práticas e rotinas, organizações e regimes internacionais).
Liberal Internacionalismo (J. Ikenberry)	Regras e arranjos que guiam as relações entre os Estados.	Estados (especialmente Estados Unidos e países europeus)	Liderança dos Estados Unidos, negociações e valores compartilhados.
Neogramscianos (R. Cox)	Forma de organização que tem por base um modo de produção expandido globalmente, com a formação de uma sociedade civil	Classes Sociais (especialmente classes sociais dominantes nos Estados centrais)	Hegemonia da classe dominante de um Estado central, que se manifesta na formação de organizações internacionais e ideias predominantes.

Fonte: elaborado pelos autores.

Antes de concluir a discussão sobre ordem internacional, cabe um comentário sobre o debate recente que surge na disciplina de Relações Internacionais sobre a "crise da ordem liberal internacional", o qual tem provocado contribuições tanto de autores críticos como liberais[24]. Desde 2011, Ikenberry já diagnosticava uma situação de crise da ordem internacional liderada pelos Estados Unidos, que se manifestava pela tendência à multipolaridade e declínio relativo da potência.

Contudo, para Ikenberry (2011, 2018) trata-se de uma crise de liderança, de autoridade, e não dos princípios que regem a ordem, que poderiam ser mantidos mesmo em uma situação de perda de importância da liderança estadunidense. Assim, essa crise poderia ser superada por meio de novas barganhas e negociações com Estados ascendentes, que desempenhariam novos papéis de liderança. A ordem liberal internacional poderia resistir, incluindo os valores liberais que a sustentam, em uma situação de declínio relativo dos Estados Unidos. Ikenberry (2011, 2017, 2018) pondera que a economia chinesa cresceu inserida nesta ordem e beneficiou-se dela, e que os valores liberais são resilientes, já tendo superado outros momentos de crise.

Esta visão, contudo, não é consensual. Cooley e Nexon (2020), por exemplo, percebem uma crise da hegemonia dos Estados Unidos que teria causas internas e externas. Na visão dos autores, o declínio de ordens internacionais poderia ser decorrente de desafios relacionados ao surgimento de outras grandes potências, pressões impostas por países mais fracos e desafios gerados pela atuação de movimentos transnacionais. Essas três causas – nomeadas pelos autores como desafios de grandes potências, desafios desde baixo, e contenção transnacional – são vistos como presentes no momento atual e reforçando-se mutuamente.

Os autores percebem a atuação de Rússia e China como desafios de grandes potências, já que esses Estados buscariam a formação de

---

[24] Um exemplo importante deste debate apareceu na edição especial de 2018 da revista International Affairs (Volume 94, Issue 1, January 2018) e na edição especial da International Organization, de 2021 (Volume 75 – Special Issue 2 – Spring 2021).

um mundo multipolar, baseado na soberania e na não interferência. Também há desafios desde baixo, pois os autores percebem atuação mais assertiva de potências médias, incluindo a oferta de assistência e financiamento – de formas nem sempre coincidentes com os padrões ocidentais – e a busca, por parte de países mais frágeis, por alternativas às parcerias com Estados Unidos e Europa. Entre as questões transnacionais, os autores destacam a crise do liberalismo, o surgimento e a articulação global de movimentos sociais iliberais, inclusive com presença nos Estados Unidos e na Europa (Cooley e Nexon, 2020).

Os autores ainda complementam que o governo Trump (2017--2021) teria sido um acelerador do processo de declínio da hegemonia. Neste cenário, os autores concluem que "os Estados Unidos não serão mais capazes de exercer a hegemonia global e necessitarão acomodar outras potências numa extensão muito maior do que estão habituados a fazer" (Cooley e Nexon, 2020, p. 200). Ainda que os EUA mantenham uma posição de proeminência no futuro próximo, entendem que o momento atual é de transição de ordem.

Partindo de uma perspectiva crítica, Babic (2020), por sua vez, analisa o momento da política internacional contemporânea como um interregno, um período de instabilidade e incerteza que deve ser estudado por si mesmo. Baseando-se em Gramsci, o autor entende a crise como um processo com origens nas "contradições e tensões da velha, moribunda ordem social" (Babic, 2020, p.771) e que se expressa em uma desconexão entre representantes e representados. Assim, "a velha ordem perde a sua legitimidade (a nível internacional) e os Estados que a apoiam não oferecem uma solução, mas afastam-se dos seus elementos centrais" (Babic, 2020, p.772).

O autor propõe que a crise da ordem liberal internacional é multifacetada e envolve processos relacionados à economia política global, ao nível estatal e à dimensão societal. No nível da economia política global, o autor destaca tanto as contradições e recessões econômicas geradas pelo movimento de liberalização financeira proposto pelos Estados Unidos, desde os anos 1970, como o crescimento econômico chinês e sua política econômica baseada na direção estatal (Babic, 2020).

No nível estatal, Babic (2020) destaca a ascensão e o fortalecimento de movimentos políticos antissistema, que questionam elementos do liberalismo no âmbito nacional e que propõem uma retomada do nacionalismo de formas nem sempre condizentes com a globalização. Neste nível, o autor também observa mudanças no comportamento estatal, com a maior assertividade chinesa e maiores contradições da política externa dos Estados Unidos em seu compromisso de manutenção da ordem.

No nível societal, o autor se refere ao surgimento de narrativas que ressaltam a crise e contestam elementos legitimadores da ordem liberal internacional, em temas que vão desde migração a políticas econômicas. O autor também destaca mudanças nas relações de classe e entre grupos subalternos, com acentuada insatisfação das classes trabalhadoras em relação à ordem vigente (Babic, 2020).

Os exemplos trazidos aqui por meio das interpretações de Ikenberry (2011, 2018), Cooley e Nexon (2020) e Babic (2020) sobre a crise da ordem liberal internacional mostram como este é um processo complexo e multifacetado. Ao mesmo tempo, inexiste acordo na literatura sobre o significado ou a profundidade desta crise. Tampouco, há consonância sobre as possibilidades de reversão e rejuvenescimento da ordem liderada pelos Estados Unidos. De fato, como visto na seção anterior, mesmo a existência de uma ordem internacional formada de maneira intencional e baseada em regras, normas e valores comuns não é consensual – existem autores que privilegiam os elementos materiais e abstraem da análise os elementos institucionais da política internacional.

Quadro 3 – Visões sobre a crise da ordem liberal internacional

Visão 1 (J. Ikenberry)	Percepção de crise da liderança dos Estados Unidos, contudo, que pode ser renegociada a partir da formação de novos arranjos. Tendência de permanência de valores liberais. China como ator que se beneficia da ordem, pois seu crescimento econômico ocorreu inserido na mesma.

	Tendência de declínio da hegemonia dos Estados Unidos. Desafios que se manifestam pela emergência de outras potências, pelo comportamento de potências médias e por movimentos transnacionais que contestam o liberalismo. Tendência de transição de ordem.
Visão 2 (A. Cooley e D. Nexon)	Tendência de declínio da hegemonia dos Estados Unidos. Desafios que se manifestam pela emergência de outras potências, pelo comportamento de potências médias e por movimentos transnacionais que contestam o liberalismo. Tendência de transição de ordem.
Visão 3 (M. Babic)	Crise como interregno, período de longa duração caracterizado por instabilidade e incerteza. Crise de legitimidade da ordem liberal internacional, que se origina de suas contradições. Desafios relacionados às crises econômicas, ao surgimento de movimentos políticos antissistema, à maior assertividade de potências ascendentes e ao surgimento de novas narrativas.

Fonte: elaborado pelos autores.

4. CONSIDERAÇÕES FINAIS

Neste capítulo, vimos alguns exemplos de como os conceitos de "ordem internacional" e de "sistema internacional" aparecem nas discussões de alguns dos principais nomes das Relações Internacionais. Quando se trata de sistema internacional, os autores que usam o termo têm uma visão da política internacional como relativamente previsível e centrada em padrões de comportamento estatal. Estes, no entanto, derivam especialmente da distribuição de capacidades, em uma perspectiva realista, – e de ideias compartilhadas, em uma visão construtivista. Na perspectiva realista, tais elementos de arranjo e ordem não são provenientes da intenção dos atores, mas surgem de forma espontânea da distribuição de capacidades e de comportamentos individuais.

Já o conceito de ordem internacional costuma implicar a existência de normas e regras que pautam as interações entre os Estados e que não devem ser abstraídas da análise. Nesta visão, a ordem não remete apenas a padrões e recorrências encontrados no comportamento estatal, mas também implica a existência de objetivos e interesses comuns relacionados à preservação do sistema. Esta perspectiva é mais afeita às explicações multicausais e processuais do comportamento dos Estados, sendo que capacidades materiais, ideias e instituições são comumente mobilizadas para explicar mudanças e continuidades. Em grande parte, a discussão sobre ordem internacional tem por base a Escola Inglesa e as perspectivas liberais, porém os neogramscianos apresentam uma visão crítica e profunda sobre o conceito. Para estes, a ordem liberal internacional funda-se na hegemonia da classe dominante estadunidense e na exploração capitalista.

A discussão sobre ordem internacional também é mais histórica e geralmente entende o surgimento da ordem contemporânea como situada no pós-Segunda Guerra Mundial (1939-1945), quando se formaram as principais instituições que hoje regem a política internacional e foi consolidada a liderança dos Estados Unidos. Esta ordem, no entanto, é vista como em crise no momento atual, o que deriva tanto do declínio relativo da potência hegemônica e ascensão chinesa, como também de elementos mais difusos, como movimentos políticos que questionam princípios centrais desta ordem, desde fora e de dentro destes países.

De forma geral, a discussão apresentada no capítulo buscou mostrar, ainda que de forma bastante parcial, a pluralidade de concepções existentes sobre os conceitos de ordem e de sistema internacional, debate este que se mostra um dos temas centrais e mais prolíficos de discussão no campo das Relações Internacionais. Teorias distintas privilegiam não apenas o uso de conceitos diferentes, mas trazem concepções alternativas sobre o significado destes e – portanto – sobre a forma como a política internacional se estrutura. Assim, como era de se esperar, encontramos pouco consenso sobre o diagnóstico contemporâneo relativo ao declínio da ordem liberal internacional.

5. ESTUDO DIRIGIDO

Questão 1. Discorra sobre as principais diferenças entre os conceitos de sistema e ordem internacional e reflita sobre sua aplicação para análise do comportamento interestatal. Em sua visão, existe algum conceito mais apropriado para analisar a política internacional contemporânea? Justifique sua resposta.

Questão 2. A escolha por analisar o sistema internacional por lentes teóricas realistas ou construtivistas levará a que sejam iluminadas variáveis em diferentes dimensões da política internacional. Quais são as variáveis centrais para o realismo e para o construtivismo?

Questão 3. O conceito de ordem internacional foi amplamente trabalhado pela Escola Inglesa, por perspectivas liberais e visões críticas. Quais são as principais diferenças entre tais abordagens?

Questão 4. Neste capítulo, foram discutidos alguns elementos que compõem as críticas à ordem liberal internacional. No entanto, esta é uma discussão ampla, que vai além do explorado nos limites deste texto, pesquise sobre este tema e aponte outras críticas à ordem liberal internacional.

Questão 5. De acordo com o diagnóstico de diversos autores, a ordem liberal internacional passa por um momento de crise – ou de crises, no plural. Aprofunde a pesquisa sobre o tema e discorra sobre os elementos que compõem este cenário.

6. REFERÊNCIAS BIBLIOGRÁFICAS

ARON, R. *Paz e guerra entre as nações*. Brasília: Traduzido por Sergio Bath. Editora Universidade de Brasília, Instituto de Pesquisa de Relações Internacionais; São Paulo: Imprensa Oficial do Estado de São Paulo, 2002.

BABIC, M. Let's talk about the interregnum: Gramsci and the crisis of the liberal world order. *International Affairs*, vol. 96, n. 3, 2020, p. 767-786.

BULL, H. *A sociedade anárquica*. Brasília: Editora UnB, 2002.

COOLEY, A.; NEXON, D. H. (No) Exit from liberalism? *New Perspectives*, 28(3), 2020, p. 280-291.

COX, R. Gramsci, hegemony and international relations: an essay in method. *Millennium*, v. 12, n. 2, p. 162–175, 1983.

COX, R. W. Social forces, states and world orders: beyond international relations theory. *Millennium: Journal of International Studies*, v. 10, n. 2, p. 126–155, 1981.

COX, R. W. 2007. Gramsci, hegemonia e Relações Internacionais: um ensaio sobre o método. *In*: GILL, Stephen (org.). *Gramsci, materialismo histórico e Relações Internacionais*. Rio de Janeiro: UFRJ, 2007, p. 101-125.

IKENBERRY, G. J. *Liberal Leviathan:* The Origins, Crisis and Transformation of the American World Order. New Jersey: Princeton University Press, 2011.

IKENBERRY, G. J. The plot against american foreign policy: can the liberal order survive? present at the destruction. *Foreign Affairs*, v. 96, n. 3, p. 2–9, 2017.

IKENBERRY, G. J. The end of liberal international order? *International Affairs*, v. 94, n. 1, p. 7–23, 2018.

PARMAR, I. The US-led liberal order: imperialism by another name? *International Affairs*, v. 94, n. 1, p. 151–172, 1 jan. 2018.

ROSENAU, J. N. Governança, ordem e transformação na política mundial. *In*: *Governança sem Governo:* ordem e transformação na política mundial. São Paulo: Imprensa Oficial do Estado: Universidade de Brasília, 2000. p. 11–46.

WALTZ, K. *O homem, o estado e a guerra*. São Paulo: Martins Fontes, 2004.

WALTZ, K. *Theory of international politics*. Reading: Addison--Wesley Publishing Company, 1979.

WALTZ, K. Structural realism after the Cold War. *International Security*, v. 25, n. 1, p. 5-41, 2000.

WENDT, A. *Social theory of international politics*. Cambridge: Cambridge University Press, 1999.

7. RECURSOS AUDIOVISUAIS

A diplomata. Gênero: drama. Ano: 2023. Criado por Debora Cahn. Sinopse: a série de televisão acompanha o cotidiano de uma recém-nomeada embaixadora estadunidense em meio a irrupção de uma crise internacional de grandes proporções. Retrata as práticas presentes nos processos de negociação e suas interconexões com processos políticos.

Diálogos INEU. Canal no YouTube. Apresentado por Neusa Maria Pereira Bojikian. Produzido pelo Instituto Nacional de Ciência e Tecnologia para Estudos sobre Estados Unidos. Disponível em: https://www.youtube.com/@INCTINEU. Sinopse: programa de entrevistas com pesquisadores e acadêmicos sobre Política Externa dos Estados Unidos e política internacional. Há vídeos específicos sobre a crise da ordem liberal internacional.

AS ORGANIZAÇÕES INTERNACIONAIS
GIOVANNA AYRES ARANTES DE PAIVA[25]

1. INTRODUÇÃO

Qualquer estudante de Relações Internacionais deve começar a sua trajetória compreendendo esse campo de estudos e sua área de atuação como um todo, inclusive como forma de preencher certos requisitos previstos nas Diretrizes Curriculares Nacionais. E, do ponto de vista teórico, é fundamental que num primeiro momento os leitores aprendam o conceito de Estado, para, em seguida, analisar as razões que levam as nações a institucionalizarem relações umas com as outras, formando organismos internacionais.

Então, este capítulo do nosso estudo sobre Introdução às Relações Internacionais tem o objetivo de apresentar, analisar e refletir sobre as organizações internacionais como atores relevantes das RI. Buscamos observar os históricos das organizações, suas respectivas funções, a atuação de seus Estados-Membros e suas capacidades de funcionarem como espaços de negociação em tempos de guerra e arenas para mediar a busca pela paz.

Na impossibilidade de abordar todas as organizações internacionais, selecionamos algumas que geram impacto internacional e são relevantes por suas histórias e atuações. Assim, este capítulo está dividido da seguinte forma: na seção 2 apresentamos a importância das organizações internacionais, e no item seguinte abordamos o histórico, funções e refletimos sobre o sistema da

---

[25] Pós-doutora em Relações Internacionais pelo programa de pós-graduação em Relações Internacionais San Tiago Dantas (Unesp/Unicamp/PUC-SP).

Organização das Nações Unidas (ONU) e a Organização Mundial do Comércio (OMC).

Não temos a pretensão de apontar soluções para desafios contemporâneos, mas acreditamos que este capítulo fornecerá subsídios para entender as articulações internacionais, tentativas de cooperação, resolução de conflitos, crises humanitárias e o motivo para que algumas dificuldades ainda persistem na manutenção das organizações internacionais. Lidar com a crise da confiança nas organizações e com a emergência de atores e temas complexos é tarefa essencial para entender o cenário internacional atual.

2. ORGANIZAÇÕES INTERNACIONAIS: RELEVÂNCIA E FUNÇÕES

Nesta seção iremos definir e categorizar algumas organizações que são atores institucionalizados que facilitam a cooperação internacional. As Organizações Internacionais Governamentais (OIGs) podem ser definidas como grupos políticos que têm como membros fundadores e componentes os Estados (Pecequilo, 2004). Em termos históricos, o fenômeno se concretizou recentemente. Sobretudo em meados do século XX vemos uma frutificação mais explícita das OIGs, com destaque para o desenvolvimento do sistema onusiano, ou seja, o sistema baseado nas Nações Unidas. Isso porque as guerras mundiais foram decisivas para que os Estados se organizassem e buscassem formas de negociar, articular e manter a paz (Pecequilo, 2004). Desse modo, ressaltamos que as OIGs são mais que uma reunião de Estados. Elas são atores em si, uma vez que possuem seus próprios projetos, políticas, princípios e personalidades jurídicas (Herz e Hoffman, 2004). Por outro lado, é verdade que dependem da vontade política dos Estados que as compõem, bem como de suas contribuições financeiras para o funcionamento das atividades (Pecequilo, 2004).

Essas organizações operam, então, como espaços institucionalizados que proporcionam e facilitam a mediação e discussão recorrente de aspectos importantes que afetam o cenário internacional (Pecequilo, 2004). Como veremos neste capítulo, os aspectos que podem ser abordados são diversos e variam conforme as realidades políticas, econômicas, sociais e históricas de cada contexto. Abrangem tanto temas mais tradicionais que envolvem conflitos armados, negociação de paz e ameaças, quanto direitos humanos, desenvolvimento, saúde, questões ambientais e climáticas.

Por conseguinte, as OIGs são espaços propícios para fomentar o diálogo e encontrar soluções negociadas para desafios em comum. As organizações ainda podem funcionar como meios de distribuir ou balancear o poder entre potências e Estados menos representados, colocar limites para atuações estatais e criar soluções para conflitos armados. Também podem ser o espaço onde surgem regras, procedimentos e normas para, por exemplo, regular o comércio ou intercâmbio tecnológico. Ou podem nascer a partir de acordos sobre normas e expectativas em comum acerca de assuntos específicos. Favorecem e articulam projetos que podem oferecer rápida resposta a crises humanitárias, podem gerar obrigações morais e constranger as nações a seguirem determinadas regras e padrões de atuação e fiscalizar o cumprimento de normas, estabelecendo direitos e deveres (Herz e Hoffman, 2004).

As organizações podem ter uma abrangência global com múltiplas temáticas e focos de atuação – como a ONU –; podem ainda ser globais, mas possuir um foco mais específico – como a OMC. Além disso, podem ser regionais como a Organização do Tratado do Atlântico Norte (OTAN) e a Organização dos Estados Americanos, reunindo diferentes países por motivos políticos, econômicos e militares.

Também ressaltamos a importância das organizações não governamentais internacionais (ONGI) que somam esforços para articular a cooperação internacional. Além de funcionarem como atores que levam em conta as demandas e necessidades das sociedades civis – demandas locais, regionais, nacionais –, são atores institucionalizados que podem dialogar com as OIGs e pressionar os Estados para tomar ação (Herz e Hoffman, 2004).

Mais do que isso, podem identificar necessidades que não chegam até os grandes sistemas internacionais, evidenciando desafios pouco abordados ou ignorados pela sociedade internacional. Algumas ONGIs podem ter status consultivo[26] junto à ONU e contribuir em discussões no Conselho de Direitos Humanos, por exemplo (Betsill e Corell, 2008).

Todas as formas de organizações mencionadas representam possibilidades de maior cooperação internacional. Porém, isso não significa que não existam dificuldades e desafios à cooperação e à própria existência e continuidade dessas organizações. Interesses políticos e econômicos, disputas entre potências, legitimidade democrática, financiamento e temas que cada vez mais emergem como desafios globais – como mudança climática e Inteligência Artificial – tensionam os princípios, objetivos e funcionamento das organizações.

3. AS PRINCIPAIS ORGANIZAÇÕES INTERNACIONAIS: EXEMPLOS E ANÁLISES

3.1. O sistema da ONU

A Organização das Nações Unidas merece especial atenção por ser a maior organização que aborda a paz e a segurança internacionais. Sua criação é fruto do esforço dos Estados para evitar novas guerras mundiais e tentar criar um espaço internacional de mediação e proposição para soluções pacíficas de conflitos.

A criação da ONU foi resultado de um trabalho gradual, ao longo de décadas. Foi a concretização de uma arena para discutir os principais temas internacionais e, acima de tudo, resolver e prevenir novos conflitos, evitando guerras de proporção mundial como a Primeira e a Segunda Guerras, e poupando os seres humanos do sofrimento causado pelos conflitos armados (United Nations, 2024a).

É importante ressaltar, no entanto, que ela não foi a primeira organização internacional criada com essa finalidade. A Liga das

---

[26] Disponível em: https://www.ohchr.org/en/hr-bodies/hrc/ngo-participation.

Nações é considerada antecessora da ONU. Foi uma organização criada em 1919, logo após a Primeira Guerra Mundial, com o objetivo de zelar pela paz e segurança no mundo e impedir a eclosão de uma nova guerra. Essa tentativa fracassou, visto que as rivalidades interestatais não foram arrefecidas, culminando na Segunda Guerra Mundial. Além das crescentes rivalidades entre os Estados, principalmente entre os europeus, a Liga das Nações não contou com o apoio internacional que precisava para se estabelecer como um ator intermediador da paz. Um dos grandes impasses para sua plena consolidação foi que os Estados Unidos, que na época ganhavam cada vez mais relevância como peça importante no cenário geopolítico, recusaram-se a participar da organização.

Os processos históricos e políticos que levaram à derrota da Alemanha Nazista e dos países do Eixo e, assim, trouxeram o fim da Segunda Guerra Mundial, jogaram luz sobre as consequências políticas, econômicas e humanitárias do conflito. Paralelamente, os Estados se empenharam para articular uma nova organização a fim de evitar novos conflitos e lidar com as consequências estruturais e humanas da guerra. Nesse processo, representantes de 50 países – incluindo o Brasil – reuniram-se em 1945, na cidade de São Francisco, e produziram o que seria a Carta das Nações Unidas (também chamada de Carta de São Francisco).

Esse documento estabelece os princípios básicos, os objetivos do organismo e formaliza, de fato, a Organização das Nações Unidas (United Nations, 1945; United Nations, 2024a). O texto dispõe sobre o funcionamento da ONU, seus princípios, órgãos, composição e função. Sobretudo no Capítulo VII, reforça a percepção sobre paz, segurança, ameaça e ruptura da paz com base na Segurança Coletiva[27], designando o Conselho de Segurança como o espaço principal de decisões relativas a essas temáticas. Portanto, é um documento-chave para entender a organização (United Nations, 1945; Villa e Braga, 2018).

---

[27] Ver mais sobre Segurança Coletiva e Segurança Internacional em: VILLA, Rafael Duarte; BRAGA, Camila de Macedo. Segurança internacional. *In*: SAINT-PIERRE; VITELLI (org.). *Dicionário de Segurança e Defesa*. São Paulo: Unesp, 2018, pp. 895-914.

Aos poucos, a atuação das Nações Unidas foi se tornando cada vez mais especializada em diferentes áreas que são essenciais para atingir o objetivo central de manter a paz e a segurança mundiais. Atualmente, a ONU tem uma estrutura ampla e complexa, formada por órgãos, fundos, agências e escritórios com diferentes funções e temáticas. A organização aborda temas que vão desde o meio ambiente, passando por saúde, cultura, educação, infância e desenvolvimento. Ressalta-se, assim, a diversidade de temáticas abordadas pela ONU, compondo um panorama diverso e multifacetado (United Nations, 2024a).

Como exemplo, podemos citar diferentes iniciativas como o Fundo das Nações Unidas para a Infância (Unicef)[28]; a Organização das Nações Unidas para a Educação, a Ciência e a Cultura (Unesco)[29]; o Alto Comissariado das Nações Unidas para os Refugiados (Acnur)[30]; o Conselho de Direitos Humanos (CDH)[31]; o Programa das Nações Unidas para o Meio Ambiente (Pnuma)[32] e o Programa Conjunto das Nações Unidas sobre HIV/Aids (Unaids)[33].

Nesse amplo sistema, a ONU se apoia em cinco órgãos que foram estabelecidos em sua carta de criação[34]: Assembleia Geral, Conselho de Segurança, Conselho Social e Econômico, Corte Internacional de Justiça e Secretariado (United Nations, 2024b). A seguir, iremos abordar brevemente cada um deles.

---

[28] Disponível em: https://www.unicef.org/.

[29] Disponível em: https://www.unesco.org/pt.

[30] Disponível em: https://www.unhcr.org/.

[31] Disponível em: https://www.ohchr.org/en/hrbodies/hrc/home.

[32] Disponível em: https://www.unep.org/.

[33] Disponível em: https://www.unaids.org/en.

[34] Originalmente, a Carta da ONU também estabelecia o Conselho de Tutela. Seu objetivo era acompanhar o processo de independência e autogoverno de Territórios Fiduciários que estavam sob tutela de Estados-Membros. Em 1994, o órgão suspendeu suas operações, visto que tais territórios concluíram seus processos de independência (Unic, 2023).

3.1.1. Assembleia Geral

Na Assembleia Geral, todos os Estados-Membros são representados. É um órgão representativo e deliberativo, no qual as políticas são decididas. Há reuniões anuais em que todas as delegações dos Estados-Membros são representadas e discursam sobre suas respectivas políticas nacionais e internacionais, e questões relativas à paz e segurança[35]. A Assembleia Geral conta com um presidente, eleito a cada ano (United Nations, 2024b).

3.1.2. Conselho de Segurança

O Conselho de Segurança (CS) é responsável por manter a paz e a segurança internacionais. Sendo assim, trata-se de um órgão primordial para o funcionamento da própria ONU. Sua representação é desigual: conta com 15 membros, sendo que 5 são permanentes e 10 são rotativos, eleitos para cumprir mandatos de dois anos. Tal configuração é resultado direto do desfecho da Segunda Guerra Mundial, em que os países vencedores galgaram um lugar privilegiado no CS. A presidência do órgão também é rotativa: a cada mês um Estado assume o cargo. Cada membro temdireito a um voto, porém, os 5 permanentes possuem o poder de vetar as resoluções. Isso torna a operacionalidade do CS muitas vezes difícil, paralisada e dependente da vontade política das 5 potências. Um exemplo concreto ocorreu em 18 de outubro de 2023, quando o Brasil, então presidente do CS, apresentou uma proposta de resolução que enfatizava uma "pausa humanitária" no conflito entre Israel e Hamas[36]. Doze membros do CS votaram a favor; Rússia e Reino Unido se abstiveram e os EUA foram o único país a vetar o texto, alegando que o direito de autodefesa de Israel não foi suficientemente enfatizado.

---

[35] Ver, por exemplo, o discurso oficial do Secretário-Geral da ONU, Antonio Guterres, na Assembleia Geral de 2023, disponível em: https://www.youtube.com/watch?v=cJ_P43W8 Iog&list=PLwoDFQJEq_oY2bXomZ-3hsc1ZrvJ2LZCy&index=42.

[36] Sobre os impasses do CS em relação ao conflito entre Israel e Hamas, disponível em: https://noticias.uol.com.br/colunas/jamil-chade/2023/10/18/potencias-divergem-e-resolucao-do-brasil-por-cessar-fogo-em-gaza-e-vetada.htm.

Apesar de a maioria dos membros do CS terem aprovado a resolução, o veto dos EUA foi suficiente para barrá-la.

O CS delibera e produz resoluções sobre ameaças à paz e à segurança internacionais, atos de agressão que levam ou escalam conflitos armados, caminhos para paz ou, pelo menos, para um cessar-fogo entre partes beligerantes. Os membros, tanto permanentes quanto rotativos, podem conclamar as partes beligerantes a chegar à paz, encerrar as hostilidades, recomendar meios de se chegar a acordos, facilitar processos de negociação e paz durante conflitos armados e propor caminhos para aliviar crises humanitárias. Também cabe ao Conselho de Segurança impor sanções contra Estados e autorizar o uso da força como forma de restabelecer a segurança internacional (United Nations, 2024b). Apesar de a Carta da ONU não mencionar explicitamente o poder que os 5 membros permanentes têm de vetar resoluções (chamado de "poder de veto"), tal poder é utilizado sobretudo em situações críticas, em que decisões sobre paz e segurança internacionais afetam diretamente os interesses das potências. Nessas situações, vemos uma "paralisia" do CS, em que o uso do poder de veto impede a aprovação de resoluções. As guerras na Ucrânia e na Palestina são exemplos de situações em que longas negociações foram necessárias para aprovação de resoluções que vieram tardiamente[37].

3.1.3. Conselho Social e Econômico

É um órgão focado em revisão e recomendações de questões ligadas ao âmbito econômico, social e ambiental, além de supervisionar órgãos subsidiários e outras agências especializadas da ONU sobre esses mesmos temas. Ao todo, 54 membros são eleitos pela Assembleia Geral e ficam durante mandatos de três anos.

---

[37] Ver, por exemplo, o longo processo de negociação que levou à aprovação da resolução 2720 (2023) sobre o conflito envolvendo Israel e Hamas, disponível em: https://www.gov.br/mre/pt-br/canais_atendimentoimprensa/notas-a-imprensa/aprovacao-de-resolucao-do-conselho-de-seguranca-da-onu-sobre-a-crise-humanitaria-e-dos-refens-em-gaza-1#:~:text=O%20Conselho%20de%20Seguran%C3%A7a%20da,e%20R%C3%BAssia%20optaram%20pela%20absten%C3%A7%C3%A3o.

Alguns pontos centrais da atualidade são reflexões e práticas sobre desenvolvimento sustentável, que ganha cada vez mais espaço na agenda onusiana por meio da implementação da Agenda 2030 e dos Objetivos de Desenvolvimento Sustentável (ODS)[38] (United Nations, 2024b).

3.1.4. Corte Internacional de Justiça

Destaca-se por ser um órgão judicial da ONU, guiado por um estatuto próprio[39], seguindo as normas do Direito Internacional. A sua função primordial é arbitrar disputas submetidas pelos Estados e dar pareceres em questões jurídicas repassadas por órgãos e demais agências da ONU (United Nations, 2024b). Por exemplo, em 2024, a África do Sul submeteu um caso em que acusa Israel de violar a Convenção do Genocídio por meio de suas ações na Faixa de Gaza (Nações Unidas, 2024).

3.1.5. Secretariado

O Secretariado é composto pelo Secretário-Geral e funcionários internacionais da ONU, que realizam o trabalho diário, conforme designado pela Assembleia Geral e por outros órgãos principais da Organização. O Secretário-Geral é o Diretor Administrativo da Organização, nomeado pela Assembleia Geral sob recomendação do Conselho de Segurança para um mandato renovável de cinco anos

---

[38] Tema bastante abordado tanto pela ONU quanto pela sociedade civil, os ODS referem-se a 17 objetivos concretos, diferentes e interconectados que abordam desafios de desenvolvimento no mundo todo. Portanto, devem ser atingidos para que haja maior desenvolvimento, paz e prosperidade em nível global. Incluem metas diversas como erradicação da pobreza; educação de qualidade; igualdade de gênero; trabalho decente e crescimento econômico; paz, justiça e instituições eficazes. Disponível em: https://brasil.un.org/pt-br/sdgs. Já a Agenda 2030 consiste em um plano de ação que o sistema ONU desenvolveu para que os Estados coloquem em prática e se comprometam com a erradicação da pobreza e com o desenvolvimento sustentável para o planeta, unindo as dimensões econômica, social e ambiental. Reúne os 17 ODS e 169 metas, focadas em: pessoas, planeta, paz, prosperidade e parcerias. Disponível em: https://brasil.un.org/pt-br/91863-agenda -2030-para-o-desenvolvimento-sustent%C3%A1vel.

[39] É diferente do Tribunal Penal Internacional, com sede em Haia, que julga indivíduos.

(United Nations, 2024b). O português António Guterres[40] assumiu a função desde 2017, tendo sido reeleito para um novo mandato de 2022 a 2026. É importante lembrar que ele não representa seu país de origem, Portugal, mas sim as Nações Unidas como organização. Ele discursa nas reuniões anuais da Assembleia Geral, representando os princípios e valores das Nações Unidas e alertando para os desafios e metas que ainda devem ser cumpridos.

3.1.6. Agências especializadas

A ONU tem as chamadas agências especializadas. Tais agências são organizações internacionais autônomas que possuem ligação com a ONU por acordos negociados. Algumas surgiram até mesmo antes da existência das Nações Unidas, enquanto outras foram criadas pelo organismo como resposta a necessidades específicas, como iremos ver.

Algumas dessas agências são: Organização Mundial de Saúde (OMS), Organização Internacional do Trabalho (OIT), Organização das Nações Unidas para a Alimentação e Agricultura (FAO), Organização das Nações Unidas para a Educação, Ciência e Cultura (UNESCO). No âmbito financeiro e econômico, podemos ainda citar o Grupo Banco Mundial e o Fundo Monetário Internacional (FMI) (United Nations, 2024c).

A OIT foi criada ainda em 1919 com a missão de promover justiça social, garantindo que homens e mulheres do mundo todo tenham acesso a trabalho decente em condições que envolvam liberdade, equidade, segurança e dignidade. As instâncias da OIT contam com a participação de governos, organizações de empregadores e de trabalhadores, sendo formada por 187 Estados-Membros. Entre as metas atuais, a organização busca criar maiores oportunidades de emprego e renda globalmente, melhorar a proteção social dos trabalhadores e fortalecer o diálogo social (International Labour Organization, 2024).

---

[40] É comum que os secretários-gerais sejam de países que não são potências globais, países relativamente pequenos ou do Sul Global, por exemplo: Ban Ki-moon (da Coreia do Sul); Kofi Annan (de Gana) e Boutros Boutros-Ghali (do Egito). A lista completa com todos os ex-secretários-gerais da ONU está disponível em: https://www.un.org/sg/en/content/former-secretaries-general.

Já a FAO foi criada juntamente com a ONU, em 1945, e conta com 195 Estados-Membros. É especializada em segurança alimentar e combate à fome (Food and Agriculture Organization of the United Nations, 2024a). A organização também estabelece projetos em parceria com instituições de pesquisa, sociedade civil, cooperativas e setor privado (Food and Agriculture Organization of the United Nations, 2024b).

A Unesco é reconhecida por seus trabalhos nas áreas de Educação, Ciência e Cultura. A missão dessa agência é contribuir para a paz por meio da cooperação internacional nas esferas de educação, ciência, cultura, comunicação e informação. Também se coloca como um espaço de compartilhamento de conhecimento e construção de ideias (Unesco, 2024a). Ela foi criada oficialmente em 1946 e conta com 194 Estados-Membros. Alinhada com os ODS, a Unesco também estabeleceu as metas estratégicas de garantir educação inclusiva, reconciliar o ser humano com a natureza, desenvolver padrões éticos para o uso de Inteligência Artificial, combater a desinformação e defender a liberdade de expressão (Unesco, 2024b).

A criação do Grupo Banco Mundial[41] remonta a 1944 e foi resultado da Conferência de Bretton Woods, ocasião em que os países se reuniram no final da Segunda Guerra Mundial para estabelecer as bases de uma nova ordem financeira e econômica. O Grupo atua na parte de financiamento, tendo como missão primordial reduzir a pobreza e promover o desenvolvimento sustentável. Sua atuação é marcante nos países em desenvolvimento, destino de muitos desses financiamentos. O Grupo trabalha provendo infraestrutura, comunicação, financiamento e créditos para desenvolvimento de projetos. Portanto, seu foco é trabalhar com projetos de desenvolvimento em diferentes áreas que envolvem clima, segurança alimentar, capital humano e, mais recentemente, a reconstrução de países no pós--pandemia de COVID-19 (World Bank, 2024a; World Bank, 2024b).

---

[41] É chamado de Grupo Banco Mundial pois envolve 5 instituições: o Banco Internacional para a Reconstrução e Desenvolvimento (IBRD), a Associação Internacional de Desenvolvimento (IDA), a Sociedade Financeira Internacional (IFC), a Agência Multilateral de Garantia de Investimentos (MIGA) e o Centro Internacional para Arbitragem de Disputas sobre Investimentos (ICSID). Disponível em: https://www.un.org/en/academic-impact/world-bank.

De forma semelhante, a criação do FMI também remete ao contexto da Conferência de Bretton Woods e à construção de uma nova ordem financeira capitalista (International Monetary Fund, 2022a). O FMI conta com 190 Estados-Membros e uma das suas principais funções é prover empréstimos financeiros, assistência técnica e treinamento para governos implementarem políticas econômicas liberais (International Monetary Fund, 2022b). Cada país tem uma cota (representação) no FMI, dependendo de seu poder econômico. Países em desenvolvimento são menos representados, situação que mostra um desequilíbrio de poder (Bueno, 2006).

Durante as décadas de 1960 e 1970, podemos notar uma ampliação do escopo do FMI em gerenciar crises e desenvolvimento, vendo também maior interferência do Fundo na criação e implementação de políticas econômicas. Na década de 1980, o FMI passou a atender ainda mais países em desenvolvimento. Nessa situação, observamos maior fluxo de empréstimos para financiar o desenvolvimento econômico, mas também maior rigor nas condicionalidades impostas para que esses empréstimos fossem concedidos como a condição de reformas estruturais de médio e longo prazo na economia. Na década de 1990, assistimos a maiores fluxos de capitais privados, medidas liberalizantes e privatizações.

Para conseguir o empréstimo, o país solicitante deve apresentar uma carta de intenções à Diretoria Executiva do FMI, que passa por uma análise, são estabelecidas condicionalidades ao empréstimo e é determinada a linha de crédito mais adequada. Cada empréstimo é liberado em parcelas sujeito a condicionalidades e revisões do acordo (Bueno, 2006). Portanto, observamos que o FMI não apenas fornece financiamento, mas influencia a implementação de políticas econômicas de longo prazo, com impactos nas áreas econômica, política e social.

Nesta etapa do nosso estudo sobre Introdução às Relações Internacionais, daremos especial atenção à OMS por sua relevância e centralidade durante a pandemia de COVID-19[42]. A OMS foi cria-

---

[42] Apesar de a OMS ser a agência da ONU mais especializada em saúde, há também outros componentes do sistema onusiano que abordam a questão da saúde e bem-estar em algum nível: Unesco, FAO, OIT, Banco Mundial (Herz e Hoffman, 2004).

da em 1948, ligada ao sistema onusiano. Entretanto dispõe de uma estrutura própria, com sede em Genebra, na Suíça (World Health Organization, 2023). É composta pela Assembleia Executiva, que é a arena de decisões onde todas as delegações dos Estados-Membros são representadas. Entre as funções da Assembleia está definir as políticas da organização, nomear o Diretor-Geral, supervisionar políticas financeiras e aprovar orçamentos (World Health Organization, 2024a). A Diretoria Executiva é constituída por membros técnicos da área da saúde e dá cumprimento às decisões da Assembleia (World Health Organization, 2024b; Albuquerque, 2020). A autoridade máxima é o Diretor-Geral, eleito para cargos de 5 anos, podendo ser reeleito. Desde 2017, o etíope Tedros Adhanom Ghebreyesus ocupa essa posição, tendo sido reeleito em 2022, e dá efeito às decisões e políticas da Assembleia de Saúde (World Health Organization, 2024c).

Se, a princípio, a função da OMS era mais focada em combater doenças específicas, a partir da década 1970 seu escopo se amplia e a organização passa a ter uma visão mais ampla que engloba prevenção de doenças e o bem-estar humano. Por "saúde" entende-se não apenas o bem-estar físico, mas também o bem-estar mental e social (Herz e Hoffman, 2004).

Assim, uma das funções da OMS é "direcionar e coordenar a saúde internacional dentro do sistema das Nações Unidas". Suas áreas de trabalho incluem sistemas de saúde; saúde por meio do curso de vida; doenças não transmissíveis e transmissíveis; preparação, vigilância e resposta; e serviços corporativos (World Health Organization, 2024c). Também chamam atenção campanhas de amamentação e vacinação (Herz e Hoffman, 2004).

Com o mundo cada vez mais globalizado, podemos dizer que o fator transnacional dessas doenças e questões de saúde se tornou mais evidente, assim como a necessidade de articular soluções globais para esses problemas. O século XXI já é um exemplo do trabalho da OMS no combate a doenças. Por exemplo, o combate ao Zika Vírus, com grave pico em 2016, e ao Ebola, principalmente na África Ocidental na década de 2010. Há ainda casos de atuações rápidas no combate à pandemia de H1N1, em 2009 (Almeida e Campos, 2021).

Durante a pandemia de COVID-19, a OMS atraiu atenção mundial. Naquele contexto, a função da organização ficou ainda mais clara: garantir que todos tenham acesso a um nível digno de saúde. Porém, a pandemia evidenciou alguns impasses que a OMS já vinha enfrentando: poucos recursos, dificuldade de financiamento, dependência de Estados notificarem a organização sobre pandemias, e desigualdade entre Estados.

Um dos problemas centrais é a dependência financeira da OMS em relação às potências mundiais; a maior atividade do Banco Mundial como financiador; e a restrição de poder dos países em desenvolvimento, visto que não são os maiores financiadores[43]. Conforme argumentam Almeida e Campos (2021), tais mudanças enfraquecem uma atuação ampla da OMS sobre saúde, visto que a organização fica refém de interesses nacionais. Isso tudo constitui um reflexo de como, em âmbito internacional, as questões de saúde eram – e ainda são em alguma medida – tratadas como assuntos menos importantes em comparação com as ameaças tradicionais.

3.1.7. A ONU e os desafios contemporâneos

O que mais chama atenção na ONU é a estrutura desigual do Conselho de Segurança e as relações desiguais de poder. Apesar de a Assembleia Geral contar com a representação de todos os membros, decisões críticas ainda recaem sobre o Conselho de Segurança, que frequentemente fica paralisado durante situações de conflito, em que cada potência tenta defender seus interesses políticos.

Tema central da ONU, os conflitos armados permeiam o século XXI. Apesar de ocorrerem de forma diferente daqueles vistos ao longo do século XX, marcado por duas Guerras Mundiais e Guerra Fria, as dinâmicas de violência não cessaram com a criação da ONU. No século XXI, ainda lidamos com conflitos que envolvem direta ou

---

[43] Por exemplo, em 2020 o orçamento era de US$ 2 bilhões, sendo que em 2019 (período pré-pandemia) era ainda inferior, cerca de US$ 400 milhões. Sob o governo de Donald Trump, os EUA ameaçaram cortar verbas da organização e demonstraram descontentamento com o fato de a organização abordar determinados temas como saúde sexual e reprodutiva (Chade, 2020).

indiretamente grandes potências e disputas de poder. Atualmente, a Guerra na Ucrânia e a histórica disputa na Faixa de Gaza mobilizam a atenção internacional.

Ainda há grandes desafios relacionados a direitos humanos, direitos reprodutivos, proteção das crianças, igualdade de gênero, migrações e refugiados, e questão racial. O sistema ONU tem órgãos e agências para lidar com essas questões como o CDH[44], ao qual chegam denúncias e há diálogo com representantes da sociedade civil; ONU Mulheres para lidar com questões de gênero; OMS que lida com direitos reprodutivos; e ACNUR que lida com os direitos dos refugiados. Portanto, há um esforço para que essas questões que são não diretamente associadas a ameaças tradicionais, mas que geram impactos humanos, não fiquem apenas em segundo plano.

Conforme o Secretário-Geral, António Guterres, indicou, há necessidade de preservar o multilateralismo, o desenvolvimento sustentável e combater a crise climática para se atingir os ODS. Acompanhando os desafios contemporâneos, Guterres também já demonstrou interesse pela criação de uma entidade especializada em Inteligência Artificial (Nações Unidas, 2023).

3.2. Organização Mundial do Comércio (OMC)

O embrião da OMC pode ser identificado no Acordo Geral de Tarifas e Comércio (GATT), criado em 1947, no contexto de consolidação de uma ordem financeira e econômica pós-Segunda Guerra Mundial. O objetivo central era incentivar o comércio e reduzir barreiras comerciais. No início, contava com a participação de 23 países e o principal tema abordado era o setor industrial.

Desde então, ocorreram negociações feitas por meio de "rodadas" com diplomatas e chefes de Estado, cujo objetivo seria encontrar meios de reduzir os entraves comerciais. Desde 1947, foram 8 rodadas. A Rodada Uruguai, em 1994, selou o Acordo de Marrakesh, criando oficialmente a OMC como organização de comércio.

---

[44] As sessões e temas do CDH estão disponíveis em: https://www.ohchr.org/en/hr-bodies/hrc/sessions.

As negociações envolvem assuntos diversos como comércio de serviços, aplicação de direitos *antidumping*, subsídios e medidas compensatórias, subsídios à pesca, comércio e meio ambiente, propriedade intelectual, tratamento especial e diferenciado para países em desenvolvimento (Herz e Hoffman, 2004).

O Diretor-Geral assume o cargo máximo da Organização. A estrutura também conta com a Conferência Ministerial e o Conselho Geral, onde está o Órgão de Solução de Controvérsias (OSC), o grande diferencial da OMC. Ele dispõe de Painéis de Controvérsias e Órgão de Apelação.

O Brasil já teve diversas vitórias apelando ao OSC contra Estados Unidos e União Europeia, por exemplo. Em todos esses casos, o Brasil alegava que se sentia prejudicado por medidas protecionistas impostas por esses governos, o que fazia com que os produtos brasileiros, como gasolina, açúcar, algodão e suco de laranja[45], chegassem no mercado estrangeiro por um preço maior, sendo prejudicado (Geraldello, 2020).

De forma geral, o Brasil e os países em desenvolvimento costumam demandar liberalização agrícola, sobretudo a partir de 1999, com a criação do G-20 e o acesso a mais mercados, eliminação dos subsídios à exportação e redução dos subsídios de apoio interno (Herz e Hoffman, 2004).

Alguns desafios travam o funcionamento da OMC. Por exemplo, houve dificuldades de encerrar a Rodada Doha por divergências de interesses (principalmente no setor de agricultura) e medidas protecionistas impostas pelos países. Um ponto central que gera crise na organização é a paralisia do Órgão de Solução de Controvérsias por falta de nomeação de juízes desde 2019 (Bowen e Broz, 2022). Sem esse órgão relevante, a OMC perde consideravelmente a sua força como organização e sua capacidade de ser um espaço de negociação entre países com interesses divergentes.

---

[45] Entre 1982 e 2000, o suco de laranja brasileiro teve que pagar direitos compensatórios para entrar nos EUA, o que fez com que encarecesse e sofresse desvantagem na concorrência no mercado estadunidense. Ao apelar ao OSC, o Brasil obteve vitória não contestada pelos EUA. Ver os casos abertos pelo Brasil na OSC em: GERALDELLO, Camilla S. Brasil e contenciosos na OMC: uma análise sobre o processo de tomada de decisão brasileiro. *Revista Brasileira de Políticas Públicas e Internacionais*, v. 5, p.13, 2020.

Com o fim do mandato do ex-Diretor-Geral, o brasileiro Roberto Azevêdo (2014-2021), a nova Diretora-Geral, a nigeriana Ngozi Okonjo-Iweala, tem o desafio de reavivar o OSC (2022-2025) (Bowen e Broz, 2022). Algumas das dificuldades que devem permanecer são as diferenças de interesse entre países desenvolvidos e em desenvolvimento, medidas protecionistas e a tarefa de restabelecer a confiança na OMC como organização essencial para um comércio justo.

De forma simplificada, o Quadro 1 resume alguns dos principais pontos abordados sobre as organizações internacionais:

Quadro 1 – Organizações internacionais

Organização	Ano de criação	Tipo	Objetivo central
Organização das Nações Unidas (ONU)	1945	Organização internacional	Garantir a paz e a segurança internacionais.
Organização Internacional do Trabalho (OIT)	1919	Agência especializada da ONU	Garantir justiça social e trabalho decente
Organização das Nações Unidas para a Alimentação e Agricultura (FAO)	1945	Agência especializada da ONU	Garantir segurança alimentar e combater a fome
Organização das Nações Unidas para a Educação, Ciência e Cultura (UNESCO)	1946	Agência especializada da ONU	Contribuir para a paz por meio da cooperação internacional em educação, ciência e cultura.
Banco Mundial	1944	Agência especializada da ONU	Reduzir a pobreza e promover o desenvolvimento sustentável
Fundo Monetário Internacional (FMI)	1944	Agência especializada da ONU	Encorajar a expansão do comércio e o desenvolvimento econômico

AS ORGANIZAÇÕES INTERNACIONAIS

Organização Mundial da Saúde (OMS)	1948	Agência especializada da ONU	Garantir o acesso a níveis dignos de saúde (bem-estar físico, mental e social)
Organização Mundial do Comércio (OMC)	1995	Organização internacional	Garantir o comércio livre e justo entre os países

Fonte: elaborado pelos autores.

4. CONSIDERAÇÕES FINAIS

O objetivo deste capítulo foi apresentar aos estudantes de Relações Internacionais e interessados em geral as principais organizações internacionais, analisar suas respectivas atuações e apontar algumas temáticas e desafios contemporâneos.

Neste capítulo, enxergamos as organizações como atores importantes de serem lembrados nas Relações Internacionais, visto que influenciam a política internacional, constituem-se como palco de negociações e disputas decisivas para a manutenção ou mudança da ordem mundial e são meios pelos quais os Estados-Membros articulam e expressam suas opções políticas. Ademais, as organizações são variadas e constituem um rico objeto de pesquisa, visto que lidam com as transformações do cenário internacional e são espelhos de mudanças e novos desafios que surgem constantemente.

A ONU ainda ocupa um espaço relevante como organização internacional, sendo essencial entender sua estrutura, funcionamento e dificuldades. Mesmo com certa paralisia do Conselho de Segurança e a crise do multilateralismo, a organização ainda representa a forma pela qual os Estados conseguem se organizar para buscar soluções negociadas para crises atuais e lidar com temas que chamam cada vez mais atenção por suas problemáticas contemporâneas e futuras – como é o caso da crise climática e do uso da Inteligência Artificial.

A OMC tem escopo e atuação bem definidas e teve um importante papel em servir como um espaço de disputa e negociação entre países em um tema tão relevante e cercado de interesses como é o comércio mundial. Entretanto, as perspectivas futuras para a organização ainda são nebulosas, visto que sua própria estrutura precisa se fortalecer e resgatar a importância do OSC.

Com o estudo feito até aqui, esperamos que este capítulo forneça um guia para lembrar, analisar e refletir criticamente sobre o presente e o futuro das organizações e, assim, ensejar novas pesquisas sobre as organizações internacionais como atores das Relações Internacionais.

5. ESTUDO DIRIGIDO

Questão 1. Pensando nos exemplos de organizações vistos até aqui, quais vantagens os Estados desfrutam ao cooperar entre si e quais as vantagens de formarem organizações internacionais?

Questão 2. Levando em conta os impasses atuais referentes à paralisação do Conselho de Segurança, que tipos de reformas poderiam ser sugeridas para que o órgão não ficasse refém de tais paralisações?

Questão 3. Quais são as principais vantagens e dificuldades de manter o Órgão de Solução de Controvérsias da OMC?

Questão 4. Qual papel a sociedade civil pode desempenhar junto às organizações internacionais? Cite exemplos de interação entre sociedade civil e organizações internacionais.

Questão 5. Quais são as principais dificuldades que os Estados enfrentam para criar e consolidar as organizações internacionais? Cite alguns exemplos de dificuldades enfrentadas atualmente.

6. REFERÊNCIAS BIBLIOGRÁFICAS

AGRICULTURE ORGANIZATION OF THE UNITED NATIONS. *About FAO*, 2024a. Disponível em: https://www.fao.org/about/about-fao/en/. Acesso em: 19 jan. 2024.

AGRICULTURE ORGANIZATION OF THE UNITED NATIONS. Partnerships, 2024b. Disponível em: https://www.fao.org/partnerships/en/. Acesso em: 19 jan. 2024.

ALBUQUERQUE, M. (2020), Globalização da saúde pública: a organização mundial da saúde e a cooperação na América do Sul. *Horizontes ao Sul*. Disponível em: https://www.horizontesao-sul.com/single-post/2020/07/16/globalizacao_da_saude_opsa. Acesso em: 24 jan. 2024.

ALMEIDA, C.; CAMPOS, R. P. Multilateralismo, ordem mundial e COVID-19: questões atuais e desafios futuros para a OMS. *Saúde em Debate*, v. 44, p. 13-39, 2021.

BETSILL, M. M.; CORELL, E. (Ed.). *NGO diplomacy:* the influence of nongovernmental organizations in international environmental negotiations. MitPress, 2008.

BOWEN, T. R.; BROZ, J. L. The domestic political economy of the WTO crisis: lessons for preserving multilateralism. *Global Perspectives*, v. 3, n. 1, 2022.

BUENO, F. M. As condicionalidades do Fundo Monetário Internacional. *Economia política internacional: análise estratégica*, Campinas, n. 9, p. 29-39, 2006.

CHADE, J. *No centro do furacão, OMS vive momento decisivo em sua história*. Uol Notícias. 13 de abril de 2020. Disponível em: https://noticias.uol.com.br/colunas/jamil-chade/2020/04/13/no--centro-do-furacao-oms-vive-momento-decisivo-em-sua-historia.htm. Acesso em: 5 jan. 2024.

GERALDELLO, C. S. Brasil e contenciosos na OMC: uma análise sobre o processo de tomada de decisão brasileiro. *Revista Brasileira de Políticas Públicas e Internacionais*, v. 5, p. 01-21, 2020.

HERZ, M.; HOFFMANN, A. R. *Organizações Internacionais: História e Práticas*. Rio de Janeiro: Campus. 2004.

INTERNATIONAL LABOUR ORGANIZATION. *Conheça a OIT*, 2024. Disponível em: https://www.ilo.org/brasilia/conheca-a-oit/lang--pt/index.htm. Acesso em: 22 jan. 2024.

INTERNATIONAL MONETARY FUND. *Timeline*, 2022a. Disponível em: https://www.imf.org/en/About/Timeline. Acesso em: 20 dez. 2023.

INTERNATIONAL MONETARY FUND. IMF at a Glance, 2022b. Disponível em: https://www.imf.org/en/About/Factsheets/IMF-at-a-Glance. Acesso em: 20 dez. 2023.

NAÇÕES UNIDAS. *Chefe da ONU sugere criação de entidade especializada em Inteligência Artificial.* 18 de julho de 2023. Disponível em: https://news.un.org/pt/story/2023/07/1817697. Acesso em: 17 jan. 2024.

NAÇÕES UNIDAS. *O que é a Convenção da Prevenção e Punição do Crime de Genocídio?* 12 de janeiro de 2024. Disponível em: https://news.un.org/pt/story/2024/01/1826157. Acesso em: 17 jan. 2024.

PECEQUILO, C. S. *Introdução às Relações Internacionais:* temas, atores e visões. Vozes Limitada, 2004.

PONTES *et al. Reforma ou ruptura:* ante crise da governança global, Brasil e EUA discursa na 78ª AGNU. Observatório Político dos Estados Unidos (Opeu). 29 set. 2023. Disponível em: https://www.opeu.org.br/2023/09/29/reforma-ou-ruptura-ante-crise-da-governanca-global-brasil-e-eua-discursam-na-78a-agnu/. Acesso em: 4 jan. 2024.

SEITENFUS, R. Manual das Organizações Internacionais SEITENFUS, R. *Manual das Organizações Internacionais.* 5ª Edição. Porto Alegre: Livraria do Advogado, 2012.

UNESCO. *Unesco in Brief*, 2024a. Disponível em: https://www.unesco.org/en/brief. Acesso em: 18 jan. 2024.

UNESCO. *History*, 2024b. Disponível em: https://www.unesco.org/en/history. Acesso em: 18 jan. 2024.

UNITED NATIONS. *United Nations Charter*, 1945. Disponível em: https://www.un.org/en/about-us/un-charter/full-text. Acesso em: 20 jan. 2024.

UNITED NATIONS. *Main Bodies*, 2024b. Disponível em: https://www.un.org/en/about-us/main-bodies#:~:text=The%20main%20bodies%20of%20the,Organization%20was%20founded%20in%20 1945. Acesso em: 20 jan. 2024.

UNITED NATIONS. *Un System*, 2024c. Disponível em: https://www.un.org/es/about-us/un-system. Acesso em: 20 jan. 2024.

VELASCO E CRUZ, S. Comércio Internacional em um mundo partido: o regime do GATT e os países em desenvolvimento. *Cadernos CEDEC*, no. 77, ago. 2005.

VILLA, R. D.; BRAGA, C. M. Segurança internacional. *In*: SAINT-PIERRE; VITELLI (org.). *Dicionário de Segurança e Defesa*. São Paulo: Unesp, 2018, pp. 895-914.

WORLD BANK. *What we do*, 2024a. Disponível em: https://www.worldbank.org/en/what-we-do. Acesso em: 25 jan. 2024.

WORLD BANK. *Timeline*, 2024b. Disponível em: https://www.worldbank.org/en/archive/history/timeline. Acesso em: 25 jan. 2024.

WORLD HEALTH ORGANIZATION. *Structure*, 2023. Disponível em: https://www.who.int/about/structureAssembleia. Acesso em: 17 jan. 2024.

WORLD HEALTH ORGANIZATION. *World Health Assembly*, 2024a. Disponível em: https://www.who.int/about/governance/world-health-assembly. Acesso em: 17 jan. 2024.

WORLD HEALTH ORGANIZATION. *Who we are*, 2024b. Disponível em: https://www.who.int/about/who-we-are who. Acesso em: 17 jan. 2024.

WORLD HEALTH ORGANIZATION. *Director General*, 2024c. Disponível em: https://www.who.int/director-general. Acesso em: 25 jan. 2024.

7. RECURSOS AUDIOVISUAIS

Sérgio. Gênero: documentário. Ano: 2009. Direção: Greg Barker. Sinopse: figura carismática e brilhante negociador sociopolítico, o diplomata Sérgio Vieira de Mello dedicou sua carreira a cuidar de questões humanitárias em áreas de risco. Embaixador da ONU no Iraque, um ataque terrorista em Bagdá tirou a sua vida em 2003.

Chutando a escada: Brasil, ONU e Conselho de Segurança. [Locução de: Geraldo Zahran]. 27 de maio de 2022. *Podcast*. Disponível em: https://chutandoaescada.com.br/2022/05/27/chute-262-onu/.

ATORES NÃO ESTATAIS
ANA CAROLINA DE ARAÚJO MARSON[46]

1. INTRODUÇÃO

Os primeiros estudos sobre Relações Internacionais se propunham a entender o funcionamento do sistema internacional e a relação entre os Estados-nação. Para os especialistas desse período, os únicos atores relevantes eram os Estados, de maneira que somente suas interações eram consideradas dignas de análise. Segundo Rafael Villa (2001), para a chamada corrente de pensamento realista[47], as Relações Internacionais são essencialmente definidas como relações entre países soberanos. Isso significa que o único ator relevante no cenário internacional seriam os Estados, relegando os demais atores, como empresas e ONGs, a um papel secundário, objeto da ação desses Estados. De acordo com essa linha teórica, quando um Estado entra em confronto com outros atores, sua vontade tende a prevalecer, dado seu maior poder e legitimidade frente à sociedade.

Contudo, com a evolução do campo de Relações Internacionais, outros atores passaram a ter sua atuação reconhecida como significativa em nível global. Inicialmente, esse reconhecimento foi

---

[46] Professora de Relações Internacionais na Universidade São Judas Tadeu (USJT). Doutora em Relações Internacionais pelo Instituto de Relações Internacionais da Universidade de São Paulo (IRI-USP).

[47] A corrente de pensamento realista das Relações Internacionais foi uma das primeiras teorias que tentaram explicar o comportamento dos Estados e o cenário internacional. Ao longo dos anos essa teoria foi evoluindo, porém nunca perdeu sua característica principal, sua visão do Estado como ator mais relevante e com o maior poder de influenciar as Relações Internacionais.

estendido às Organizações Internacionais Governamentais (OIGs). Exemplos de OIGs são a Organização das Nações Unidas (ONU), a Organização do Tratado do Atlântico Norte (OTAN) e o Fundo Monetário Internacional (FMI). Porém, as análises focadas somente na atuação dos Estados e das OIGs e das interações entre esses atores começaram a perder poder explicativo, uma vez que outros atores começaram a ganhar importância em âmbito internacional – os chamados atores não estatais.

Os atores não estatais são agentes que atuam além das fronteiras nacionais buscando influenciar políticas, normas e práticas em escala global. Exemplos de atores não estatais mais comuns são as organizações não governamentais (ONGs) nacionais e internacionais, movimentos sociais, empresas transnacionais, indivíduos e até mesmo grupos terroristas. Esse capítulo será destinado ao estudo desses atores, sua participação em pautas internacionais, seu poder de influenciar o sistema internacional e sua relação com os demais atores do sistema.

Para o melhor desenvolvimento dessa análise, este capítulo do nosso curso foi dividido em duas seções. Na primeira, vamos estudar a evolução do conceito de ator internacional, começando pela construção do Estado como principal ator, até o surgimento de outros atores com envolvimento estatal (Organizações Internacionais) e atores não estatais. Na segunda parte, vamos explorar de maneira mais aprofundada o conceito de atores não estatais, além de apresentar a atuação de quatro tipos desses atores: sociedade civil, mercado, organizações internacionais não governamentais e atores não estatais violentos. Com essa análise, espera-se contribuir para uma melhor compreensão desses atores, sua relevância e sua atuação em nível global.

2. EVOLUÇÃO DO CONCEITO DE ATOR INTERNACIONAL

O conceito do que constitui um ator com capacidade de agir no cenário internacional evoluiu a partir das experiências compartilhadas desde a formação dos Estados modernos. Antes desse marco nas Relações Internacionais, as comunidades políticas viviam em conflito entre si e mantinham a prática de intervir nos assuntos e interesses internos uns dos outros. Nessa conjuntura, a ausência de centralidade de poder e de soberania abriu espaço para o desencadeamento da Guerra dos 30 anos[48], conflito considerado como o mais sangrento do século XVII. O término desta guerra veio com a formação dos Estados modernos e o conceito de soberania por meio da Paz de Westfália, em 1648. Esse tratado criou a noção moderna de soberania das nações e limitou a ação dos Estados fora de seu território. Segundo o tratado, cada país teria liberdade para escolher sua organização política interna e a orientação religiosa sem a interferência de terceiros. O Capítulo 3 deste Curso de Introdução às Relações Internacionais explora detalhadamente essa discussão.

A partir de então, os Estados surgiram como únicos atores no cenário internacional, visto que ainda não existiam organizações internacionais ou outros atores com poder de atuação em nível global[49]. Uma característica importante que ganha destaque nesse momento é a chamada anarquia do sistema internacional, ou seja, a ausência de um governo global. Isso significa que não havia, e ainda hoje não há, uma entidade acima dos Estados nacionais para garantir seus interesses e sua soberania. Então, apesar do surgimento da noção de soberania, os Estados continuaram a entrar em conflito entre si e intervir em assuntos internos de outros. Foi somente no século XIX que as primeiras organizações internacionais governamentais (OIGs) começaram a surgir. Ressalta-se, contudo, que essas organizações eram restritas à cooperação técnica entre Estados europeus, o que mostra sua limitação e propagação do Estado como ator central no sistema internacional (Herz e Hoffman, 2004).

---

[48] Para mais informações sobre a Guerra dos Trinta Anos, ver: KEEGAN, J. *Uma História da Guerra*. 2. ed. São Paulo: Companhia das Letras, 2006.

[49] Devemos destacar que no século XVII a instituição da igreja católica, por meio do Vaticano e da figura do papa, já exercia influência em nível internacional. Contudo, seu reconhecimento como ator internacional somente viria no século XX.

No século XX, as organizações internacionais interestatais ganharam força principalmente após as duas grandes guerras vividas nesse período – a I Guerra Mundial (1914-1918) e a II Guerra Mundial (1939-1945). Com o término de cada um desses conflitos, os países viram a necessidade da criação de uma entidade supranacional que gerisse as relações entre eles. Assim, surgiram a Liga das Nações, que operou entre 1919 e 1945, e, posteriormente, a Organização das Nações Unidas (ONU), criada em 1945 e ainda em funcionamento. Apesar de importantes para o cenário internacional e para a evolução do debate acerca dos atores internacionais, essas organizações são compostas pelos Estados, de maneira que seguem promovendo seus interesses. Além disso, a Organização das Nações Unidas, única dessas entidades que existe atualmente, não tem poder mandatório, ou seja, não pode obrigar os países a seguirem suas determinações e resoluções (Herz e Hoffman, 2004).[50] Para relembrar essa discussão, volte ao Capítulo 5 deste livro.

A partir da década de 1970, acadêmicos de Relações Internacionais, como Robert Keohane e Joseph Nye, começaram a debater a relevância e o papel dessas organizações como atores em nível global. Apesar de reconhecerem as OIGs como atores com poder no cenário internacional, ainda as colocaram em uma posição secundária, submissos à vontade primária dos Estados. Foi somente na segunda metade do século XX, ainda durante a Guerra Fria, que outras pautas e, consequentemente, outros atores, começaram a ganhar força[51]. Exemplo nesse sentido foi a Conferência sobre o Meio Ambiente Humano que aconteceu em Estocolmo, na Suécia, em 1972. Ela foi a primeira conferência a contar com a participação de

---

[50] As organizações internacionais interestatais não são o foco deste capítulo, de maneira que não faremos uma análise aprofundada sobre sua atuação no cenário internacional. Para uma análise mais detalhada sobre essas organizações, ver: HERZ, M.; HOFFMAN, M. *Organizações internacionais*: história e práticas. Rio de Janeiro: Elsevier, 2004.

[51] Vale ressaltar que durante o período da Guerra Fria (1947 – 1991), a pauta considerada mais importante pelos estudiosos das Relações Internacionais era a segurança internacional. Até mesmo questões econômicas estariam vinculadas à segurança internacional. Foi somente nos anos da *détente* (período de relaxamento das tensões entre Estados Unidos e União Soviética – 1960 a 1980) que outros assuntos conseguiram espaço para surgir como pautas globais.

131 nações e 400 entidades governamentais e não governamentais, entre elas, organizações não governamentais (ONGs) e entidades da sociedade civil, cujo propósito foi discutir o aquecimento global e seus impactos para a humanidade.

Com o fim da Guerra Fria,[52] após a queda do Muro de Berlim (1989) e a dissolução da União Soviética (1991), surgiram questionamentos antes abafados pelo embate entre as duas superpotências, mais preocupadas com os problemas ligados à guerra e à paz. Questões relativas a violações de direitos humanos, pautas ambientais e a governança internacional passaram a ocupar a agenda das Relações Internacionais. Andrew Hurrell (1999) afirma ter acontecido uma mudança na ordem internacional, impulsionada por dois principais fatores: a ordem vigente se tornou inadequada e houve o surgimento de uma consciência moral mais cosmopolita. Segundo o autor, a ordem internacional vigente até o final da Guerra Fria – baseada no Estado como ator central das Relações Internacionais e focada na pauta de segurança – já não era mais adequada para explicar a nova realidade internacional (1999). Além disso, Hurrell discorre sobre o surgimento de uma consciência moral mais cosmopolita, ou seja, há uma preocupação coletiva com a defesa dos direitos humanos e a promoção de padrões mínimos de bem-estar (1999).

Percebe-se, então, como o autor apresenta a relevância de outro ator no cenário internacional, a sociedade civil. Isso fica ainda mais claro quando ele se vale do princípio da interdependência moral apresentado pelo filósofo Immanuel Kant, no século XIX, para embasar sua argumentação de que "[os] povos da Terra ingressaram, em graus variados, numa sociedade universal, desenvolvida ao ponto em que violações de direitos ocorridas em um lugar são sentidas no mundo todo". (Kant *apud* Hurrell, 1999, p. 60).

Natalia Calfat (2016), por sua vez, afirma que, durante a última década do século XX e a primeira década do século XXI, o debate normativo no campo de Relações Internacionais se voltou para os diferentes níveis de governança global e para a inclusão dos mais

---

[52] Para um estudo mais detalhado sobre a Guerra Fria, ver: MUNHOZ, S. J. *Guerra Fria*: História e Historiografia. 1. ed. Curitiba: Appris, 2020.

diversos atores não estatais. Um ator importante que, segundo Calfat, ficou esquecido durante essa expansão analítica das Relações Internacionais foram os atores não estatais violentos, como máfias e grupos terroristas (2016). Na próxima seção deste capítulo, abordaremos sua atuação no cenário internacional.

Ainda sobre os questionamentos em relação à governança global que dominaram os estudos de Relações Internacionais entre anos 1970 e 1980, Dingwerth e Pattberg (2006) argumentam que elas fracassaram em compreender e analisar a influência dos atores não estatais que ganhavam mais espaço com o avanço da tecnologia. Dessa forma, é notável como o estudo da governança global está muito próximo do debate sobre atores não estatais, visto que essa linha reconhece diferentes formas de organização social. Segundo Calfat,

> A governança global implica uma perspectiva de multi atores na política mundial, composta por atores supranacionais (como a Comissão Europeia), atores judiciais (como a Corte Criminal Internacional), organizações intergovernamentais (como o Banco Mundial); mas também organizações privadas e híbridas, além de outras de difícil categorização, como é o caso da mídia de massas. (Calfat, 2016, p. 646).

A escola cosmopolita, conforme apresentado pela autora, vai de encontro aos princípios do realismo clássico, visto que não hierarquiza as relações entre os atores internacionais na formulação de política. Essa corrente de pensamento considera de igual relevância atores como corporações transnacionais, organizações não governamentais e a sociedade civil. Para essa vertente, a governança global entende a política internacional como um sistema que envolve diferentes níveis políticos: o local, o nacional, o regional e o global. Portanto, o debate sobre governança global é essencial para a compreensão e inclusão dos atores não estatais na esfera internacional. Segundo Calfat (2016), o conceito de governança é o único capaz de expressar a pluralidade das relações entre os diferentes atores internacionais.

O reconhecimento da importância dos atores não estatais levou ao surgimento de uma série de estudos sobre a perda ou realocação de poder fora dos Estados. Kacowicz (2012), um dos estudiosos a desenvolver essa linha de raciocínio, argumenta em prol da expansão da análise dos atores internacionais e dos benefícios da inclusão de outras formas de autoridade. Para o autor, a análise e reconhecimento dos atores não estatais lança luz sobre questões negligenciadas pelas escolas clássicas das Relações Internacionais (2012). Pautas importantes no século XXI, como o narcotráfico e o terrorismo em nível global, ganharam base teórica para uma análise mais fundamentada.

3. ATORES NÃO ESTATAIS

A partir da discussão feita na seção anterior, percebe-se a relevância de compreender os atores não estatais e sua atuação no sistema internacional. Para Robert Gilpin (1989), atores não estatais representam uma nova espécie de ator transnacional, mais sensível às mudanças econômicas e ao avanço da tecnologia. Além de afetados, esses atores são promotores dessas mudanças, principalmente nas áreas de transporte e comunicação. Essa evolução em duas importantes áreas "[fez] com que as sociedades nacionais se voltassem para a problemática contida nos temas que afetam o bem-estar econômico, a saúde física e psíquica dos indivíduos de outras sociedades além das fronteiras" (Villa, 2001, p. 46).

Rafael Villa, ao discorrer sobre atores não estatais e a pauta ambiental, afirma que certos atores, como grupos ecológicos, levam à revisão do monopólio estatal sobre as Relações Internacionais (2001). Para o autor, atores não estatais influenciam a formulação da agenda internacional, trazendo pautas que consideram importantes. Assim, ao ganharem espaço em nível global, esses atores levaram ao surgimento de um sistema internacional mais plural (Villa, 2001). Devemos nos atentar em relação à natureza dos atores não estatais, que podem ser quaisquer atores (que não sejam Estados) e possuam capacidade de influência em nível global. Dessa forma, dentro dessa categoria se encontram atores múltiplos (Greenpeace e Anistia Internacional) e individuais (Mark Zuckerberg e Elon Musk, por exemplo). Para o nosso estudo, focaremos quatro tipos de atores: a sociedade civil, o mercado, as organizações internacionais não governamentais (OINGs) e atores não estatais violentos.

Antes de iniciarmos a apresentação dos diferentes tipos de atores não estatais, devemos fazer uma ressalva. É consenso na literatura da área que esses atores são relevantes para a formulação da agenda e de políticas internacionais. Porém, sua capacidade de atuação se restringe, em grande medida, a influenciar os Estados em sua tomada de decisão. Apesar de toda a mudança no paradigma das Relações Internacionais, os Estados-nação continuam sendo os tomadores de decisão em nível nacional e internacional – também por meio das instituições internacionais. Então, os atores que serão analisados a seguir buscam influenciar de forma positiva ou negativa o processo decisório dos Estados.

3.1. Sociedade civil

Iniciaremos nossa discussão pela sociedade civil, um ator não estatal de grande relevância em nível nacional e internacional. Conforme apresentado na introdução, os atores clássicos das Relações Internacionais são os Estados, e os primeiros estudos desenvolvidos por acadêmicos da área não reconheciam a existência de outros atores em nível global. Contudo, com o avanço da literatura, não há mais questionamentos em relação à existência de uma sociedade civil global e sua importância para as Relações Internacionais. Ainda há um amplo debate sobre quais agentes, atores e organizações compõem a sociedade civil global. Porém, partiremos do princípio de que ela seja composta por redes de *advocacy*[53] (movimentos sociais), organizações não governamentais (ONGs), agentes privados e atores do mercado engajados em questões globais (Lipschutz, 2005).

---

[53] *Advocacy* é a prática de exercer pressão sobre as instituições do sistema político, com o objetivo de influenciar a formulação de políticas. Essa prática pode ser realizada por indivíduos ou organizações.

Uma das principais formas de influência da sociedade civil acontece por meio da opinião pública, ou seja, manifestações massivas sobre determinado assunto. Autores como Ole Hoslti (2004) e Douglas Foyle (1997) discorrem sobre a importância da opinião pública para regimes democráticos. Hoslti (2004), por exemplo, analisa a relação entre opinião pública e a política externa, especificamente nos Estados Unidos. Esse autor busca entender se a sociedade civil, via opinião pública, seria um obstáculo para a definição do interesse nacional estadunidense. A conclusão de seu estudo demonstra como a opinião pública é uma força relevante que tende a se fortalecer com o passar do tempo em regimes democráticos. Esse movimento acontece devido ao aumento de órgãos de comunicação e fontes informativas à disposição do público.

Em 2004, Hoslti já concluía que a opinião pública tinha o poder de mudar o equilíbrio de maneira favorável ou desfavorável em relação à determinada política. Sua conclusão se provaria cada vez mais verdadeira a partir da evolução dos transportes e dos meios de comunicação, fato que aumentou a velocidade com a qual os indivíduos recebem informações, além da expansão das plataformas para se manifestarem, como as redes sociais. Douglas Foyle, por sua vez, se debruçou sobre as condições nas quais a opinião pública teria influência na tomada de decisão dos Estados. O autor concluiu que o nível de influência varia de acordo com o tipo de assunto discutido (questões militares, econômicas ou culturais) e, principalmente, a depender do período no qual determinada decisão está sendo tomada (período eleitoral, momentos de fraqueza ou força do governo) (Foyle, 1997).

Como todos os atores não estatais internacionais, a sociedade civil atua além das fronteiras nacionais buscando influenciar políticas, normas e práticas em escala global. Observa-se ainda como ela tem um papel importante na articulação de pautas sociais, políticas e ambientais. Ronnie Lipschutz (2005) argumenta que a sociedade civil global surge a partir de agentes que buscam resistir à expansão do mercado. Esse movimento acontece porque, na tentativa de criar ambientes mais atrativos para investimentos estrangeiros, os

Estados evitam impor regulamentações sociais, ambientais e ao movimento do capital. Dessa forma, a sociedade civil atua nas lacunas deixadas pelos Estados, conseguindo exercer certo poder sobre esses atores e seus representantes.

Quando comparado ao poder de um Estado, o poder de agência da sociedade civil, isso é, a capacidade de promover uma ação efetiva, pode parecer irrisório, visto que somente os Estados podem efetivamente decidir questões como guerra e paz. Outro ponto importante é o fato de a sociedade civil ser bastante fragmentada para ter um poder estrutural[54] significativo. Porém, mesmo na ausência dessa capacidade, os agentes da sociedade civil possuem grande influência nos regimes internacionais e na governança global. As formas de poder que esses atores possuem variam de um Estado para o outro, mas normalmente assumem a forma de grupos, lobbies e movimentos sociais. Para Ruggie (2004), as entidades da sociedade civil atuam pressionando tanto governos quanto empresas para que ambos tenham mais adesão aos princípios de uma responsabilidade social global. O autor reconhece a existência de uma série de outros fatores presentes no cenário internacional, como a busca pelo lucro excessivo e a ganância de determinados atores. No entanto, argumenta que em alguns casos a sociedade civil é capaz de promover mudanças significativas (Ruggie, 2004).

3.2. Mercado

Antes de começar a discussão sobre o mercado como um ator não estatal, devemos esclarecer nossa compreensão conceitual. O conceito de mercado varia para cada autor por se tratar de algo amplo e abstrato. Para fins deste capítulo, o mercado será compreendido como toda a atividade econômica e financeira, excluindo os consumidores – visto que estão inseridos na opinião pública. O mercado será visto como um ator do âmbito privado, apesar de existir participação estatal em determinadas áreas. Esse conceito foi aprimorado

---

[54] Poder estrutural é a terminologia usada para indicar aqueles atores que têm a capacidade de alterar a estrutura do sistema

a partir da discussão desenvolvida por Mário Luiz Possas (1996). Assim como outros autores, Possas considera os consumidores como parte do mercado, visto que ele representa uma relação de troca (demanda e oferta), porém, para não haver repetição analítica, este estudo irá considerar os consumidores como opinião pública.

Outro ponto importante a ser destacado é a grande divergência na literatura sobre o mercado ser um ator não estatal que merece ser categorizado individualmente, ou se ele deveria ser incluído no mesmo escopo da sociedade civil. Neste capítulo, partimos do princípio de que os atores do mercado possuem seus próprios interesses em relação às políticas internacionais e, por diversas vezes, entram em conflito com os interesses da sociedade civil. Portanto, consideramos o mercado como um ator não estatal relevante no cenário internacional.

Sendo assim, o mercado pode ser dividido em diversas atividades econômicas distintas, mas para fins didáticos, focaremos nosso estudo na atividade produtiva (todo produto e serviço) e na atividade financeira (circulação do capital). A circulação do capital em nível global não é recente, mas a partir da década de 1980 o mundo viu seu fluxo aumentar e as regulamentações às quais esse capital era submetido, diminuírem. Agentes como bancos e empresas possuem forte interesse na livre circulação do capital em nível internacional e atuam frente aos Estados e às organizações internacionais liberais (FMI e Banco Mundial) pela desregulamentação. Conforme apresentado anteriormente, em grande parte das vezes, os interesses dos agentes do mercado entram em colisão com os interesses da sociedade civil, principalmente no que tange à desregulamentação do capital.

A ausência de regulamentação sobre a circulação do capital tem forte impacto na sociedade civil. Um exemplo que ilustra essa relação foi a crise do *subprime* estadunidense de 2008[55]. Uma crise com início no setor imobiliário acabou se espalhando por causa da atuação desregrada do setor financeiro e chegou em nível internacional. Após a crise, a sociedade civil cobrou dos Estados uma maior

---

[55] Para mais informações sobre a Crise de 2008, ver: ROGOFF, K; REINHART, C. *Oito séculos de delírios financeiros*: desta vez é diferente. Rio de Janeiro: Elsevier, 2010. Trad. Afonso Celso da Cunha Serra.

regulamentação sobre a atividade financeira, para evitar um novo colapso. Porém, os Estados têm interesse em atrair investimentos estrangeiros para o seu território, de maneira que tendem a considerar as demandas dos agentes do mercado no geral (Paulani, 2010).

O outro espectro do mercado, as atividades produtivas, podem ser representadas pelas empresas, que também possuem forte interesse na desregulamentação do capital internacional. A partir da década de 1980, algumas companhias começaram o seu processo de transnacionalização, ou seja, exportaram ou expatriaram parte de sua produção para outros países, a fim de se valer das vantagens que cada localidade oferece (mais recursos naturais, mão de obra barata, mais acesso à tecnologia). Por exemplo, uma empresa norte-americana pode transferir suas fábricas para o Vietnã como forma de aproveitar o baixo custo da mão-de-obra local e, assim, reduzir o custo de produção. Conforme apresentado, os Estados disputam investimentos no cenário internacional, de maneira que essas empresas possuem influência na formulação da agenda e de políticas internacionais.

Além das empresas tradicionais, os vinte primeiros anos no século XXI viram o nascimento de empresas como a Meta (grupo que controla o Facebook, WhatsApp, Instagram e Threads) e o X, antigo Twitter. Essas plataformas deram mais espaço para a manifestação da sociedade civil, enquanto se tornavam grandes repositórios de informação sobre essa sociedade. O CEO da Meta, Mark Zuckerberg, já esteve envolvido em diversos escândalos de vazamento de dados de seus usuários e até mesmo em relação ao mau uso das informações coletadas para influenciar eventos como o Brexit[56] e a eleição presidencial estadunidense de 2016.[57] Esses exemplos mostram que indivíduos como Zuckerberg possuem influência em nível global.

---

[56] A sigla BREXIT, traduzida do inglês significa britânicos (*Britain*) e saída (*exit*). Ela é usada para mencionar a saída do Reino Unido da União Europeia, que teve início em janeiro de 2017.

[57] A eleição presidencial estadunidense de 2016 foi disputada pela candidata democrata Hillary Clinton e pelo candidato republicano Donald Trump (candidato vencedor). Esse processo eleitoral foi marcado pelas notícias falsas (*fake news*) e um forte embate entre os candidatos.

Outro ponto importante sobre a atuação de empresas transnacionais no cenário internacional são os impactos ambientais causados por determinadas atividades produtivas, como mineração e extração de petróleo. A exploração desmedida dos recursos naturais, somada ao agravamento do quadro de poluição, vem acarretando o aumento da temperatura da terra, além de ampliar a incidência de desastres naturais e os consequentes refugiados do clima[58]. Nas últimas décadas, a sociedade civil vem cobrando das empresas um posicionamento mais assertivo em relação à proteção do meio ambiente. Contudo, como destaca Lipschutz (2005), a sociedade civil enfrenta grandes limitações e desafios na sua busca por maior regulamentação do mercado.

3.3. Organizações internacionais não governamentais (OINGs)

As Organizações Internacionais Não Governamentais (OINGs) são agentes independentes de Estados com poder de atuação internacional. Duas OINGs com atuação bastante conhecida internacionalmente são o Greenpeace e a Anistia Internacional. A primeira atua com questões ambientais, enquanto a segunda com questões humanitárias. Assim como a sociedade civil e o mercado, essas organizações não têm poder de formular políticas públicas internacionais. Porém, elas têm a capacidade de influenciá-las. Um exemplo nesse sentido é o estudo desenvolvido por Rafael Villa (2001) sobre a atuação do Greenpeace na Antártica, uma região rica em recursos naturais que não está sob soberania de nenhuma nação. A exploração e estudos científicos desenvolvidos na região levaram ao descarte de uma série de resíduos, o que foi ignorado pela comunidade internacional até a denúncia feita pelo Greenpeace em 1988.

A atuação dessa organização foi essencial para a formulação de políticas sobre a exploração de recursos na Antártica. Ela foi responsável pela coleta e fornecimento de provas sobre as práticas

---

[58] Refugiados do clima são todos os indivíduos que, por motivo de desastres naturais, precisaram abandonar suas casas e não podem retornar.

deterioradoras dos países que possuíam bases para estudo científico na região. Baseados em suas observações durante sua expedição na Antártica entre 1987 e 1988, o Greenpeace produziu um extenso relatório demonstrando como os postos científicos localizados no continente não seguiam o Código de Conduta para Bases e Expedições, além de desenvolverem práticas como a queima de seu lixo a céu aberto (Villa, 2001).

Esse relatório teve grande impacto na opinião pública internacional e, somado ao vazamento de um petroleiro da empresa Exxon Valdes no Alasca, em 1989, levou a mudanças no posicionamento dos Estados sobre a Antártica e a pauta ambiental. Um ano após a publicação do relatório, em 1989, França e Austrália, dois países membros do Sistema do Tratado Antártico que reivindicavam soberania sobre a região, anunciaram uma proposta conjunta para a criação de uma reserva internacional natural na região – proposta bastante similar à do Greenpeace. Além da declaração conjunta, a França também mudou seu posicionamento interno em relação a políticas mais ambientalmente conscientes (Villa, 2001). O exemplo apresentado é apenas um dentre muitos casos nos quais as OINGs foram bem-sucedidas em seu trabalho de influenciar a agenda e a formulação de políticas públicas internacionais.

3.4. Atores não estatais violentos

Os atores não estatais violentos são agentes informais ou ilícitos que afrontam o poder do Estado e questionam a normatividade do controle estatal. Esses atores se valem da violência para impor sua agenda de maneira ilegal. Como exemplos de atores não estatais ilícitos, podemos destacar os grupos terroristas, as máfias internacionais e os carteis de drogas. Por meio de métodos considerados ilegais, esses grupos podem tomar para si o controle de uma parte do território e atuar como reguladores da vida da população dentro desse espaço. Também é possível afirmar que as milícias que exercem controle nas comunidades do Rio de Janeiro são exemplos desses grupos: eles atuam nesses territórios oferecendo proteção em troca de taxas pagas por residentes e comerciantes. Portanto, se valem da violência para controlar a atividade econômica da área que dominam e punem quem desobedece suas diretrizes (Calfat, 2016).

Por meio dessas estratégias, os agentes informais controlam aspectos importantes da vida pública, como o comércio e o fornecimento de serviços públicos, de maneira que acabam ocupando o espaço estatal. Sua atuação tem maior capilaridade em locais onde a ausência do Estado é fortemente sentida e a população local acaba se beneficiando da estrutura informal de governança, como ocorre nas comunidades marginalizadas. Dessa forma, os agentes informais acabam ganhando legitimidade no território que controlam e representam uma ameaça ao poder centralizador do Estado (Ferreira e Framento, 2020).

Robert Mandel define atores não estatais violentos como "organizações relativamente autônomas (que não estão sob o controle estatal completo e direto) com significativas capacidades para violência organizada" (Mandel, 2013, p. 42). Porém, apesar dessa característica em comum é importante diferenciar os atores englobados nesta categoria. De acordo com Phil Williams (2008), os atores não estatais violentos podem ser divididos em seis subgrupos: milícias, organizações terroristas, senhores da guerra, insurgência, forças paramilitares e crime organizado. As características que diferenciam esses atores são sua estrutura organizacional, motivação e propósitos, acesso a recursos e financiamento e acesso, alcance e força, relação com o Estado e o papel da violência no desenvolvimento de seus objetivos.

Por muito tempo esses grupos não foram considerados atores relevantes no cenário internacional. A mudança desse paradigma aconteceu no contexto dos atentados de 11 de setembro de 2001, quanto a Al-Qaeda atacou as torres gêmeas do World Trade Center e o Pentágono. Esse episódio foi central para o reconhecimento da relevância dos atores não estatais violentos para o cenário internacional. Após o atentado, as nações, lideradas pelos Estados Unidos, modificaram seu paradigma de segurança internacional e passaram a tratar o terrorismo como uma ameaça internacional. Duas longas guerras foram desencadeadas por esse acontecimento, a Guerra do Iraque (2003-2011) e a Guerra e ocupação no Afeganistão (2001--2021), eventos que deixaram consequências severas nos países envolvidos e na região do Oriente Médio.

Ao contrário dos demais atores não estatais, não há negociação entre os atores ilícitos e os Estados. Isso se dá por seus posicionamentos considerados extremistas e a atuação ilegal. O exemplo dos atentados de 11 de setembro demonstra que, apesar de não serem reconhecidos como atores lícitos no cenário internacional, esses agentes têm poder de influenciar a conjuntura global, e sua existência precisa ser considerada na formulação da agenda e das políticas públicas internacionais.

4. CONSIDERAÇÕES FINAIS

Neste capítulo do nosso estudo sobre Introdução às Relações Internacionais, buscamos apresentar os atores não estatais internacionais, sua atuação e seus principais tipos. Inicialmente, entidades não estatais não eram consideradas atores relevantes no cenário internacional, posição concedida somente aos Estados. Contudo, com a evolução dos estudos de Relações Internacionais, outros atores passaram a ser interpretados como significativos em nível global, entre eles os atores não estatais.

Esses atores possuem diferentes formatos e formas de atuação, sendo que os principais são a sociedade civil, o mercado, as organizações internacionais não governamentais e os atores ilícitos. Os três primeiros são reconhecidos como agentes lícitos no sistema internacional e têm sua atuação reconhecida como legal e relevante para a formulação de políticas internacionais. Eles diferem em relação ao conteúdo e forma de sua atuação, pois enquanto a sociedade civil e as OINGs agem na promoção e defesa de bens públicos globais (como o meio ambiente, a defesa dos direitos humanos e a saúde global), os agentes do mercado atuam em benefício próprio. Os três se valem de diferentes estratégias para influenciar o processo decisório dos Estados – que continuam sendo os responsáveis pela formulação de políticas internacionais.

Os atores ilícitos, por outro lado, influenciam o cenário global por meio de métodos ilegais e violentos. Apesar da ilegalidade de seus atos, as consequências de suas ações possuem efeitos em escala global, de maneira que esses agentes não podem ser ignorados como relevantes nos cálculos políticos dos Estados, conforme apresentado no exemplo dos atentados terroristas de 11 de setembro. Portanto, os atores não estatais não podem ser descartados nos estudos das Relações Internacionais, visto que sua atuação se provou relevante em diferentes aspectos.

5. ESTUDO DIRIGIDO

Questão 1. Quais são os quatro tipos de atores não estatais? Cite um exemplo.

Questão 2. O que motivou a mudança no paradigma estadocêntrico das Relações Internacionais?

Questão 3. Como a sociedade civil atua no cenário internacional? Ela tem poder de influência nas decisões internacionais?

Questão 4. Como podemos analisar a atuação do mercado no cenário internacional?

Questão 5. Como podemos analisar a atuação dos atores não estatais violentos e seus consequentes impactos nas decisões e cenário internacional?

6. REFERÊNCIAS BIBLIOGRÁFICAS

CALAFAT, N. N. M. Atores não estatais ilícitos e a governança global: o lugar do terrorismo dentro do debate normativo das Relações Internacionais. *Brazilian Journal of International Relations*, vol. 5, 3 ed., 2016, p. 644-669.

DINGWERTH, K.; PATTBERG, P. *Global governance as a perspective on world politics. global governance*: a review of multilateralism and international organizations. Colorado, v. 12, n. 2, p. 185-203, abr-jun. 2006.

FERREIRA, M. A. S. V.; FRAMENTO, R. S. Atores não-estatais violentos transnacionais na América do Sul: um exame dos casos do Primeiro Comando da Capital e da Família do Norte. *Revista Brasileira de Segurança Pública, [S. l.]*, v. 14, n. 1, p. 72–87, 2020.

FOYLE, D. C. Public opinion and foreign policy: elite beliefs as a mediating variable. *International Studies Quarterly*, Vol. 41, No. 1 (Mar., 1997), pp. 141-169.

GILPIN, R. *War and change in world politics.* Cambridge: Cambridge University Press, 1989.

HOSLTI, O. *Public opinion and American foreign policy*. Michigan: The University of Michigan Press, 2004.

HURREL, A. Sociedade internacional e governança global. *Lua Nova*, n. 46, 1999, p. 55-75.

KACOWICZ. A. M. Global governance, international order, and world order. *In*: LEVI-FAUR, D. *Oxford Handbook of Governance.* Oxford: Oxford University Press, 2012, p. 686-698.

LIPSCHUTZ, R. D. Global civil society and global governmentality: or, the search for politics and the state amidst the capillaries of social power *In*: BARNETT, M. e DUVAL, R. (eds). *Power in Global Governance.* Cambridge: Cambridge University Press, 2005.

MANDEL, R. *Global security upheaval:* armed nonstate groups usurping state stability functions. California: Stanford Security Studies, 2013.

OLIVEIRA, I. T. M.; MILANI, C. R. S. Atores não estatais e trade policy-making no Brasil: análise dos interesses e das estratégias da CEB e da REBRIP. *Dados*, v. 55, n. 2, p. 367–401, 2012.

PAGE, B. I.; SHAPIRO, R. Y. *The rational public:* fifty years of trends in Americans' policy preferences. Chicago: University of Chicago Press, 1992.

PAULANI, L. M. O Brasil na crise da acumulação financeirizada. *In: IV Encuentro Internacional de Economia, Política y Derechos Humanos.* Universidad Popular Madres de Plaza de Mayo, 2010.

PINHEIRO, L. Autores y actores de la política exterior brasileña. *Foreign Affairs Latinoamérica,* vol. 9, no 2, p. 14-24, 2009.

PINHEIRO, L; MILANI, C. R. S. (org.). *Política externa brasileira:* as práticas da política e a política das práticas. Rio de Janeiro: FGV, 2012.

POSSAS, M. L. Os conceitos de mercado relevante e de poder de mercado no âmbito da defesa da concorrência. *Revista do IBRAC,* v. 3, n. 5, p. 10-35, 1996.

RUGGIE, J. G. Reconstituting the Global Public Domain — Issues, Actors, and Practices. *European Journal of International Relations,* vol. 10(4), 2004, p. 499–531.

VILLA, R. A. D. *Atores não-estatais e meio ambiente nas Relações Internacionais:* Greenpeace e a Antártica Desenvolvimento e Meio Ambiente, n. 4, p. 45-57, jul.-dez. 2001.

VILLA, R. A. D; BRAGA, C. M. B.; FERREIRA, M. A. S. V. Violent nonstate actors and the emergence of hybrid governance in South America. *Latin American Research Review,* 56, no. 1: 36-49, 2021.

WILLIAMS, P. Violent non-state actors and national and international security. *International Relations and Security Network,* 25: 1–21, 2008)

7.RECURSOS AUDIOVISUAIS

A praça Tahrir. Gênero: documentário. Ano: 2012. Direção: Jehane Noujaim. Sinopse: este documentário narra os episódios da chamada Primavera Árabe na praça Tahrir, localizada no Cairo, capital do Egito. A praça foi palco de intensos protestos por parte da sociedade civil egípcia contra o então presidente Hosni Mubarak e seu sucessor Mohamed Mursi.

Black ice. Gênero: documentário. Ano: 2014. Direção: Maarten van Rouveroy. Sinopese: documentário sobre o navio Arctic Sunrise do Greenpeace, que foi enviado para protestar contra a primeira exploração de petróleo no oceano Ártico. Os ativistas a bordo do navio foram presos sob acusação depirataria pelas autoridades russas e se viram frente a uma grande disputa internacional.

UNIDADE II

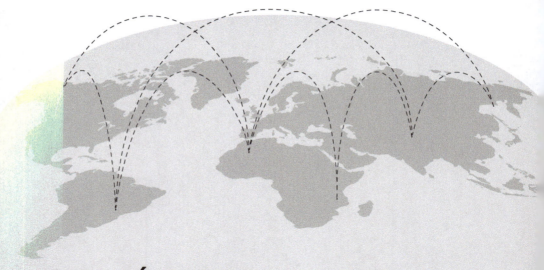

AS ÁREAS ESTRUTURANTES DAS RELAÇÕES INTERNACIONAIS

SEGURANÇA INTERNACIONAL
JONATHAN DE ARAUJO DE ASSIS[59]

1. INTRODUÇÃO

Como argumentam Krause e Williams (2018, p. 14), a busca por segurança é uma das principais e mais poderosas dinâmicas da política internacional moderna. Um dos aspectos fundamentais do conceito é a forma como vincula um conjunto de questões de ordem doméstica, internacional e transnacional. Nesses termos, o imperativo da segurança se apresenta como um potente elemento para a mobilização de recursos políticos, sociais e econômicos. É pela garantia da "segurança nacional" que, todos os anos, "[...] mais de um trilhão de dólares é despendido em todo o mundo em instituições e instrumentos militares, e muitos outros bilhões em instituições policiais e paramilitares." (Krause e Williams, 2018, p. 14).

O reconhecimento dessas questões, entretanto, pouco nos diz sobre a problemática de definição do conceito de segurança e os parâmetros que definem a Segurança Internacional como área de conhecimento das Relações Internacionais. Um bom ponto de partida para essa reflexão, como proposto por Buzan *et al.* (1998), consiste em questionar o que torna uma temática de Relações Internacionais um problema de segurança. Para alguns autores, a origem do campo de Estudos de Segurança Internacional (ESI) remonta aos debates

---

[59] Doutor em Relações Internacionais pelo PPGRI San Tiago Dantas (Unesp/Unicamp/PUC-SP). Pesquisador do Grupo de Estudos de Defesa e Segurança Internacional (Gedes), da Rede de Pesquisa em Autonomia Estratégica, Tecnologia e Defesa (PAET&D) e do Instituto Nacional de Ciência e Tecnologia para Estudos sobre os Estados Unidos (INCT-INEU).

sobre como garantir a sobrevivência do Estado frente a ameaças externas e internas após a Segunda Guerra Mundial (Buzan e Hansen, 2012, p. 33). Em complemento a essa perspectiva, Villa e Braga (2018, p. 1.159) argumentam que a segurança internacional se define como conceito e prática que visa assegurar a Estados e indivíduos a ausência de ameaças existenciais.

À luz dessas questões, nosso objetivo no presente capítulo deste curso é definir o campo dos ESI e apresentar brevemente as principais correntes dessa subárea da disciplina de Relações Internacionais. Para tanto, inicialmente propomos uma discussão sobre o conceito de segurança, seus fundamentos definidores e a forma como se inter-relacionam com as RI. Posteriormente, apresentamos um breve histórico de desenvolvimento dos estudos tradicionais de segurança e as correntes contemporâneas da subárea. Em seguida, apresentamos brevemente as principais abordagens teóricas do campo de ESI.

2. O QUE É "SEGURANÇA" E COMO ESTUDÁ-LA NAS RELAÇÕES INTERNACIONAIS?

A noção de ameaça ocupa posição central na definição conceitual de segurança internacional e evolução histórica do campo de estudos. Nesses termos, um parâmetro para oferecer uma resposta ao questionamento lançado por Buzan et al. (1998) passa pela caracterização de um problema enquanto ameaça. A definição de ameaça, entretanto, é um processo fundamentalmente subjetivo, isto é, o que um ator percebe como fonte de insegurança pode não representar uma ameaça para outro. Portanto, como argumenta Saint-Pierre (2018a, p. 73), não podemos observar a ameaça estritamente como um objeto em si mesmo, mas como uma relação avaliada em todos seus componentes[60]. Em outras palavras,

---

[60] Enquanto a posse de armamentos nucleares pode representar um fator de segurança para um dado Estado, seus vizinhos podem perceber os mesmos artefatos nucleares como uma ameaça (Saint-Pierre, 2018a, p. 73).

> a ameaça em si mesma não constitui um perigo. O perigo pode ser externo a nós; a ameaça não. A ameaça se constitui em nós, o perigo tem existência própria. Embora ela seja apenas um sinal ou percepção, ela intimida, pode provocar temor ante a possibilidade de perdermos a situação de segurança. Enquanto sinal, a ameaça representa, na nossa percepção, aquilo que nos preocupa e intimida. **A ameaça é uma representação, um sinal, uma certa disposição, gesto ou manifestação percebida como o anúncio de uma situação não desejada ou de risco para a existência de quem percebe**. (Saint-Pierre, 2018a, p. 72, grifo nosso).

Nesses termos, a qualificação de um sinal enquanto ameaça depende da forma como seu receptor o percebe como potencial fonte de insegurança. Como argumenta Saint-Pierre (2018a, p. 75), a ameaça é um conceito que se constitui sempre *na* e *para* uma percepção, o que caracteriza sua definição como um processo subjetivo. Por essa razão, a percepção de ameaças depende sempre de um receptor; no campo dos ESI, o ator receptor tende a ser uma unidade política. A partir dessa concepção, é possível observar que a definição de ameaça – ou, no limite, a definição de segurança – não é um fenômeno alheio a considerações normativas e políticas dos atores envolvidos. Ao contrário, por repercutir a percepção de seu receptor, a definição do que constitui – ou não – uma ameaça é um processo intrinsecamente subjetivo.

A relatividade do conceito de segurança, expressa em termos de quem ou o que deve ser protegido e qual é a fonte da ameaça, carrega importantes consequências para o estudo das relações de segurança entre e intra-Estados, bem como entre atores não estatais (Krause e Williams, 2018, p. 15). Frente a essas questões, Buzan e Hansen (2012, p. 37-39) propõem quatro dimensões estruturantes que nos possibilitam analisar o campo e os debates dos ESI desde seu amadurecimento no final da década de 1940. Segundo os autores, tais elementos constituem o âmago mais substancial que define o que é "segurança internacional" e funcionam como chave analítica para sistematizar a literatura do campo. As quatro dimensões referem-se a: privilegiar o Estado como objeto de referência; abrangência das ameaças; centralidade do setor militar na segurança; segurança como inextricavelmente ligada a dinâmicas de ameaças, perigos e urgência (Buzan e Hansen, 2012).

Como observado, a definição de segurança requer a identificação de um objeto de referência a ser protegido, garantido, resguardado frente a ameaças identificadas como fontes de insegurança. A primeira dimensão diz respeito à forma como as abordagens dos ESI têm, ou não, no Estado seu objeto de referência eleito. Como discutiremos a seguir, sob a leitura tradicional da segurança internacional, o Estado, ou a nação, constitui o objeto de referência analítico e normativo. Em linhas gerais, a manutenção da sobrevivência estatal é compreendida por essas perspectivas como a melhor forma de proteger outros objetos de referência, como o indivíduo. Como apontam Buzan e Hansen (2012, p. 37), até que ponto essa é a maneira mais adequada para se enquadrar e analisar a relação entre os Estados e suas nações, bem como entre governos e populações, é uma das principais dimensões que demarcam distintas vertentes no âmbito dos ESI.

A segunda dimensão refere-se à forma como abordagens dos ESI enfocam ameaças compreendidas como internas e/ou externas. Justifica-se a consideração das ameaças internas pelos ESI por meio da vinculação das discussões de segurança aos debates sobre soberania estatal, o que também diz respeito aos limites territoriais de uma unidade política. Entretanto, como discutiremos a seguir, diversas perspectivas problematizam a distinção rígida entre o interno/externo, bem como, e mais especificamente, entre "ameaças internas" e "ameaças externas". O término da Guerra Fria e a dissolução do ator que representava a principal preocupação de segurança do ponto de vista ocidental – em especial estadunidense –, favoreceu o tensionamento conceitual da distinção interno/externo. Em linhas gerais, "tanto as RI quanto os ESI enfrentavam os desafios crescentes de que a globalização embasasse, ou até mesmo colapsasse completamente, essa distinção entre 'dentro' e 'fora'" (Buzan e Hansen, 2012, p. 38).

A terceira dimensão diz respeito à centralidade do setor militar e do uso da força nos estudos sobre segurança. Por terem sido fundados no contexto da Guerra Fria, os fatores de natureza militar tornaram-se quase sinônimos de "segurança nacional" e expressão maior do objeto de estudo dos ESI. Apesar dos esforços empreendidos pelo meio acadêmico de inserir no debate outras questões, tais como economia, energia e ciência e tecnologia, estas não foram desvinculadas de sua importância para sustentar e permitir o "uso, ameaça e controle da força". Logo, ainda se tratava de segurança militar. Entretanto, diferentes perspectivas apresentavam discordâncias a essa concepção de segurança. Ainda durante a Guerra Fria, uma das críticas mais importantes à noção de segurança militar partiu do grupo de pesquisadores de paz, com destaque para o sociólogo norueguês, Johan Galtung[61].

Podemos datar o início dos Estudos de Paz entre as décadas de 1950 e 1960, nos Estados Unidos. Entretanto, o melhor caminho para descrever essa evolução é a partir de uma questão de fundo sobre o campo. Seriam Estudos *de* Paz ou Estudos *para* a Paz? Em outras palavras, esses estudos representariam um campo do saber focado na análise científica e técnica, ou se aproximariam mais de um conjunto de abordagens transdisciplinares que buscam orientar as práticas em prol da paz? Esses questionamentos são importantes para compreender as matrizes opostas a partir das quais o campo se formou, quase como se fossem bifurcações de uma mesma estrada.

De um lado, temos uma matriz caracterizada pela sua centralidade nos conflitos e a busca por uma análise empírica, que se pretendia neutra, propondo uma espécie de "ciência da paz". Essa corrente teve início nos anos 1950, nos Estados Unidos, e trabalhava a análise e a promoção da paz em uma perspectiva mais generalista, muitas vezes centrada apenas na ausência da guerra. Essas abordagens

---

[61] Galtung (1969) propõe ampliar a concepção de violência para pensar a paz – e a violência – para além da estrita ausência de conflitos armados. Nesses termos, o autor apresenta os conceitos de "paz positiva", vinculada ao tipo de violência estrutural e indireta, e de "paz negativa", pensada como ausência de violência direta. O autor define a violência estrutural em termos de injustiça social (Galtung, 1969, p. 171).

pareciam buscar uma combinação entre "conhecimento 'empírico' sobre a realidade multidimensional das guerras e [...] conhecimento 'técnico' agregador de fórmulas de gestão e solução dessas guerras" (Pureza, 2011, p. 6)[62].

De acordo com Owen (1994), essa perspectiva compreende que Estados não democráticos ou não liberais são vistos como atores irracionais que devem ser combatidos ou convertidos. A guerra contra esses Estados, portanto, estaria legitimada para garantir a paz coletiva. Nesse sentido, a dúvida que se coloca é se esse modelo de paz democrática está, de fato, preocupado com a ausência da guerra ou apenas com a sua contenção. Se estaria de fato preocupado com a ausência de guerras ou apenas em manter o controle da guerra como um instrumento disponível só para alguns atores específicos.

A partir disso, podemos notar uma bifurcação no campo em torno dos debates sobre o uso da violência. Enquanto as abordagens mais tradicionais associavam paz à noção de ordem e ausência de violência, autores mais críticos apontavam que a violência não seria inerentemente ruim, mas sim um instrumento que deveria ser pensado em prol da paz. Autores como Galtung (1969; 1990), Lederach (1999; 2015) e Richmond (2014) argumentam que a violência não se restringe ao ato de agressão, mas também inclui aspectos estruturais e culturais; ou seja, processos e linguagens que promovem oportunidades desiguais a determinados grupos sociais e geram injustiças (Galtung, 1969).

Alguns autores chegam a apontar que a agenda tradicional das RI é "estreita e intelectualmente pobre", uma vez que "se moldou como um discurso explicativo – e, portanto, legitimador – das guerras" (Pureza, 2011, p. 6). Nesse sentido, os Estudos para a Paz surgiram como uma perspectiva mais crítica e abrangente sobre o tema,

---

[62] É possível notar nessa matriz uma perspectiva liberal bastante influenciada pelas ideias de Immanuel Kant (1724-1804), autor prussiano que apontava a existência de uma relação entre a política doméstica e a política internacional. Esse movimento é comumente chamado de "pacifismo republicano" ou de "paz democrática", uma vez que compreende que democracias têm menor tendência a entrar em guerras, tendo em vista o peso da opinião pública sobre suas decisões. No entanto, a forma como essa "paz democrática" parte de um molde liberal e ocidental excludente gerou diversas críticas.

questionando as estruturas de poder e as dinâmicas que alimentam os conflitos. Essa segunda matriz deixa de buscar apenas a ausência de conflitos armados, e busca compreender as raízes profundas da violência, como as desigualdades sociais, injustiças econômicas e questões de identidade.

Em suma, os Estudos para a Paz (EPP) trazem uma perspectiva não apenas transdisciplinar, mas também prática sobre como construir a paz[63]. Ao compreenderem que a guerra é apenas um tipo específico entre diversas formas possíveis de violência, os EPP alargam a noção de paz como um contraponto aos mais diversos tipos de violência. Com isso, atentam-se à frequente instrumentalização dos discursos em prol da paz com o objetivo de favorecer algumas hegemonias e promover a manutenção de estruturas violentas (Ferreira, Maschietto e Kuhlmann, 2019; Wiberg, 2005). Isto é, trabalham a paz por uma perspectiva mais emancipadora e menos colonizada.

Por fim, a quarta dimensão proposta por Buzan e Hansen (2012) refere-se a observar a segurança como inextricavelmente ligada a dinâmicas de ameaças, perigos e urgência. Essa questão atrela-se ao contexto no qual se desenvolveu a noção de "segurança nacional", marcado pela percepção ocidental, de maneira geral, e dos Estados Unidos, especificamente, de que estavam ameaçados por um inimigo hostil, então representado pela União Soviética. Sob essa leitura, a noção de segurança fazia referência a situações excepcionais que, em condições extremas, poderiam resultar na aniquilação de sociedades (Buzan e Hansen, 2012, p. 39).

Nesses termos, unidades políticas buscariam incrementar suas capacidades materiais, por meio de aquisição de armamentos, por exemplo a fim de garantir sua própria sobrevivência. Por outro lado, esse processo levaria à percepção de insegurança por parte de outras unidades políticas, desencadeando um círculo vicioso

---

[63] Vale destacar que os Estudos para a Paz têm raízes no ativismo político. Ou seja, ao focar no bem-estar social, essa matriz não está apenas preocupada em compreender a paz enquanto um tema científico. Ela está intimamente ligada à reflexão de práticas emancipatórias que promovam a construção de um ambiente sustentável no qual os direitos humanos de todos sejam respeitados e as pessoas tenham garantido acesso aos recursos necessários para bem viver e participar das decisões políticas.

de acumulação de poder denominado "dilema de segurança"[64]. De acordo com Buzan e Hansen (2012, p. 39), durante a Guerra Fria essa concepção era comum às principais correntes dos ESI. Ou seja, a União Soviética constituía a mais óbvia das ameaças e a aquisição de armas nucleares, enquanto recurso para garantia de segurança, representava uma forma de dissuadir o primeiro ataque soviético. Contudo, como veremos a seguir, a partir da década de 1990 diferentes correntes dos ESI tensionaram a vinculação de segurança às noções de ameaça e urgência. Perspectivas mais críticas apontam como tal perspectiva tradicional de segurança expressa uma concepção realista sobre a dinâmica da política internacional, sob a qual o Estado ocupa a centralidade da análise.

3. DOS ESTUDOS ESTRATÉGICOS À SEGURANÇA INTERNACIONAL

Para compreendermos a consolidação e os debates presentes nos ESI, entendemos necessário o resgate histórico do conceito de segurança. Já em Thomas Hobbes, autor da seminal obra *Leviatã* (1651), encontramos uma definição de segurança que repercutiu de maneira importante na definição do Estado como objeto de referência para as correntes tradicionais dos ESI. Em linhas gerais, Hobbes (1998, p. 69) entende que o medo é a condição humana fundamental para a constituição de sociedades duradouras[65].

---

[64] O fundamento do "dilema de segurança", originalmente elaborado por Herz (1950), consiste na ideia de que os Estados, para sobreviver em um sistema internacional anárquico, devem maximizar seu poder por meio do acúmulo de capacidades. Entretanto, ao objetivarem garantir sua própria sobrevivência por meio do aumento do poder militar e do poder latente, "[...] os Estados geram uma sensação de insegurança em outros Estados, que repetem o mesmo processo também em busca de maior segurança, o que frequentemente resulta em uma corrida armamentista" (Cardoso, 2018, p. 370). Nesse sentido, para Herz (1950), a incerteza em relação à intencionalidade do outro é um condicionante para o estabelecimento do dilema e para a relação de tensão e conflituosidade entre Estados.

[65] A autopreservação, segundo o autor, representa a primeira lei natural do indivíduo, garantindo a este a busca de sua própria sobrevivência a todo custo. A causa do medo entre indivíduos está fundamentada tanto em sua igualdade natural quanto na vontade mútua de potencialmente praticar atos violentos; portanto, entende que "[...] não podemos esperar a

Como observamos, ainda que não tenha produzido uma disciplina de estudos de segurança, tal leitura sobre o conceito fundamentou o crescimento de abordagens que privilegiam o Estado como objeto de referência fundamental e enfocam suas análises ao monopólio do uso legítimo da violência e às dinâmicas de acúmulo de poder – em especial militar. Como apontam Krause e Williams (2018, p. 16), esses são fundamentos dos chamados estudos estratégicos – entendidos como precursores dos ESI *mainstream* –, definidos pela reflexão sistemática sobre a estratégia e a guerra sob a concepção do poder estatal. Dessa forma, o fenômeno da guerra representa o foco dos estudos estratégicos, que assumem a possibilidade constante de conflito militar entre Estados como característica fundamental da dinâmica internacional. Sob essa concepção, Stephen Walt (1991) define os estudos estratégicos como a análise

> [...] **da ameaça, uso, e controle da força militar** [...] explora as condições que tornam o uso da força mais provável, as formas como o uso da força afeta indivíduos, estados e sociedades, e as políticas específicas que os Estados adotam para se prepararem, prevenirem ou se envolverem em guerras. (Walt, 1991, p. 212, grifo do autor).

Como argumenta Saint-Pierre (2018b, p. 498), é precisamente o emprego – potencial ou atual – ou a ameaça do uso da força que distingue e ajusta o limite do conceito de estratégia. Sob essa leitura, o emprego da força é a potencialidade permanente sob a qual se discutem e organizam as ações estratégicas dos atores. Portanto, à luz de um objetivo desejado, a estratégia consiste no planejamento da ação futura. Isto é, a partir da adequação racional dos meios, e levando em conta a organização de uma vontade estratégica adversária, busca-se atingir um fim desejado. No caso dos estudos estratégicos, podemos considerar que os meios são militares, o campo é o sistema

---

segurança de outros ou garanti-la para nós mesmos" (Hobbes, 1998, p. 70). Nesses termos, para Hobbes (1998), a segurança constitui precondição para o governo da vida em sociedade, e, portanto, demanda instituições políticas adequadas – como o Estado – para garanti-la aos indivíduos no estado de natureza.

internacional e os fins são os objetivos políticos dos atores relevantes – os Estados, em particular (Buzan, 1991, p. 18). Nesses termos, os estudos estratégicos

> são aqueles que analisam os fatores que facilitam, atrasam ou impedem o uso da força em face do confronto das vontades. É precisamente a força (por seu uso ou por sua ameaça) que dá o significado específico a esse campo de análise e distingue-o de outros domínios de análise nas Relações Internacionais. É o risco de vida que reveste de dramaticidade o limite conceitual desse tipo de reflexão sobre a ação. (Saint-Pierre, 2018b, p. 499).

Em parte como reação às limitações das instituições de segurança do período entreguerras, os ESI tradicionais repercutiram a conjuntura histórica do imediato pós-Segunda Guerra Mundial e da confrontação geoestratégica entre os eixos Ocidental e soviético. Dessa forma, como explica Baldwin (1995), o enfoque dos estudos estratégicos recaiu sobre a segurança estatal frente às ameaças de natureza externa. Sob esse quadro, os conceitos de "superpotência" e "bipolaridade" capturaram duas grandes características da Guerra Fria, marcada pelas dinâmicas dos armamentos nucleares e a disputa ideológica entre Estados Unidos e União Soviética[66].

No entanto, embora houvesse um consenso acerca da oposição exercida pela União Soviética em relação aos Estados Unidos, havia divergências sobre pressupostos gerais de Estado e sistema internacional, o que apontava para maneiras diferentes de gerenciar a bipolaridade nuclear. O enfoque sobre o Estado e os meios militares como instrumento para garantia de segurança, bem como o pressuposto de um sistema internacional anárquico, limitava a capacidade explicativa dos estudos de segurança tradicionais (Krause e Williams, 2018, p. 19). Do ponto de vista histórico, o fim da Guerra

---

[66] Conforme argumentam Buzan e Hansen (2012, p. 119), o pressuposto básico dos estudos estratégicos da Guerra Fria, seja ao tratar de dissuasão nuclear ou da corrida armamentista, é a bipolaridade. Contudo, como apontam Krause e Williams (2018, p. 18), uma importante consideração é a predominância de perspectivas estadunidenses que influenciaram o período inicial dos estudos estratégicos, inclusive com a cristalização do conceito de "segurança nacional".

Fria difundiu a percepção de que os estudos estratégicos apresentavam limitações fundamentais para a compreensão da nova realidade da segurança internacional.

É sob esse contexto, orientados por uma proposta de alargamento e aprofundamento da agenda de pesquisa, que se consolidam esforços para a sistematização do campo dos ESI. De acordo com Krause e Williams (2018, p. 19), desde meados da década de 1980, dissidências acadêmicas que buscavam ampliar e aprofundar a agenda de pesquisa dos ESI motivaram debates sobre a forma de compreender e estudar a segurança. Para os que visavam ampliar o conceito de segurança, as perspectivas que focavam suas análises nos Estados e no setor militar eram analíticas, políticas e normativamente problemáticas. Dessa forma, o contexto acadêmico dos ESI no pós-Guerra Fria caracterizou-se pelo debate entre os tradicionalistas e os ampliadores-aprofundadores (Buzan e Hansen, 2012, p. 290).

4. AMPLIANDO E APROFUNDANDO OS ESTUDOS DE SEGURANÇA INTERNACIONAL

Como vimos, ainda que a perspectiva tradicional sobre os estudos de segurança já tivesse passado por contestações, dois aspectos da crítica no pós-Guerra Fria sobressaem-se. O primeiro aspecto faz referência à forma como a segurança individual de cidadãos é frequentemente ameaçada em nome da segurança estatal, ou mesmo da "segurança nacional". O segundo aspecto, em linha com o reconhecimento das limitações da abordagem estadocêntrica sobre a segurança, aponta a dificuldade das perspectivas tradicionais em captar dinâmicas contemporâneas das relações de segurança. Transformações de natureza econômica, demográfica e ambiental – entre outras – têm representado ameaças ao bem-estar de diferentes sociedades; problemas para os quais o emprego da força militar não oferece respostas adequadas (Krause e Williams, 2018, p. 20).

Em linha com essas críticas, Buzan (1991, p. 6) entende que uma perspectiva de segurança vinculada estritamente às questões militares e ao nível individual de Estados é inerentemente inadequada. Para o autor, porque a segurança era primariamente percebida em termos de poder nacional, tanto por estrategistas e políticos quanto por acadêmicos, uma uniformidade limitante se estabeleceu no campo de estudos. Como consequência, "[...] prevaleceu uma situação em que os impulsos primários tanto da política como da análise estavam a empurrar numa direção contraproducente [...]" (Buzan, 1991, p. 7).

Nesses termos, sem descartar a dimensão militar como aspecto relevante das dinâmicas de segurança internacional, um conjunto de acadêmicos buscou ampliar a agenda dos ESI, abrangendo questões alternativas – dimensões econômicas e ambientais, por exemplo – como potenciais fontes de insegurança. Nesses termos, ampliar e aprofundar os ESI referem-se, respectivamente,

> à necessidade de abordar ameaças e fontes de insegurança para além da segurança militar do Estado territorial, dos quais os mais proeminentes têm sido os desafios ambientais ou econômicos, mas que também incluíram questões como a migração transnacional, a saúde global, alimentos, energia ou direitos humanos [...] O aprofundamento da agenda de segurança envolve afastar-se de um foco exclusivo no Estado, em direção a indivíduos ou grupos sociais abaixo do nível do Estado (segurança social ou humana), ou para instituições e estruturas acima dele (acordos de segurança regional ou mecanismos de segurança cooperativos mais amplos). (Krause e Williams, 2018, p. 20).

Como discutimos anteriormente, a concepção de segurança envolve não apenas a identificação de ameaças, mas a definição de um objeto de referência a ser protegido. Uma das principais contestações conceituais e políticas à ideia estadocêntrica da segurança partiu da noção de "segurança humana". O conceito foi abordado pela primeira vez em um relatório do Programa das Nações Unidas para o Desenvolvimento (PNUD), em 1994, e traz como principal característica o foco nas necessidades e no bem-estar dos indivíduos.

De modo sintético, a segurança humana diz respeito à garantia de que o indivíduo desfrute todos os requisitos básicos para sua dignidade e desenvolvimento, incluindo segurança econômica, política, pessoal, alimentar, comunitária, ambiental e de saúde (Paiva, 2018). No entanto, o caráter amplo e vago do conceito prejudica a análise das particularidades e, por consequência, dificulta a redução de desigualdades baseadas em raça, nacionalidade e gênero (Paris, 2001). Nesse sentido, a mudança do objeto de referência da segurança para além da figura do Estado nos permite lançar luz sobre importantes e diferentes elementos e dinâmicas da segurança internacional contemporânea.

4.1. Construtivismo

Com enfoque sobre o papel de fatores ideacionais e a construção social da política internacional, a abordagem construtivista se tornou uma proeminente lente teórica das RI desde sua emergência na disciplina. Nesse sentido, mais do que uma vertente específica para o estudo da segurança internacional, o construtivismo é melhor entendido enquanto uma teoria social mais ampla que nos informa como estudar a segurança internacional. A partir de concepções como normas e identidade, a segurança é compreendida pelo construtivismo como um fenômeno socialmente construído, sobre o qual operam as dinâmicas de mútua constituição entre agentes e estruturas.

Dessa forma, a perspectiva construtivista assume contingências históricas e sociais como ponto de partida fundamental para contextualizar a definição de segurança na política internacional. Isto é, como explica McDonald (2018, p. 50), teóricos construtivistas evitam avançar definições universais e abstratas sobre segurança, em vez disso, empenham suas análises sobre os processos de construção de significado da segurança. Para tanto, e em contraponto às abordagens tradicionais, o construtivismo enfatiza elementos ideacionais para estudar as concepções, práticas e dinâmicas da segurança. Essa preocupação se traduziu no enfoque sobre as normas em nível internacional e no papel da identidade a nível doméstico (Buzan e Hansen, 2012, p. 297-298).

Em linha com essa perspectiva, Kowert e Legro (1996) propõem a distinção entre dois tipos de normas: uma entendida como o conteúdo cultural que regula a política internacional – norma –, e a outra que diz respeito aos próprios atores – identidade. Nesse sentido, questiona-se quais são as consequências das normas de comportamento e de identidade para a política internacional, bem como qual é a origem das normas. De maneira geral, os trabalhos que pretendem abordar a questão das normas podem ser agrupados em três categorias distintas: efeitos das normas sobre os interesses; a forma como as normas moldam a consciência instrumental sobre a relação dos interesses e comportamento; e os efeitos das normas sobre outras estruturas normativas (Kowert e Legro, 1996).

Em linhas gerais, o que se propõe é que, tal qual a ordem social, a ordem internacional é derivada de um alicerce de ideias, normas e valores (McSweeney, 1999) e, portanto, as estruturas que a compõem não podem ser compreendidas como variáveis independentes, como assumido pelas abordagens tradicionais. Por esse motivo, as relações se constroem socialmente, e não necessariamente estão confinadas à lógica do conflito ou do equilíbrio de poder. Outra questão importante é que as identidades, além de intersubjetivas, não são fixas e, como tais, podem se alterar ao longo da história. A partir dessa concepção,

> os construtivistas compartilham a crença de que a segurança é uma construção social, significando coisas diferentes em contextos diferentes. A segurança também é vista como um local de negociação e contestação, no qual os atores competem para definir a identidade e os valores de um determinado grupo, de modo a fornecer bases para a ação política. A identidade e as normas são vistas como centrais para o estudo da segurança, fornecendo em conjunto os limites para uma ação política viável e legítima. Finalmente, os agentes e as estruturas são mutuamente constituídos e, porque o mundo é uma criação nossa, mesmo a mudança estrutural é sempre possível, mesmo que difícil. (McDonald, 2018, p. 58-59).

Em suma, as normas importam de diferentes maneiras. Segundo Kowert e Legro (1996), estruturas normativas difusas como a soberania delineiam as identidades particulares dos atores no sistema internacional, bem como as regras para promulgar estas identidades. A inter-relação entre os diferentes níveis de normas molda os interesses dos atores que, em virtude das normas existentes, adequará a escolha de seus meios para atingir seus objetivos. Portanto, ao mesmo tempo em que a interação entre os atores produz novas identidades coletivas, estruturas normativas existentes também moldam as propriedades e comportamentos dos agentes. Dessa forma, a abordagem construtivista busca uma explicação tanto para os padrões de estabilidade e para os casos de mudança.

4.2. Estudos críticos de segurança

Inserida como uma das principais correntes teóricas dos ESI a surgir no contexto pós-Guerra Fria, os Estudos Críticos de Segurança (ECS) têm como fundamento propor um escopo de análise alternativo às leituras tradicionais de segurança. Os ECS impactaram significativamente os debates ampliadores, sobretudo pela forma como mobilizam e incorporam às análises de segurança a tradição da Escola de Frankfurt. Sob essa perspectiva de teoria social, vincula-se ao exercício analítico de compreender a realidade a motivação política de transformá-la. Em certa medida, a incorporação de perspectivas críticas ao estudo da segurança internacional reflete um movimento mais amplo observado nas RI.

Como argumentam Krause e Williams (1997, p. vii), o campo dos estudos de segurança mantiveram-se como um dos últimos bastiões da ortodoxia das RI a aceitar e incorporar desafios críticos às suas problemáticas centrais[67]. Entretanto, cabe destacar que os ECS não

---

[67] Um dos principais autores a promover o contato entre a Teoria Crítica e as teorias de RI, Cox (1981) argumenta que a teoria é sempre para alguém e para algum propósito. Em virtude dessas características das teorias, é preciso ter em mente as limitações interpretativas que uma teoria construída em um contexto histórico particular pode apresentar para a compreensão de questões contemporâneas. Nesse sentido, diferentemente das teorias de *problem-solving*, a teoria crítica não assume elementos da realidade presente como circunstâncias imutáveis,

refletem uma abordagem coerente sobre segurança; em comum às diferentes perspectivas críticas que surgiram sob esse contexto, está o questionamento aos estudos tradicionais de segurança, centrados no Estado e no âmbito militar como dimensão prioritária da segurança.

Como explica Mutimer (2017, p. 113), a origem dos ECS é caracterizada pelo surgimento de distintas vertentes de pensamento crítico, dos quais destacamos a abordagem galesa. A partir dos fundamentos orientadores de ampliar e aprofundar os ESI, a chamada "Escola Galesa" dos ECS busca revelar a política presente na definição de conceitos e agendas, permitindo a descentralização do Estado na análise sobre segurança. Ainda, a ampliação da agenda de pesquisa permite lançar luz sobre um amplo escopo de inseguranças enfrentado por objetos referentes alternativos ao ator estatal. Nesse sentido, teóricos críticos da segurança buscam problematizar e politizar os debates em torno da segurança internacional (Bilgin, 2018, p. 68). Sob essa leitura, e inspirado pela contribuição construtivista, Booth (1997) argumenta que segurança

> [...] é o que fazemos dela. É um epifenômeno intersubjetivamente criado. Diferentes visões de mundo e discursos sobre política produzem diferentes opiniões e discursos sobre segurança [...] O que está sendo desafiado não são as manifestações materiais do mundo do realismo tradicional, mas o seu estatuto moral e prático, incluindo a sua naturalização de teorias historicamente criadas, a sua ideologia de necessidade e possibilidade limitada, e o seu senso comum propagandista sobre esta questão como sendo o melhor de todos os mundos. (Booth, 1997, p. 106-107).

A despeito dessas questões, um esforço de síntese dos ECS é proposto por Krause (1998), para quem a agenda de pesquisa do campo se concentra em três áreas: a construção de ameaças e

---

ou seja, a teoria crítica questiona-se sobre a origem das instituições e das relações sociais e de poder atinentes ao fenômeno observado. Dessa forma, a dimensão histórica compõe parte fundamental da teoria crítica, que, além de resgatar elementos do passado, desenvolve-se sobre uma perspectiva do processo histórico contínuo (Cox, 1981).

respostas; a construção dos objetos de segurança; e as possibilidades de transformação do dilema de segurança. Os estudos de segurança internacional tradicionais poderiam acatar essa noção, entretanto, a cada questão vinculariam uma resposta específica. Sob esse entendimento, as ameaças seriam militares, o objeto referente seria o Estado, e a formulação de respostas é incumbência da dimensão estratégica. A partir da ontologia da construção social, a abordagem crítica de segurança atribui às respostas tradicionais dos estudos de segurança a característica de contingência. Isto é, "[...] mesmo que as respostas tradicionais sejam um reflexo correto do mundo tal como o encontramos, como é que chegaram a ser assim, visto que são características construídas e contingenciais do mundo?" (Mutimer, 2017, p. 114).

A hipótese presente nessas questões assume que a identificação de ameaças a um objeto referente particular, bem como a formulação de respostas a essas ameaças, é o que define a segurança. A terceira consideração de Krause (1998), no entanto, tem uma natureza normativa; isto é, como as práticas de segurança podem ser transformadas? Os trabalhos dos ECS que lidam com essa questão apresentam características normativas não apenas por discutir a construção de um futuro desejável, mas ao assumir as normas sociais enquanto fundamento para a transformação das dinâmicas de segurança internacional (Price, 1997; Tannenwald, 2007).

A normatividade presente em trabalhos dos ECS lança luz sobre outra importante questão para os teóricos críticos: a vinculação entre segurança e emancipação. Para Bilgin (2018, p. 71), ampliar e aprofundar a concepção de segurança é um processo acadêmico e político importante para estender a mão àqueles envolvidos em disputas em diferentes lugares do mundo. Nesse sentido, para a autora, conceber a segurança e a emancipação como "dois lados de uma mesma moeda" não representa um projeto utópico ou imperialista, mas sim a incorporação de ideias e disputas de diferentes indivíduos e grupos sociais ao redor do mundo[68].

---

[68] Nesse sentido, a emancipação [...] significa libertar as pessoas, como indivíduos e grupos, das restrições sociais, físicas, econômicas, políticas e outras que as impedem de realizar o que

No entanto, cabe pontuar que a concepção de emancipação proposta pelos teóricos críticos não se pretende universal, ainda que tenha sido uma questão fundamental ao longo de todo século XX e persistente no século XXI. Isto é, como aponta Booth (1997, p. 110), a emancipação não é universal pois sofre a resistência das estruturas de poder tradicionais[69]. Nesse sentido, problematizar o que significa a emancipação, bem como quem ou quais sociedades serão emancipadas, compõe questões urgentes a serem desenvolvidas desde uma perspectiva crítica dos estudos de segurança[70].

4.3. Escola de Copenhague

Uma segunda reação aos estudos tradicionais de segurança e ao movimento de alargamento e aprofundamento da agenda de pesquisa foi o desenvolvimento da teoria da securitização, no âmbito da chamada Escola de Copenhague (Buzan, Waever e Wilde, 1998; Balzacq, 2011). Como argumenta Tanno (2003, p. 50), a abordagem teórica proposta pela Escola de Copenhague pode ser entendida como abrangente por sustentar que as ameaças à segurança não se originam exclusivamente na esfera militar, mas também nas dimensões política, econômica, ambiental e social.

A perspectiva abraça o aparente caráter indeterminado do conceito de segurança e busca transformá-lo em fundamento para a teoria. Para tanto, afasta-se da noção de segurança como condição fixa ou significado essencial; e passa a considerá-la como algo que pode variar conforme as épocas e os atores envolvidos em sua definição. Sob essa perspectiva, Waever (1995) argumenta que as questões de segurança são construídas, fundamentalmente, por meio de atos de fala proferidos

---

livremente escolheriam fazer. À medida que as circunstâncias mudam, também mudam os objetivos da emancipação. (Booth, 1997, p. 110).

[69] Para Wyn Jones (1999), "segurança no sentido de ausência de ameaças de dor (involuntária), medo, fome, e pobreza é um elemento essencial na luta para emancipação" (Wyn Jones, 1999, p. 126).

[70] Como discutiremos a seguir, ao menos duas outras perspectivas dos ESI compartilham do pensamento crítico em relação à segurança, mas que não se enquadram enquanto perspectivas dos ECS: a Escola de Copenhague e os Estudos Feministas de Segurança Internacional.

por atores interessados no estabelecimento de agendas de segurança. Nesse sentido, a partir da perspectiva da Escola de Copenhague,

> a segurança representa um "ato de fala", que envolve a nomeação de fenômenos específicos como "ameaças existenciais" e a aceitação desta declaração por um público relevante. O conceito de segurança não é importante pelo que significa; é importante pelo que faz: pela forma como marca uma questão como de sobrevivência, exigindo a adoção de medidas de emergência. (Krause e Williams, 2018, p. 21-22).

Nesses termos, portanto, questões de ordem política podem passar por processos de securitização e dessecuritização. Ou seja, a partir do ato de fala, um determinado grupo pode convencer as pessoas de que uma questão específica é urgente e que, por isso, pode demandar medidas urgentes e excepcionais (securitização). Ou, ao contrário, uma questão específica é compreendida como não urgente e deve voltar a ser trabalhada dentro da normalidade de ações (dessecuritização). Em suma, um processo de securitização é reconhecido quando um ator "[...] invoca "ameaças existenciais" – processos em que as concepções dominantes e as instituições tradicionais de segurança do Estado têm um poder considerável na definição da agenda de segurança – mas não são exclusivos ou incontestáveis" (Krause e Williams, 2018, p. 22).

Entretanto, para além da iniciativa discursiva dos agentes enunciadores, é essencial que a questão apresentada seja reconhecida como ameaça pela audiência para que o processo de securitização tenha sucesso (Tanno, 2003, p. 57). Dessa forma, ainda que não vincule exclusivamente o conceito de segurança a um objeto de referência – como o Estado – e tipos específicos de ameaça – como o uso da força militar por um ator externo –, a teoria de securitização se aproxima de perspectivas tradicionais na medida em que associa a concepção de segurança ao medo, situações de urgência e potencial emprego da violência.

Como, em princípio, qualquer coisa pode ser objeto referente de segurança, as questões centrais para a análise da Escola de

Copenhague recaem sobre os atos de fala, considerando o ator enunciador e o grau de sucesso obtido pelo processo de securitização. O amplo escopo de temas que a teoria de securitização permite analisar orientou a abordagem a distintas direções teóricas.

Nesse sentido, a teoria da securitização tornou-se objeto de debates que extrapolam os pressupostos teóricos e concepções inicialmente postuladas pela Escola de Copenhague. Como destaca Nyman (2018, p. 107), a distinção mais popular divide os estudos sobre securitização entre a abordagem original de Copenhague e a alternativa "Escola de Paris", usualmente associada a Bigo (2002) e Huysmans (2011). Em linhas gerais, a abordagem da Escola de Paris postula o estudo dos processos e práticas cotidianas como forma adequada de analisar o fenômeno de (in)securitização. Sob essa perspectiva, enquanto prática cotidiana, a segurança pode incluir atos de fala – não se limitando a estes –, ao passo que a ênfase de análise está menos na urgência da exceção e medidas extraordinárias, e mais na reprodução cotidiana da insegurança (Nyman, 2018, p. 107).

4.4. Estudos feministas em segurança internacional

De modo sintético, os Estudos Feministas em Segurança Internacional envolvem um conjunto de autoras e autores que se debruçam sobre as temáticas de segurança internacional adotando as questões de gênero como categoria de análise. Ou seja, como argumenta Sjoberg (2018, p. 47), são abordagens que buscam compreender como as dinâmicas em segurança internacional são influenciadas por estruturas e processos que estão baseados em uma relação hierárquica definida a partir do gênero, bem como os impactos dessas dinâmicas sobre homens e mulheres.

Essas abordagens estavam inseridas em um movimento crítico mais amplo que questionava se o gênero deveria ser reduzido aos aspectos biológicos dos indivíduos. Isto é, questionava se as características frequentemente atribuídas aos homens e às mulheres eram questões genéticas de fato, ou se seriam fruto de processos históricos, sociais e culturais que acabavam moldando os indivíduos a partir de determinadas expectativas, predeterminando papeis e espaços para cada um destes grupos.

A partir dessa crítica, as abordagens feministas apontam que tais diferenças baseadas no gênero embasariam quase todas as dinâmicas sociais (Sjoberg, 2018, p. 46). Logo, refletir sobre as dinâmicas de segurança internacional demandava considerar a forma como essas hierarquias de gênero estão presentes na criação dos Estados, nas interações entre eles no âmbito da política internacional e no próprio campo de estudos da Segurança Internacional. Desse modo, a inclusão dessas questões de gênero nos ajuda a compreender as raízes das dinâmicas e estruturas da própria segurança internacional.

Historicamente, a figura mais central para o campo das RI é o Estado-nação, retratado pelas abordagens tradicionais de segurança internacional como uma instituição quase natural e inalterável. No entanto, ao incluir a categoria de gênero, conseguimos analisar de modo mais detido o processo de formação do Estado e a forma como seus aparatos militares e burocráticos refletem estruturas masculinizadas que estão constantemente se reafirmando a partir de relações hierárquicas, sempre contrapondo um grupo a outro. Ao incluir o gênero enquanto categoria de análise, podemos perceber a forma como a violência é frequentemente entendida como um recurso legítimo apenas para homens – melhor dizendo, para *alguns* homens –, mas não para as mulheres. Uma vez que as mulheres são frequentemente associadas aos imaginários de cuidado e preservação da vida, aquelas que se utilizam de meios violentos para alcançar seus objetivos são entendidas enquanto indivíduos desvirtuados, seja por um trauma ou então por um desvio moral.

Em outras palavras, a possibilidade de uma motivação política racional por trás desses atos violentos é negada às mulheres. De acordo com Sjoberg e Gentry (2007), as mulheres que se utilizam da violência costumam ser enquadradas em três categorias: mães, monstros ou putas. No primeiro caso, as mulheres são retratadas como um indivíduo irracional que está agindo apenas pelo seu "instinto materno". As viúvas da Chechênia[71] podem ser entendidas como exemplo dessa caracterização, uma vez que, supostamente, estariam apenas vingando seus filhos e maridos mortos em guerra.

No segundo caso, essas mulheres são associadas a monstros cuja feminilidade foi subtraída e que, por conta de problemas mentais ou deficiências biológicas, passam a se utilizar da violência em suas práticas. Um exemplo possível seria a médica nazista Herta Oberheuser, que realizou diversas experiências médicas nos prisioneiros dos campos de concentração durante a Segunda Guerra Mundial. Por fim, essas mulheres podem ser enquadradas na categoria de "putas" por dois motivos: por conta de uma depravação sexual natural, ou então por terem sido vítimas de abusos sexuais que as teriam levado a perder sua humanidade. Como exemplo podemos citar o caso das soldados estadunidenses Sabrina Harman e Lynndie England, que protagonizaram atos violentos contra homens em suas missões no Iraque, em 2003.

Em consonância com essa perspectiva, Ortbals e Poloni-Staudinger (2018) sintetizam esse argumento ao afirmarem que "análises da violência política a partir de uma perspectiva de gênero nos permitem reconhecer que a política e os Estados projetam poderes e privilégios masculinos" (2018, p. 2). Desse modo, enquanto os homens, majoritariamente os brancos, ocupam uma posição social dominante na política, as mulheres e os homens marginalizados são subordinados. Esse processo de subordinação influencia diretamente as dinâmicas e os estudos de segurança internacional, uma vez que pode culminar em duas possibilidades: ou esses grupos são caracterizados enquanto vítimas que precisam ser protegidas; ou então são enquadrados como inimigos que precisam ser eliminados.

Em síntese, os Estudos Feministas em Segurança Internacional ajudam a desconstruir noções tradicionais de poder e segurança,

---

[71] O termo "Viúvas da Chechênia" refere-se a um grupo de mulheres cujos maridos morreram durante os conflitos na Chechênia, especialmente durante as guerras com a Rússia no final da década de 1990 e início dos anos 2000. Muitas dessas mulheres se uniram em um movimento de resistência e luta, buscando justiça para os mortos e resistindo à ocupação russa. O grupo ficou internacionalmente conhecido pelo método de terrorismo suicida empregado em suas ações. Para mais informações sobre o histórico do grupo, ver Sjoberg e Gentry (2007).

promovendo uma visão mais abrangente sobre as estruturas e processos de segurança internacional. Além disso, ajudam a explorar a influência das relações de gênero sobre os conflitos e processos de construção da paz, passando a incluir temáticas e atores frequentemente marginalizados pelas abordagens mais tradicionais.

4.5. Estudos pós-coloniais de segurança internacional

Assim como os Estudos Feministas, os Estudos Pós-coloniais também representam um conjunto de abordagens que criticam as lacunas das perspectivas mais tradicionais sobre segurança internacional. A diferença é que, em vez de focar as questões de gênero, os Estudos Pós-coloniais de Segurança Internacional vão apontar a necessidade de se reconhecer as heranças coloniais nas dinâmicas de poder global.

Para compreender melhor, o primeiro passo é destrinchar um pouco mais o nome que essas abordagens recebem. "Colonialismo" remete ao momento histórico em que um determinado país tinha controle formal sobre um outro território, por exemplo o domínio da França sobre a Costa do Marfim entre 1840 e 1960. Entretanto, apesar de reconhecer o fim formal desse domínio a partir dos movimentos de independência, os Estudos Pós-coloniais argumentam que talvez esse processo tenha sido tão profundo que, mesmo com o tempo, suas raízes ainda se mantêm fortes o suficiente para promover a manutenção de relações desiguais e hierárquicas.

É nesse sentido que alguns autores propõem o termo "colonialidade" como a perpetuação da "lógica do colonialismo, mesmo após o processo formal de descolonização" (Ballestrin, 2017, p. 507). A partir da noção de colonialidade, os autores buscam apontar que as questões de segurança internacional seguem marcadas por dinâmicas de poder eurocêntricas, tanto no que se refere às relações entre antigas colônias e suas respectivas metrópoles, como Costa do Marfim e França, quanto às relações entre os países com passado colonial, de modo geral, e as diversas grandes potências internacionais.

Em mesma medida, os Estudos Pós-Coloniais apontam que as abordagens tradicionais em torno das questões de segurança internacional apresentam um caráter eurocêntrico. Ou seja, possuem como ponto de partida as visões de mundo europeias e generalizam essas perspectivas como se elas fossem comuns a todos os demais espaços e atores. Em outras palavras, argumentam que "qualquer narrativa da modernidade que não leve em conta o impacto da experiência colonial na formação das relações propriamente modernas de poder é não apenas incompleta, mas também ideológica" (Castro-Gómez, 2005, p. 83). Os Estudos Pós-coloniais, portanto, buscam apontar que a existência dessas lacunas constitui uma escolha política, com o intuito de manter o *status quo* das relações de poder[72].

Agora que compreendemos o que são os Estudos Pós-coloniais, passemos para outras duas questões: em que momento essas abordagens ganham força? E quais as suas principais contribuições para o campo da Segurança Internacional? A primeira pergunta já está parcialmente respondida, pois, em grande medida, as datas coincidem com o momento de ascensão das demais perspectivas ampliadoras e aprofundadoras da segurança internacional. No entanto, é necessário complementar os motivos disso ter ocorrido principalmente a partir do final da década de 1980.

A partir dos diversos movimentos de descolonização e independência que ocorriam desde o final da Segunda Guerra Mundial (1939-1945), se tornou mais evidente a necessidade de se analisar de modo mais detido esses processos, bem como as heranças do colonialismo sobre as dinâmicas da segurança internacional. Além disso, diversos movimentos sociais passaram a destacar a importância de incluir as vozes frequentemente marginalizadas aos espaços de discussão acadêmico-científica, o que impulsionou a inclusão das perspectivas pós-coloniais aos ESI.

---

[72] Nesse sentido, os Estudos Pós-coloniais de Segurança Internacional propõem análises que foquem na problematização da concepção tradicional europeia de "segurança" e que lancem luz sobre as desigualdades presentes nas estruturas e dinâmicas internacionais, as quais se baseiam na hierarquização entre Norte e Sul, entre Ocidente e Oriente. Ou seja, a necessidade de não apenas refletir sobre o controle material, mas também sobre o "controle da subjetividade e do conhecimento" (Quijano, 1992) em torno das questões de segurança internacional.

E como essas abordagens contribuem com esse campo? Ao questionar essa pretensa objetividade e universalidade das perspectivas europeias, os Estudos Pós-coloniais lançam luz sobre a ausência. Por exemplo, autores como Barkawi e Laffey (2006) destacam a importância de se compreender a resistência armada dos oprimidos para além do modelo eurocêntrico, que promove a manutenção de relações de controle imperialistas. Além disso, os autores apontam algumas contradições entre as antigas lógicas securitárias e essas "novas" problemáticas de segurança. Como, por exemplo, a dificuldade de compreender a tomada de decisão em situações de crise ou mesmo a causa de fenômenos como os genocídios, que não estavam necessariamente baseadas na lógica de segurança estatal, mas sim em questões identitárias.

Em suma, os Estudos Pós-coloniais buscam destacar os impactos que as relações de poder colonial possuem, ainda hoje, sobre os estudos e as dinâmicas de segurança internacional. Ou seja, esses processos de colonização foram tão profundos que é como se as feridas ainda permanecessem abertas (Silva, 2021). Logo, não considerar os impactos desses processos nas dinâmicas globais seria fingir que essas feridas não existem, impedindo análises e práticas mais abrangentes e inclusivas. A compreensão das histórias locais e das perspectivas invisibilizadas pode alterar a forma como compreendemos as dinâmicas de paz e segurança.

5. CONSIDERAÇÕES FINAIS

Nosso objetivo no presente capítulo foi definir o campo dos ESI e apresentar brevemente as principais correntes dessa subárea da disciplina de RI. Inicialmente, propomos uma discussão sobre o conceito de segurança, seus fundamentos definidores e a forma como se inter-relaciona com as RI. Discutimos como a percepção de ameaça ocupa posição central na definição conceitual e prática de segurança, influenciando também a própria trajetória histórica do campo de estudos. Resultado de um processo subjetivo, a definição de ameaças e, por conseguinte, a delimitação do objeto referente – aquilo que deve ser protegido – enfraquece uma proposta de definição universal sobre segurança.

Em seguida, ao apresentarmos um breve histórico de desenvolvimento dos estudos tradicionais de segurança e as correntes contemporâneas da subárea, observamos as diferentes concepções de segurança trabalhadas nos ESI. Inicialmente, observamos como a emergência do campo de estudos esteve fortemente vinculado às questões de ordem política que marcaram o contexto da Guerra Fria, inclusive com a forte influência exercida pela academia norte-americana na agenda de pesquisa que deu origem aos ESI. Entretanto, as transformações observadas após o término da Guerra Fria lançaram luz sobre as limitações das abordagens tradicionais sobre a segurança, motivando um movimento de ampliação e aprofundamento do estudo sobre a questão.

Sem descartar a dimensão militar como aspecto relevante das dinâmicas de segurança internacional, as iniciativas de ampliação da agenda de pesquisa buscaram abranger o debate sobre insegurança a outras dimensões relevantes, tais como econômicas, sociais e ambientais, por exemplo. Como discutimos, a mudança do objeto de referência da segurança para além do Estado possibilitou importantes avanços nos debates dos ESI, sobretudo pela identificação de diferentes elementos que incidem sobre as dinâmicas da segurança internacional contemporânea.

6. ESTUDO DIRIGIDO

Questão 1. Elabore um breve texto apontando as principais diferenças entre os Estudos Estratégicos e os Estudos de Segurança Internacional. Destaque os principais atores e temáticas abordados por cada um.

Questão 2. Elabore um mapa mental da evolução dos Estudos de Segurança Internacional, destacando os principais atores e temáticas abordados pelas perspectivas tradicionais, construtivistas, Estudos Críticos de Segurança, da Escola de Copenhague, feministas e pós-coloniais.

Questão 3. Escolha uma notícia de jornal recente sobre um conflito internacional e analise a forma como a questão de segurança está sendo abordada na reportagem. Qual é o objeto referente? Quais são as ameaças identificadas? Que tipo de ações políticas são propostas ou debatidas?

Questão 4. Assista ao filme *Beasts of no nation*, lançado em 2015 e dirigido por Cary Fukunaga. Em seguida, escolha uma corrente dos Estudos de Segurança Internacional para analisar o enredo do filme e elabore um breve texto destacando: pelo menos duas questões no filme que essa corrente ajuda a analisar e uma questão no filme que essa abordagem parece deixar escapar em suas análises.

Questão 5. Elabore um breve texto discorrendo sobre as diferenças entre os conceitos de "segurança estatal" e "segurança humana".

7. REFERÊNCIAS BIBLIOGRÁFICAS

BALDWIN, D. Security studies and the end of the Cold War. *World Politics*, v. 48, n. 1, 1995.

BALLESTRIN, L. M. A. Modernidade/colonialidade sem "imperialidade"? O elo perdido do giro decolonial. *Revista de Ciências Sociais*, Rio de Janeiro, v. 60, n. 2, 2017.

BALZACQ, T. (org.). *Securitization theory*. London: Routledge, 2011.

BARKAWI, T.; LAFFEY, M. The postcolonial moment in security studies. *Review of International Studies*, v. 32, 2006. Disponível em: https://www.files.ethz.ch/isn/123383/2006_The_Postcolonial_Moment_in_Security_Studies.pdf. Acesso em: 3 de nov. 2024.

BIGO, D. Security and immigration. *Alternatives*, v. 27, n. 1, 2002.

BILGIN, P. Critical Theory. *In*: WILLIAMS, P.; MCDONALD, M. (org.). *Security studies:* an introduction. London and New York: Routledge, 2018.

BOOTH, K. Security and self: reflections of a fallen realist. *In*: KRAUSE, K.; WILLIAMS, M. (org.). *Critical security studies: concepts and cases*. Minneapolis: University of Minnesota Press, 1997.

BUZAN, B. *Introducción a los estudios estratégicos: tecnología militar y relaciones internacionales*. Madrid: Servicio de Publicaciones del E.M.E, 1991.

BUZAN, B. *People, States and fear*: an agenda for international security studies in the post-Cold War era. Harlow: Pearson Education Limited, 1991.

BUZAN, B.; WAEVER, O.; WILDE, J. *Security:* a new framework for analysis. Boulder: Lynne Reinner, 1998.

BUZAN, B; HANSEN, L. *A evolução dos estudos de segurança internacional*. São Paulo: Unesp, 2012.

CARDOSO, N. Dilema de Segurança. *In*: SAINT-PIERRE, H.; VITELLI, M. (org.). *Dicionário de segurança e defesa*. São Paulo: Unesp Digital, 2018.

CASTRO-GÓMEZ, S. Ciências sociais, violência epistêmica e o problema da "invenção do outro". *In*: CASTRO-GÓMEZ, S. A colonialidade do saber: eurocentrismo e ciências sociais. *Perspectivas latino-americanas*. Buenos Aires: CLACSO, 2005.

FERREIRA, M. A.; MASCHIETTO, R. H.; KUHLMANN, P. R.L. (org.). *Estudos Para a Paz: Conceitos e Debates*. São Cristóvão: UFS, 2019.

GALTUNG, J. Cultural violence. *Journal of Peace Research*, v. 27, n. 3, p. 291-305, 1990.

GALTUNG, J. Violence, peace and peace research. *Journal of Peace Research*, v. 6, 1969.

HALL, S. *Da diáspora:* identidades e mediações culturais. Belo Horizonte: UFMG, 2003.

HERZ, J. Idealist internationalism and the security dilemma. *World Politics*, n. 2, p.157-80, 1950.

HOBBES, T. *De cive (on the citizen)*. Cambridge: Cambridge University Press, 1998.

HUYSMANS, J. What's in an Act? On Security Speech Acts and Little Security Nothings. *Security Dialogue*, v. 42, n. 4-5, 2011.

KOWERT, P.; LEGRO, J. Norms, Identity, and Their Limits: A Theoretical Reprise. *In*: KATZENSTEIN, P. (Org.). *The culture of national security:* norms and identity in world politics. Nova York: Columbia University Press, 1996.

KRAUSE, K.; WILLIAMS, M. Security and "security studies": conceptual evolution and historical transformation. *In*: GHECIU, A.; WOHLFORTH, W. (org.). *The Oxford handbook of international security*. Oxford: Oxford University Press, 2018.

KRAUSE, K.; WILLIAMS, M. Toward Critical Security Studies. *In*: GHECIU, A.; WOHLFORTH, W. (org.). *Critical Security Studies: Concepts and Cases*. Minneapolis: University of Minnesota Press, 1997.

LEDERACH, J. *Building peace:* sustainable reconciliation in divided societies. Washington D.C.: United States Institute of Peace, 1999.

LEDERACH, J. *Preparing for peace:* conflict transformation across cultures. SUP, 2015.

MCDONALD, M. Constructivisms. *In*: WILLIAMS, P.; MCDONALD, M. (org.). *Security studies:* an introduction. London and New York: Routledge, 2018.

MCSWEENEY, B. *Security, identity and interests:* a sociology of international relations. New York: Cambridge University Press, 1999.

MUTIMER, D. Critical security studies. *In*: CAVELTY, M.; BALZACQ, T. (org.). *Routledge Handbook of Security Studies*. London and New York: Routledge, 2017.

NYMAN, J. Securitization. *In*: WILLIAMS, P.; MCDONALD, M. (org.). *Security studies:* an introduction. London and New York: Routledge, 2018.

ORTBALS, C.; POLONI-STAUDINGER, L. *How gender intersects with political violence and terrorism*. GIWPS, 2018. Disponível em: https://giwps.georgetown.edu/resource/how-gender-intersects- -with-political-violence-and-terrorism/. Acesso em: 3 nov. 2024.

OWEN, J. How liberalism produces democratic peace. *International Security*, v. 19, n. 2, 1994.

PAIVA, G. A. A. Segurança humana. *In*: SAINT-PIERRE, H. L.; VITELLI, M. G. (org.). *Dicionário de segurança e defesa*. São Paulo: Unesp, 2018.

PARIS, R. Human Security: Paradigm Shift or Hot Air? *International Security*, v. 26, n. 2, 2001.

PRICE, R. *The chemical weapons taboo*. Ithaca: Cornell University Press, 1997.

PUREZA, J. M. O desafio crítico dos estudos para a paz. *Relações internacionais*. Lisboa, n. 32, 2011.

QUIJANO, A. Colonialidade e Modernidade-racionalidade. *In*: BONILLO, H. (Comp). *Los conquistados*. Bogotá: Tercer Mundo Ediciones; FLACSO, 1992.

RICHMOND, Oliver P. *Peace: A very short introduction*. Oxford University Press, 2014.

SAINT-PIERRE, H. Ameaça. *In*: SAINT-PIERRE, H.; VITELLI, M. (org.). *Dicionário de segurança e defesa*. São Paulo: Unesp Digital, 2018a.

SAINT-PIERRE, H. Estratégia. *In*: SAINT-PIERRE, H.; VITELLI, M. (org.). *Dicionário de segurança e defesa*. São Paulo: Unesp Digital, 2018b.

SAINT-PIERRE, H. L. 11 de Setembro: do terror à injustificada arbitrariedade e o terrorismo de Estado. *Revista de Sociologia e Política*, v. 23, n. 53, p. 9-26, 2015. Disponível em: https://www.scielo.br/j/rsocp/a/LBzGwd8Fvf9m5HQhHS6gF7x/. Acesso em: 3 nov. 2024.

SILVA, K. S. "Esse silêncio todo me atordoa": a surdez e a cegueira seletivas para as dinâmicas raciais nas Relações Internacionais. *Revista de Informação Legislativa*, Brasília, a. 58, n. 229, p. 37-55, 2021. Disponível em: https://www12.senado.leg.br/ril/edicoes/58/229/ril_v58_n229_p37.pdf. Accesso em: 3 de nov. 2024.

SJOBERG, L. Feminist security and security studies. *In*: GHECIU, A.; WOHLFORTH, W. (org.). *The Oxford Handbook of International Security*. Oxford: Oxford University Press, 2018.

SJOBERG, L.; GENTRY, C. E. *Mothers, monsters, whores*: women's violence in global politics. Zed Books, 2007.

TANNENWALD, W. *The nuclear taboo:* the United States and the non-use of nuclear weapons since 1945. Cambridge: Cambridge University Press, 2007.

TANNO, G. A contribuição da Escola de Copenhague aos estudos de segurança internacional. *Contexto Internacional,* v. 25, n. 1, 2003, pp.47-80.

VILLA, R.; BRAGA, C. Segurança internacional. *In*: SAINT-PIERRE, H.; VITELLI, M. (org.). *Dicionário de segurança e defesa.* São Paulo: Unesp Digital, 2018.

WAEVER, O. Securitization and desecuritization. *In*: LIPSCHUTZ, R. (org.). *On security.* New York: Columbia University Press, 1995.

WALT, S. The renaissance of security studies. *International Studies Quarterly,* v. 35, n. 2, 1991.

WALZER, M. *Guerras justas e injustas:* un razonamiento moral con ejemplos históricos. Barcelona: Ediciones Paidós Ibérica, 2001.

WIBERG, H. Investigação para a paz: passado, presente e futuro. *Revista Crítica de Ciências Sociais,* 71, Junho 2005, p. 21-42

WYN JONES, R. *Security, strategy and critical theory.* Boulder: Lynne Rienner, 1999.

8. RECURSOS AUDIOVISUAIS

A hora mais escura. Gênero: drama. Ano: 2012. Direção: Kathryn Bigelow. Sinopse: o filme retrata a caçada a Osama Bin Laden após os ataques de 11 de setembro de 2001, destacando os dilemas éticos envolvidos na operação.

Beasts of no nation. Gênero: drama. Ano: 2015. Direção: Cary Fukunaga. Sinopse: o filme retrata a vida de um jovem recrutado como criança soldado durante uma guerra civil.

Hotel Ruanda. Gênero: drama histórico. Ano: 2004. Direção: Terry George. Sinopse: o filme é baseado em fatos reais e narra a história do gerente de um hotel em Ruanda durante o genocídio de 1994, destacando as respostas da comunidade internacional frente a crises humanitárias.

ECONOMIA POLÍTICA INTERNACIONAL
MATHEUS DE OLIVEIRA PEREIRA[73]

1. INTRODUÇÃO

Um observador atento da política internacional está certamente habituado a encontrar notícias sobre eventos marcados pelas conexões entre a economia e a política. Questões como a evolução dos preços do barril de petróleo, a decisão sobre a taxa básica de juros nos Estados Unidos, debates em torno de qual moeda utilizar em transações comerciais, negociações e acordos entre governos e instituições financeiras internacionais são algumas das várias ilustrações possíveis dos temas que ocupam a agenda da economia política internacional.

A economia política internacional (EPI) consiste no estudo das interações recíprocas e dinâmicas entre as buscas por riqueza e poder nas Relações Internacionais (Gilpin, 1975, p. 43). Desta definição, entende-se que a área se volta às relações entre os domínios da economia e da política, com foco nas ações e resultados que se expandem para além das fronteiras nacionais, incorporando ferramentas conceituais e analíticas tanto da economia como da ciência política (Cohen, 2014).

Desde a sua institucionalização como disciplina acadêmica, nos anos 1970, a EPI passou por um importante desenvolvimento,

---

[73] Doutor em Relações Internacionais pela Unicamp. Pesquisador do Instituto Nacional de Ciência e Tecnologia para Estudos sobre os Estados Unidos (INCT-INEU) e do Grupo de Estudos em Defesa e Segurança Internacional (Gedes). Professor de Relações Internacionais na Fundação Armando Álvares Penteado e no Centro Universitário Belas Artes de São Paulo.

consolidando-se como um campo diverso, tanto em termos dos temas abordados como também das ferramentas teóricas e conceituais empregadas no estudo destes temas. Neste capítulo, busca-se apresentar uma breve introdução que sirva como guia para o estudante compreender os principais elementos deste campo de estudos. Após uma breve recuperação das origens do campo, são apresentados os principais atores e dimensões de estudo da EPI. Em seguida, tem-se uma síntese das principais concepções teóricas abordadas nesta área e a indicação de algumas questões norteadoras para o aprofundamento dos estudos.

2. ECONOMIA POLÍTICA INTERNACIONAL: ORIGENS E DESENVOLVIMENTO DO CAMPO

Embora as conexões entre economia e política internacional sejam reconhecidas e exploradas por intelectuais há séculos, o desenvolvimento da EPI enquanto disciplina acadêmica ganhou impulso apenas com o final da Segunda Guerra Mundial (1939- -1945). Este processo se deu como parte de um esforço de resposta aos desafios analíticos produzidos pelos eventos e características do Sistema Internacional que emergiu a partir de 1945 e que colocavam em xeque a capacidade explicativa do paradigma realista[74] que, então, predominava no estudo das RI com uma leitura centrada no Estado e nas dinâmicas de competição estratégico-militar.

As implicações políticas de eventos como o surgimento dos mercados de euro[75] e petrodólares[76], o primeiro choque do petróleo, a crise do Sistema de Bretton Woods, a internacionalização de empresas e integração de cadeias produtivas mostravam que as RI não se esgotavam nas questões militares e chamavam a atenção para o

---

[74] Para maior aprofundamento, sugere-se a leitura do Capítulo 1 deste livro, que apresenta uma análise detalhada da evolução teórica das Relações Internacionais.

[75] O mercado de eurodólares é um termo que se refere ao mercado de depósitos e empréstimos que utilizam a moeda norte-americana fora dos Estados Unidos, principalmente na Europa.

[76] "Petrodólares" é um termo usado para designar os dólares usados para pagamento de importações de petróleo.

papel de atores não estatais, tradicionalmente negligenciados pelo realismo. A compreensão mais detalhada destas questões esbarrava, contudo, na rígida separação entre os campos da economia e política internacional que existia na época, criando uma situação que Susan Strange, uma das pioneiras da EPI, definia como "negligência mútua" (Strange, 1970).

Embora a interdependência econômica fosse um aspecto cada mais incontornável na realidade internacional, foi o tema da transformação sistêmica que efetivamente induziu ao nascimento da EPI. Este debate se organizou em torno de uma questão central – que indagava acerca da relação entre hegemonia e estabilidade internacional. O assunto ganhou destaque em meio à polêmica sobre o suposto declínio econômico dos Estados Unidos e os impactos que isso teria sobre a ordem internacional forjada por Washington, em particular, sobre o sistema institucional criado para estimular a cooperação interestatal. Um primeiro resultado desses debates foi a formulação de uma contribuição fundamental para o desenvolvimento da EPI: a Teoria da Estabilidade Hegemônica (TEH).

Ao conectar a estrutura e evolução da economia à distribuição internacional de poder, a Teoria da Estabilidade Hegemônica representa a primeira contribuição original formulada a partir do campo da economia política internacional (Cohen, 2008). Existem diferentes versões da TEH, sendo a pioneira, e mais conhecida, aquela formulada pelo historiador Charles Kindleberger, em 1973. Segundo o autor, a cooperação econômica internacional requer um Estado hegemônico com capacidade e vontade política para fornecer bens públicos essenciais, como liberdade de navegação e uma moeda de uso global. Em suas palavras, "para que a economia internacional seja estabilizada é preciso que haja um estabilizador" (Kindleberger, 1973, p. 205). Desse modo, o autor argumenta que a crise dos anos 1930 deveu-se não só a falhas de mercado, mas à falta de um poder hegemônico para estabilizar o sistema, em um contexto no qual a potência em declínio – o Reino Unido – não tinha condições de exercer o papel estabilizador, e a potência em ascensão, os Estados Unidos, não dispunha de vontade política para fazê-lo.

Ainda nos anos 1970, outra contribuição fundamental para as origens da EPI foi dada pela britânica Susan Strange. A autora propunha discutir a EPI a partir de elementos liberais e realistas – mantendo a centralidade do Estado como ator, mas sem negligenciar o impacto das forças de mercado. Uma de suas contribuições mais relevantes foi a proposta de uma tipologia do poder que ia além da noção tradicional para incluir o conceito de "poder estrutural", que consiste na capacidade de "definir como as coisas são feitas" (Strange, 1994, p. 25), de moldar a estrutura na qual os outros atores interagem. A concepção de poder estrutural é bastante influente na EPI até hoje, principalmente nos estudos sobre questões monetárias e financeiras.

Desde então, o desenvolvimento da EPI avançou significativamente, consolidando a área como uma das mais relevantes e destacadas nos estudos de Relações Internacionais. Neste processo, as agendas e temas de interesse também foram ampliados, estendendo-se para muito além dos processos sistêmicos relacionados à hegemonia e dos debates sobre a interdependência, como se verá na sequência.

3. ATORES, TEMAS E AGENDAS

Esta seção do nosso curso apresenta brevemente os principais atores envolvidos no estudo da EPI. É importante lembrar que, embora haja um consenso significativo em torno de quais são os atores mais relevantes, o peso específico e a forma como cada um deles é tratado pode mudar significativamente a depender da perspectiva teórica que orienta o analista e o lugar de onde se pensa a EPI.

3.1. O Estado

Assim como no estudo das Relações Internacionais, o Estado é um ator primordial para economia política internacional (EPI). Ele não só define e implementa políticas econômicas domésticas, mas também participa de negociações de acordos e debates em

Instituições Multilaterais, moldando o cenário da EPI. A posição de um Estado na economia global é crucial para entender os efeitos de suas políticas e sua capacidade de resistir a influências externas.

A importância das políticas comerciais da China e as questões monetárias e financeiras lideradas pelos Estados Unidos são exemplos claros dessa dinâmica. É importante frisar, porém, que, embora poderosos, os Estados não operam isoladamente; eles são constantemente influenciados por atores públicos e privados, nacionais e internacionais. Em especial, as dinâmicas de influência e resistência entre Estados e mercados pode ser considerada um pilar da economia política internacional, constituindo uma das principais questões de estudo nesta área.

3.2. Instituições internacionais

A relevância das Instituições Internacionais no estudo da EPI está diretamente relacionada à centralidade que elas possuem no sistema de governança econômica moldado pelos Estados Unidos a partir da Conferência de Bretton-Woods, em 1944, quando foram criados o Banco Mundial (BM) e o Fundo Monetário Internacional (FMI). Já em 1947, foi assinado o *General Agreement on Tariffs and Trade* (GATT), que seria o principal mecanismo de gestão do comércio internacional, até a criação da Organização Mundial do Comércio (OMC), em 1995.

Em geral, as Instituições Internacionais atuam visando reduzir as barreiras ao comércio e investimentos, e enfrentar desafios globais como crises financeiras, pobreza e a promoção do desenvolvimento. A eficácia e os objetivos dessas instituições são, contudo, objeto de controvérsias. O caso da Argentina ilustra bem esse debate. Durante os anos 1990, o país aderiu de forma quase integral à agenda de reformas defendida pelo Banco Mundial e teve suas políticas macroeconômicas repetidamente avalizadas e elogiadas pelo FMI. A aplicação desse receituário, porém, conduziu o país a uma crise profunda marcada por recessão, desemprego e aumento exponencial da pobreza.

3.3. Empresas transnacionais

As empresas transnacionais são o terceiro ator central da EPI. Empresas transnacionais são corporações cuja atuação vai além de seu país de origem. Antigamente, as corporações eram classificadas como do setor produtivo/comercial ou financeiro. Porém, na era da globalização neoliberal, essa distinção tornou-se mais complexa, já que a dinâmica do capital financeiro frequentemente se entrelaça com o comércio e mesmo empresas focadas em produção e comércio participam ativamente dos mercados financeiros.

Muitas vezes, estas corporações detêm poder econômico e influência que, em muitos casos, rivalizam com os Estados, e utilizam estratégias como lobby[77] e negociações para moldar políticas e regulamentações a seu favor. Sua atuação, todavia, também é marcada por controvérsias, incluindo práticas trabalhistas questionáveis, negligência ambiental e desrespeito às comunidades locais. Escândalos envolvendo trabalho análogo à escravidão e desastres ambientais ligados a empresas de *fast fashion* e extrativismo mineral evidenciam tensões entre a busca por lucro e a necessidade de práticas justas e sustentáveis. Essas questões também suscitam importantes debates éticos sobre o papel e a responsabilidade corporativa no cenário global.

4. DIMENSÕES DO ESTUDO DA ECONOMIA POLÍTICA INTERNACIONAL

Após definir o campo e identificar seus principais atores, esta seção se volta à apresentação das principais dimensões do estudo da EPI. O objetivo aqui é apresentar alguns "macro temas", compostos por uma série de outras questões e temas derivados, que organizam as áreas mais relevantes no âmbito da EPI. Novamente, deve-se ter

---

[77] Bastante comum nos Estados Unidos, mas ilegal no Brasil, a atividade de *lobby* consiste na tentativa de influenciar ocupantes de cargos públicos, sobretudo no Poder Legislativo. Usualmente, a prática é realizada a partir de setores específicos da sociedade, sejam empresas de algum segmento econômico, como a indústria do tabaco, ou comunidades etnicamente definidas, como é o caso dos cubano-americanos.

em mente o alerta a respeito das variações de tratamento e ênfase dadas a estas áreas, em função de contextos geográficos e preferências teóricas.

4.1. Comércio internacional

Os debates sobre comércio internacional são um dos principais eixos do desenvolvimento da ciência econômica e afirmaram-se como uma das principais áreas de interesse da EPI. Os fluxos de comércio impactam diretamente diversas variáveis chaves da economia, tais como o crescimento, emprego, geração e distribuição de renda, entre outros. Todas essas questões possuem importantes repercussões políticas, consolidando a centralidade do tema para a EPI.

A EPI trata do comércio a partir de duas agendas principais: a análise de políticas comerciais, que examina a formulação, implementação e interesses por trás dessas políticas, considerando fatores econômicos, segurança nacional e influências políticas; e o estudo de acordos e instituições internacionais, como a OMC, que regem as dinâmicas comerciais, envolvendo a criação de regras, adesão dos Estados e adequação de políticas nacionais às normas internacionais.

Um tema de especial interesse nessas discussões é a estrutura, funcionamento e influência do Sistema Multilateral de Comércio, que consiste em um conjunto de acordos que estabelecem as regras do comércio internacional de bens e serviços. Esse sistema está baseado nos princípios do multilateralismo e da reciprocidade, e organiza-se em torno de regras claras e vinculantes. Em seu centro, está a Organização Mundial do Comércio (OMC), criada em 1995 para substituir o *General Mentagra on Tariffs and Trade* (GATT), assinado em 1947.

O sistema tem dois objetivos principais. O primeiro é promover o livre-comércio por meio de uma estrutura estável baseada em regras negociadas entre todos os membros. O segundo objetivo é oferecer um espaço para resolução de disputas entre países, o que ocorre por meio do Mecanismo Resolução de Controvérsias da OMC. Este mecanismo permite que um país apresente uma reclamação contra outro país que acredita estar violando regras comerciais por meio de um processo que envolve desde consultas bilaterais até a formação de um painel de arbitragem[78], que julga as práticas denunciadas, e um órgão de apelação.

4.2. Moeda e finanças

Uma segunda dimensão central da EPI são estudos sobre moedas e finanças internacionais. Neste caso, o foco está nos processos que ocorrem nos âmbitos dos Sistemas Monetário e Financeiro Internacional, que são constituídos de uma série de acordos, regras e instituições que visam organizar e facilitar os fluxos monetários e de capital financeiro para fins comerciais e de negociação de ativos financeiros. Além de tratar da estrutura, funções e influência de Instituições Financeiras Internacionais, como o FMI e o Banco Mundial, a EPI aborda a origem e evolução de sistemas monetários, como o Padrão Ouro e o Sistema de Bretton Woods. Mais recentemente, a internacionalização da moeda chinesa tem chamado a atenção para os debates sobre a hegemonia do dólar e sua relação com o poder dos Estados Unidos, recuperando, em partes, o debate sobre o declínio norte-americano.

Uma segunda questão de interesse é o estudo das crises financeiras. As pesquisas que tratam dessas crises costumam se dividir em três linhas – abordando as causas, consequências e os mecanismos de gestão e resolução de crise. A grande crise financeira de 2008 desatou um amplo debate sobre as estruturas regulatórias existentes, notadamente os Acordos de Basileia[79]. Por outro lado, as crises financeiras dos anos 1990 – em países como Rússia, México, Argentina, Coréia do Sul – e a crise da zona do Euro, que atingiu principalmente

---

[78] O painel de arbitragem encontra-se atualmente inoperante pela recusa dos Estados Unidos em chancelar os novos árbitros que o compõem.

[79] Os Acordos de Basileia são um conjunto de acordos sobre regulação bancária produzidos pelo Comitê de Basileia para Supervisão Bancária. Os acordos envolvem recomendações que visam aumentar a estabilidade do sistema bancário, estabelecendo parâmetros mínimos para gestão de risco.

a Grécia, reavivaram uma série de longos debates sobre o impacto da das dívidas soberanas sobre o desenvolvimento, bem-estar social e mesmo sobre a qualidade da democracia (Roos, 2019).

4.3. Desenvolvimento econômico

A temática do desenvolvimento é um objeto antigo de interesse entre os estudiosos da Economia Política, e ganhou impulso significativo nos debates intelectuais e políticos a partir da década de 1940, tornando-se um dos principais eixos de discussão da EPI. O estudo do desenvolvimento na EPI abrange três dimensões principais. A primeira delas explora a interação entre estados, mercados e desenvolvimento, examinando o papel das políticas estatais e dos mecanismos de mercado na definição dos resultados do desenvolvimento.

Uma segunda dimensão é a que trata do papel das instituições internacionais como o Banco Mundial, o Fundo Monetário Internacional (FMI) e as Nações Unidas na definição de políticas de desenvolvimento e concessão de ajuda externa. Por fim, mais recentemente, a relação entre sustentabilidade e desenvolvimento consolidou-se como terceira dimensão nos estudos de desenvolvimento. Neste caso, o foco está no equilíbrio entre crescimento econômico, justiça social e proteção ambiental, incluindo a gestão de recursos e as responsabilidades de Estados e empresas.

4.4. Geoeconomia

A geoeconomia analisa a intersecção de estratégias econômicas e interesses geopolíticos, abordando como os países utilizam o poder econômico para alcançar objetivos estratégicos, de segurança nacional. O foi termo cunhado em 1990 por Edward Luttwak, em um artigo no qual o autor argumenta que no período pós-Guerra Fria o poder econômico ganharia preeminência sobre aspectos tradicionais de poder (Luttwak, 1990).

Entre as questões inseridas nesta dimensão está o estudo do uso de políticas comerciais, investimentos e sanções como instrumentos de política externa. Práticas como o embargo dos EUA a Cuba até sanções recentes contra a Rússia e ações da China contra as Filipinas, exemplificam como o poder econômico pode ser mobilizado em favor de interesses político-estratégicos. Esta abordagem voltou ao centro dos debates atuais devido ao caráter crescentemente antagônico da ordem econômica global, marcado pelo crescimento de formas econômicas de confrontação, competição e cooperação.

5. PERSPECTIVAS TEÓRICAS PARA O ESTUDO DA ECONOMIA POLÍTICA INTERNACIONAL

Do ponto de vista teórico, a economia política internacional caracteriza-se por sua diversidade e ausência de uma teoria geral. Isto é, a área não possui uma teoria unificada que explique de forma abrangente seus fenômenos de interesse. Em vez disso, temos uma pluralidade de abordagens e metodologias que costumam refletir a diversidade também presente nos estudos de Relações Internacionais.

Um trabalho pioneiro, e até hoje muito influente, de sistematização teórica do campo foi feito por Robert Gilpin, nos anos 1980. Gilpin apresenta a EPI como uma área composta por três grandes perspectivas teóricas: nacionalismo, liberalismo e marxismo. Embora sejam sistemas de pensamento oriundos da economia política, essas abordagens podem ser vistas em paralelo às teorias de Relações Internacionais, com o realismo representando a visão nacionalista. Esta sistematização oferece um panorama introdutório importante, mas não contempla a diversidade atual do campo, que inclui perspectivas como a dos estudos decoloniais. Antes de passar à apresentação das teorias, é importante registrar que cada uma delas contempla uma enorme diversidade interna que torna impossível discuti-las em sua totalidade.

5.1. Liberalismo

A abordagem liberal tem em Adam Smith (1723-1790) seu mais notável precursor e caracteriza-se, em termos gerais, pela adoção de um enfoque individualista e racionalista de análise, que assume as premissas de que o mercado é uma entidade que surge espontaneamente para satisfazer as necessidades humanas e que os agentes se comportam visando ganhos absolutos – ou seja, sem se preocupar com as diferenças entre os seus ganhos e os dos demais agentes. Os liberais assumem que os mercados funcionam sob uma lógica própria – baseada na lei da oferta e da demanda – e inerentemente harmônica, de maneira que eventuais desequilíbrios são resultado ou de intervenções (dos Estados, principalmente) ou de falhas de informação que desorganizam o comportamento natural dos agentes econômicos (Gilpin, 1987).

Uma das questões mais caras ao liberalismo é a defesa do livre-comércio, visto como forma de maximização da eficiência produtiva e do bem-estar das sociedades. Ao promover ganhos mútuos e aumentar a interdependência entre os Estados, os fluxos econômicos seriam também uma fonte de estabilidade e paz internacional, além de pressionar por maior cooperação interestatal. A temática da cooperação aparece frequentemente relacionada a uma das questões mais centrais dentro do debate liberal: o papel das instituições.

Em linhas gerais, as instituições podem ser entendidas como "as regras do jogo". Já em uma definição mais formal, Robert Keohane (1988, p. 343) apresenta as instituições internacionais como conjuntos duradouros e conectados de regras (formais ou informais) "que prescrevem papéis comportamentais, restringem atividades e moldam expectativas". Regras, por sua vez, são "enunciados que proíbem, exigem ou permitem determinados tipos de ação" (Simmons e Martin, 2002, p. 194). Dentro da visão liberal, as instituições internacionais possuem um papel central como mecanismos estabilizadores do sistema, na medida em que facilitam a cooperação, viabilizam a criação e facilitam a aplicação de regras, promovem a divisão de custos e difundem informações, reduzindo a incerteza.

Além disso, as instituições seriam espaços nos quais a assimetria de poder entre os Estados seria atenuada, permitindo a países de menor poder relativo uma maior capacidade de ação e influência.

A perspectiva liberal é uma das mais influentes na evolução da EPI, sendo, atualmente, a principal base teórica do *mainstream* da disciplina. Foi sobre o ideário liberal que se constituiu, no pós-Segunda Guerra, o que conhecemos como "Ordem Liberal Internacional" – um conjunto de instituições e acordos que intermedeiam as relações entre Estados soberanos (Ikenberry, 2018). Estão implícitas nesta proposta as noções de que a expansão da democracia liberal de mercado e do capitalismo reduzem o risco de conflitos e maximizam as possibilidades de bem-estar (Keohane, 1984).

O auge da influência do liberalismo se deu com o fim da Guerra Fria (1947-1989) e a expansão da globalização neoliberal. Este termo faz referência a um processo de crescente integração econômica por meio da maior mobilidade de bens, serviços e capitais, sustentada por uma ideologia de um mercado livre, desatado das amarras do Estado (Hopewell, 2020). Apesar da euforia inicial, o que se observa atualmente é o crescimento de oposições e críticas ao neoliberalismo e à institucionalidade que sustenta a governança econômica internacional, o que acirra também os debates teóricos e os contrapontos críticos à perspectiva liberal.

5.2. Marxismo

A segunda das três grandes tradições fundantes da EPI é o marxismo. Em termos gerais, a teoria marxista visa explicar o funcionamento das sociedades inseridas no modo de produção capitalista a partir do materialismo histórico e dialético. O materialismo histórico entende que as condições materiais de uma sociedade – a capacidade produtiva, as relações de classe – moldam as estruturas sociais, como a política, o direito e a cultura. O marxismo, porém, não se limita a explicar as sociedades. Na verdade, o aspecto definitivo da análise marxista é o compromisso normativo com a superação do capitalismo em favor de uma sociedade sem classes e relações de exploração.

Apesar da enorme relevância nas Ciências Sociais, durante muito tempo persistiu o clichê de que o marxismo não oferecia uma base sólida para o estudo das Relações Internacionais porque Marx não se dedicou extensamente ao tópico. Esta, contudo, é uma concepção equivocada, que ignora diversas contribuições importantes e bastante sofisticadas oferecidas por autores marxistas. No caso da EPI, o marxismo pode ser considerado uma tradição canônica que contribuiu para o desenvolvimento do campo a partir de duas agendas principais.

A primeira delas aborda a relação entre a concorrência capitalista e a competição interestatal e se expressa sobretudo nos debates sobre o imperialismo. Já a segunda agenda oferece interpretações do sistema internacional e das ordens globais como estruturas históricas moldadas pelo desenvolvimento do modo capitalista de produção. Aqui, destacam-se a Teoria dos Sistemas-Mundo, de Immanuel Wallerstein, e as análises de Giovanni Arrighi e Robert Cox.

As teorias formuladas por Karl Kautsky, Rosa Luxemburgo e, sobretudo, Vladimir Lênin, foram responsáveis por organizar, a partir do marxismo, uma teoria acerca das relações políticas entre Estados capitalistas, estabelecendo relações diretas entre as características inerentes ao modo de produção capitalista e o comportamento dos Estados em suas relações exteriores. Lênin (1917) propôs a tese de que o imperialismo representa uma "fase superior" do capitalismo, caracterizada pela dominação dos monopólios e do capital financeiro, e que expandia e aprofundava o domínio colonial exercido pelas potências capitalistas na periferia.

Décadas depois da publicação dos trabalhos de referência sobre o imperialismo, o sociólogo Immanuel Wallerstein propôs a Teoria dos Sistemas-Mundo. Em vez de focar os Estados e na análise de conjuntura, esta teoria aborda a "economia-mundo" como unidade básica de análise, situando-a em meio ao desenrolar do processo histórico de longa duração. A teoria divide o mundo em três zonas – centro, periferia e semiperiferia – cada uma desempenhando papéis distintos na economia-mundo capitalista.

Por sua vez, os trabalhos de Giovanni Arrighi e Robert Cox enfatizam a questão da hegemonia e da construção de ordens internacionais. Ambos os autores discutem a hegemonia recuperando as ideias do marxista italiano Antonio Gramsci (1891-1937), para quem a hegemonia é uma forma de dominação que vai além dos aspectos econômicos e militares, envolvendo também a formação de consentimentos amplamente aceitos sobre ideias e instituições. Na obra *O Longo Século XX*, Arrighi discute o surgimento de ordens mundiais como expressões de diferentes hegemonias no capitalismo histórico, enfatizando a relação entre os ciclos sistêmicos de acumulação de capital e a ascensão e queda dessas hegemonias que representam formas distintas de organização política para viabilizar a expansão do capital.

Já Robert Cox deixou uma contribuição importante para a EPI ao analisar as ordens mundiais como estruturas históricas formadas por três dimensões – capacidades materiais, ideias e instituições. De forma bastante simplificada, podemos entender a relação entre hegemonia e ordem mundial da seguinte maneira: a hegemonia é uma forma de domínio de classe que existe, em primeiro momento, como um fenômeno nacional, resultante de forma específica de relações de produção.

5.3. Realismo/nacionalismo

A terceira abordagem destacada por Gilpin é a que ele chama de "nacionalista". Trata-se de uma corrente discernível mais pelo conjunto de atitudes e temas do que por um corpo teórico-conceitual coeso e bem definido, e que tem como ideia central a defesa da subordinação das atividades econômicas aos interesses do Estado. A crença básica desta corrente é de que o protecionismo comercial e outras formas de ativismo estatal são necessidades estratégicas visando a promoção da riqueza e do poder nacional (Helleiner, 2023), principalmente o desenvolvimento da atividade industrial.

Do ponto de vista prático, o nacionalismo econômico assumiu uma diversidade de formas em função dos contextos em que era implementado, podendo ser defensivo ou ofensivo (Gilpin, 1987). No primeiro caso, observa-se uma postura em que o nacionalismo é empregado como forma de minimizar os impactos negativos da economia internacional sobre um país. Um exemplo disso são as políticas protecionistas adotadas por países em desenvolvimento para proteção da indústria nascente (ou em declínio) contra a competição estrangeira. Em sua forma ofensiva, o nacionalismo é posto à serviço da expansão e reprodução das capacidades bélicas do Estado, geralmente como objetivos expansionistas, como podemos observar no caso da Alemanha nazista.

A ênfase no poder, na defesa do interesse nacional e a centralidade do Estado presentes nessa corrente fazem com que ela seja muitas vezes chamada de 'realista', em referência ao paradigma das Relações Internacionais. Em uma obra recente, contudo, Eric Helleiner (2021) advoga em favor de uma terceira nomenclatura – "neomercantilismo" – para caracterizar autores como o alemão Friedrich List, usualmente apresentado nos manuais de EPI como nacionalista e/ou realista. Segundo Helleiner, embora haja importantes convergências e sobreposições entre essas correntes e muitos dos autores neomercantilistas compartilhem uma leitura realista das RI, o realismo não compreende em si um programa econômico específico, de modo que é possível conciliar uma política externa realista com preferenciais liberalizantes na economia. O autor questiona ainda o rótulo "nacionalista", que descreve posições encontradas em alguns autores neomercantilistas, mas não em todos, isto é, o nacionalismo compreende um segmento que está contido no pensamento neomercantilista, não sendo, portanto, sinônimo exato deste.

A adoção, por diversos países, de práticas identificadas com as ideias neomercantilistas fez com que a teoria voltasse ao centro das atenções nos últimos anos. O caso mais notório é o dos Estados Unidos da América, onde este tipo de abordagem tem ganhado fôlego desde o governo de Donald Trump (2017-2021), por meio de medidas como a elevação do protecionismo e a disputa de uma guerra comercial com a China. Mais recentemente, a proposta de um "novo Consenso de Washington" presente no discurso do assessor de segurança nacional do governo Biden, Jake Sullivan, tem sido amplamente reconhecida por vários analistas como evidência de uma guinada neomercantilista nos Estados Unidos. Este momento ocorre em um contexto de acirramento da competição geopolítica e econômica entre grandes potências, e de um diagnóstico cada vez mais frequente, nos EUA, de que as instituições internacionais, sobretudo a Organização Mundial do Comércio, não foram capazes de administrar a ascensão chinesa, especialmente no que se refere à adesão e cumprimento das regras vigentes.

5.4. Abordagens decoloniais

Mais recentemente, e na esteira dos debates travados nas Relações Internacionais, tem crescido o esforço de análise da EPI a partir de uma perspectiva decolonial. Trata-se de um projeto que é, simultaneamente, intelectual e político, e que tem como ponto de partida o reconhecimento de que a EPI é uma disciplina acadêmica fundada em bases colonialistas. Perspectivas críticas chamam a atenção para o fato de que a bibliografia tradicional da EPI tende a deixar de lado o estudo de temas relevantes para a compreensão do colonialismo e da descolonização, além de marginalizar (ou mesmo ignorar por completo) questões de raça (Mantz, 2019). Outro aspecto importante é a predominância de teorias eurocêntricas (Oliveira e Kvangraven, 2023), que generalizam conclusões construídas a partir das visões e trajetórias históricas do mundo anglo-saxão. A tendência de apagamento de contribuições da periferia ao estudo da EPI é um exemplo do ponto levantado por esses autores.

A abordagem decolonial da EPI é organizada a partir de três eixos principais. O primeiro deles é a crítica ao economicismo presente nas abordagens convencionais. O economicismo se refere a uma forma de análise que reduz fenômenos complexos à sua dimensão econômica, marginalizando o impacto de fatores políticos, culturais, ideológicos, entre outros. Neste sentido, questões como gênero, raça e colonialismo são tratados como assuntos marginais e não como pontos cruciais para entender o funcionamento da economia política internacional (Mantz, 2019).

Além disso, o economicismo tende a negar e ocultar a constituição política da EPI enquanto fenômeno concreto. Nas teorias, é possível identificar o economicismo quando, por exemplo, autores liberais sugerem que a liberdade econômica naturalmente promoverá resultados positivos, como a paz e a prosperidade geral. O apego a metodologias quantitativas e modelos estatísticos como uma única forma de validação do conhecimento é outro aspecto criticado por autores decoloniais, que veem nessa prática uma forma de esvaziar o conteúdo político intrínseco ao objeto da EPI, além de operar como epistemicídio, na medida em que invalida conhecimentos produzidos a partir de outros saberes e práticas que são relegados à posição de senso-comum ou superstição.

Um segundo ponto de crítica é a ausência de raça nos estudos de EPI. Aqui, coloca-se em evidência a desatenção à raça e ao racismo como pilares do projeto colonial, inclusive do ponto de vista acadêmico. Nesta visão, o colonialismo não pode ser simplificado como um fenômeno redutível à racionalidade econômica ou de política de poder, devendo ser considerado também em suas dimensões raciais. Neste aspecto, o desafio é operacionalizar a proposta de autores como Robbie Schiliam, que propõe pensar a raça como algo fundamentalmente integrado nas estruturas que organizam as relações e práticas econômicas internacionais.

Por fim, deve-se ressaltar a dimensão ética do projeto decolonial. Autores liberais, desde Adam Smith a Ludwig von Mises, reconhecem os problemas éticos no capitalismo, mas tendem a vê-los como uma forma de "mal necessário" eventualmente compensados pela "evolução" que promovem nas sociedades. Esta perspectiva é frontalmente questionada pela literatura decolonial – como se pode ver nos trabalhos de David Blaney e Naeem Inayatullah – que se define como tal justamente a partir de um compromisso político com a luta anticolonial.

6. CONSIDERAÇÕES FINAIS

Este capítulo do nosso estudo buscou apresentar, de forma sintética, as principais características da economia política internacional enquanto área de estudos. Vimos que, embora seja um tema bastante antigo, a EPI só nasceu como disciplina nos anos 1970, desenvolvendo-se com vigor nas décadas seguintes. Atualmente, a EPI é um campo bastante diverso, marcado pela existência de diversas teorias e uma agenda ampla que cobre comércio, desenvolvimento, finanças, moeda, geoeconomia, entre outros temas.

A EPI é uma área notoriamente dinâmica e, como tal, sujeita a constantes mudanças. Neste sentido, as transformações em curso no mundo atual representam uma janela de oportunidade para o aprofundamento de análises já existentes e desenvolvimento de novas perspectivas. Questões como as mudanças climáticas e a revolução nas tecnologias de informação certamente terão impactos relevantes para a organização da economia global e as relações de poder que a envolvem. Além disso, o quadro de crescente rivalidades entre grandes potências também sugere um panorama desafiador e profundamente instigante para os estudantes da área.

7. ESTUDO DIRIGIDO

Questão 1. Contraste as abordagens liberal, marxista e nacionalista da EPI, diferenciando a forma como cada uma delas aborda a relação entre Estados e Mercados na economia global.

Questão 2. Qual é a influência exercida pelas instituições internacionais sobre a economia política internacional? Fundamente sua discussão em uma abordagem teórica e em exemplos.

Questão 3. O tema da mudança sistêmica e transição hegemônica foi fundamental para o surgimento da EPI. É possível dizer que este tópico ainda segue relevante hoje? Justifique sua resposta com exemplos.

Questão 4. Explique como perspectivas críticas, como a da abordagem decolonial, podem contribuir para a compreensão da EPI atual.

Questão 5. Em sua visão, a atual dinâmica da EPI tende mais ao conflito ou à cooperação? Justifique sua resposta com base em exemplo e diálogo com as teorias.

8. REFERÊNCIAS BIBLIOGRÁFICAS

ARRIGHI, G. *O longo século XX*: dinheiro, poder e as origens do nosso tempo. Rio de Janeiro: Contraponto, 2016.

BIELER, A; MORTON, A. A critical theory route to hegemony, world order and historical change: neo-gramscian perspectives in international relations. *In*: BIELER, A; BONEFELD, W; BURNHAM, P; Morton, A. *Global restructuring, state, capital and labour*: Contesting Neo-Gramscian Perspectives. New York: Palgrave Macmillan, 2006, p. 9 – 28.

BLACKWILL, R; HARRIS, J. *War by othermeans*: geoeconomics and statecraf. Cambrigde: Harvard University Press, 2016.

COHEN, B. *Advanced introduction to international political economy*. Cheltenham: Edward Elgar, 2014.

COHEN, B. *International political economy*: an intellectual history. Princeton: Princeton University Press, 2008.

FRIEDEN, J; LAKE, D. *International political economy*: perspectives on global power and wealth. London: Routledge, 2003.

GILPIN, R. *U.S. Power and the multinational corporation*: the political economy of foreign direct investment. New York: Basic Books, 1975.

GILPIN, R. *The Political Economy of International Relations*. Princeton: Princeton University Press, 1987.

HELLEINER, E. *The contested world economy*: the deep and global roots of international political economy. Cambridge: Cambridge University Press, 2023.

HELLEINER, E. *The neomercantilists:* a global intellectual history. Ithaca: Cornell University Press, 2021.

HOPEWELL, K. *Clash of powers*: US-China rivalry in global trade governance. Cambridge, England: Cambridge University Press, 2020.

KINDLEBERGER, C. *The world in depression 1929-1939*. Berkley: University of California Press, 1973.

LUTTWAK, E. From geopolitics to geo-economics: logic of conflict, grammar of commerce. *The National Interest, 20*, 17–23, 1990.

MANTZ, F. Decolonizing the IPE syllabus: eurocentrism and the coloniality of knowledge in international political economy. *Review of International Political Economy,* 26(6), 1361-1378, 2019.

OLIVEIRA, F. A.; KVANGRAVEN, I. H. *Back to Dakar:* decolonizing international political economy through dependency theory. Review of International Political Economy, vol. 30, 2023, p. 1676-1700.

RIST, G. *The history of development*: from western origins to global faith. London: Zed Books, 2019.

ROOS, J.. *Why not default? The political economy of sovereign debt*. Princeton: Princeton University Press, 2019

SHILLIAM, R. *Race and the undeserving poor:* from abolition to Brexit. Newcastle upon Tyne: Agenda Publishing. 2018.

STRANGE, S.. International economics and international relations: a case of mutual neglect. *International Affairs*, v. 46, n. 6. 1970, p. 304 – 315.

WALLERSTEIN, I. *World-systems analysis*: an introduction. Durham, NC: Duke University Press, 2004.

9. RECURSOS AUDIOVISUAIS

Diamante de sangue. Gênero: drama. Ano: 2007. Direção: Edward Zwick. Sinopse: o filme se passa durante a Guerra Civil em Serra Leoa, ilustrando as dinâmicas locais e internacionais que envolvem o comércio ilegal de diamantes, como o uso de recursos do tráfico para financiamento de guerras e as tentativas de combate à prática, como o Processo de Kimberley.

O jardineiro fiel. Gênero: drama/ação. Ano: 2005. Direção: Fernando Meirelles. Sinopse: baseado no livro de John le Carré, o filme trata da atuação de grandes companhias farmacêuticas no continente africano, principalmente a realização de testes de remédios fora de critérios éticos. O filme oferece uma perspectiva interessante sobre formas de exploração econômica da desigualdade e da miséria, bem como do papel de diferentes atores políticos neste processo.

Inside job. Gênero: documentário. Ano: 2010. Direção: Charles Ferguson. Sinopse: o documentário apresenta uma narrativa abrangente da crise financeira global de 2008, investigando suas causas, desde a desregulamentação do setor financeiro até as relações, muitas vezes corruptas, entre operadores do mercado financeiro, políticos e acadêmicos.

DIREITO INTERNACIONAL
LETÍCIA RIZZOTTI LIMA[80]

1. INTRODUÇÃO

As Relações Internacionais como disciplina são constituídas de um extenso conjunto de conhecimentos que dão conta da formação do sistema internacional e de sua análise. Em especial, há uma interface importante com o Direito Internacional pelo uso de seus instrumentos na relação entre Estados e dentro das Organizações Internacionais que formulam e decidem temas e agendas importantes da política global (Slaughter, 1993).

Essa relação é marcada pela característica anárquica do sistema internacional, isto é, sem hierarquia definida entre os atores e, portanto, sem uma autoridade superior capaz de definir regras válidas para a interação dos Estados. Essa particularidade é fundamentalmente diferente do fenômeno jurídico interno dos países, uma vez que no nível doméstico há uma autoridade superior (o Estado) que define como se produzir normas e regras e quais são suas origens corretas. Assim, o Direito Internacional opera a partir de redes entre sujeitos, ou seja, os atores reconhecidos pelas normas, e fontes, de onde surgem as regras, que dependem majoritariamente da vontade dos Estados se submeterem aos acordos.

---

[80] Docente de Relações Internacionais no Centro Universitário Sagrado Coração (Unisagrado). Mestre e doutora em Relações Internacionais pelo programa de pós-graduação em Relações Internacionais San Tiago Dantas (Unesp/Unicamp/PUC-SP), na área de concentração de 'Paz, Defesa e Segurança Internacional'. Graduada em Relações Internacionais pela Universidade Federal de São Paulo (Unifesp).

Contudo, seria equivocado imaginar que a criação dessa complexa estrutura está alheia às dinâmicas de poder do sistema internacional, bem como à evolução dos valores neste ambiente. Neste sentido, é crítico compreender o direito não como uma manifestação isolada da vida internacional, mas sim como instrumento da correlação de forças e dos movimentos de dominação e resistência. Essa dinâmica se dá no uso dos recursos disponíveis e das negociações sobre as normas internacionais.

Além do mais, esse cenário foi complexificando ao longo da história com a criação de Organizações Internacionais e a inclusão dos indivíduos como portadores de direitos e deveres no plano internacional (Accioly, Silva e Casella, 2012), para além do lugar cativo dos Estados, demonstrando como a normatização da vida foi ampliada em várias esferas, agora para incorporar proteção de direitos humanos, meio ambiente, entre outros. Para tanto, é fundamental partir do olhar de como e por quem as regras foram construídas, a fim de compreender o espaço que o direito tem na formação da ordem internacional, não como um fenômeno neutro e bem-intencionado, mas como instrumento da disputa de poder, determinando inclusive que tipo de representação política pode ou não ser considerada Estado. Assim, a reflexão de como as normas foram e são constituídas desvela essa relação, ao mesmo tempo que cria uma racionalidade própria do espaço internacional.

Neste sentido, este capítulo do nosso estudo sobre Introdução às Relações Internacionais se divide em três partes apresentando essa trajetória acerca do Direito Internacional: em primeiro lugar, tratamos da formação do Direito Internacional como mecanismo de relações pacíficas entre Estados; depois, abordamos os principais elementos constitutivos do Direito Internacional e suas funcionalidades; e, por fim, discutimos a complexificação contemporânea do fenômeno jurídico no sistema internacional e as tendências analíticas recentes da área.

2. ORIGENS E TRADIÇÕES DO DIREITO INTERNACIONAL

Na origem do Direito Internacional como é conhecido hoje, há duas distintas tradições jurídicas para construção de normas: o positivismo jurídico e o *jus* naturalismo. De modo bastante simples, as duas vertentes se diferenciam sobre como se dá a afirmação normativa. Isto é, enquanto o positivismo jurídico observa a manifestação concreta/positivada (leia-se, escrita), o *jus* naturalismo reconhece a possibilidade de normas tácitas, que pairam na condução do comportamento dos atores (Accioly, Silva e Casella, 2012). Essa distinção foi expressada por Hugo Grotius (1583-1645), referência na reflexão sobre Direito Internacional no sistema de Estados, que defendia a preferência da lógica *jus* naturalista. Aliado à essa perspectiva esteve Emer de Vattel (1714-1767), que entendia a universalidade e imperatividade de um 'direito das gentes'[81]. Entretanto, na contemporaneidade – diferentemente de boa parte dos ordenamentos domésticos (sistemas jurídicos de cada Estado) –, o Direito Internacional tem por característica a convivência dessas duas estruturas, de modo conexo e complementar. Não há um privilégio de nenhuma das duas correntes, como será visto na próxima seção, tornando, assim, mais complexo o reconhecimento de quais são as normas e as regras do sistema internacional.

É pertinente afirmar que esse exercício não é estático, tampouco neutro: a definição e afirmação de como se reconhecem normas internacionais está mergulhada no universo de poder, não sendo o direito embalado à vácuo e alheio às disputas estatais, mas sim instrumento ora das potências estabelecidas, ora de agentes desafiantes da ordem internacional. Neste sentido, é fundamental unir a prática jurídica à luz das tradições para desvelar argumentos e dinâmicas de poder neste processo, sendo esse exercício a própria teorização sobre o Direito Internacional (Orford e Hoffmann, 2016).

Assim, é crucial perceber que o direito se move sob a lógica dos princípios dominantes de determinado período, inclusive sobre

---

[81] Fundamento que sustentará a ideia do *jus cogens*, apresentado na próxima seção.

quem tem espaço e é ouvido neste processo (Orford e Hoffmann, 2016; Carvalho Veçoso, 2017). A afirmação do sistema moderno de Estados e a necessidade de reconhecimento dos pares internacionais para a legitimidade política cravaram no direito traços importantes do sistema imperialista (Anghie, 2004), como o uso de expressões sobre 'nações civilizadas'[82], que não denotavam igualdade, mas a concentração de poder pelas potências europeias.

Nesta linha, boa parte das origens apontadas no Direito Internacional moderno fazem referência ao período entre os séculos XIV e XIX, momento mais intenso do empreendimento colonizador da Europa nas Américas, Ásia e África. Ao mesmo tempo que a ampliação de acordos entre Estados europeus se desenvolvia como uma prática de avanço diplomático, fora das potências a compreensão de quem poderia ser 'nação civilizada' excluía os povos dominados com justificativas racionalizantes das normas internacionais.

É neste contexto que se afirmam questões sobre a própria formação do Estado moderno, incluindo a caracterização de dimensões como território e soberania. Isso porque o reconhecimento da autoridade pública é crucial para garantir a adequação de representação e confiabilidade de cumprimento dos pactos. Assim, o direito internacional poderia ser definido para as potências como um instrumento de mediação das relações entre Estados, no âmbito do sistema internacional, implicando a defesa da soberania, da independência e da não ingerência entre Estados (Accioly, Silva, Casella, 2012).

Neste sentido, o reconhecimento das circunstâncias formadoras dos Estados, da validade dos tratados e da eleição de princípios específicos do domínio europeu marcaram o Direito Internacional na sua versão mais formal. Contudo, enquanto esse é um elemento concreto da estrutura mais ampla do direito, também é verdade que ele pode ser instrumento para desafiar a ordem estabelecida, incluindo a inserção de práticas de direitos humanos como uma camada de proteção das pessoas além das fronteiras estatais.

---

[82] O próprio artigo sobre fontes da Corte Permanente de Justiça Internacional, depois transformada em Corte Internacional de Justiça, utiliza a expressão. Esse texto é reproduzido na próxima seção.

Sobre o primeiro caso, é possível identificar o conceito de autodeterminação dos povos, debatido e incorporado no sistema internacional no começo do século XX à luz das experiências europeias e com forte influência do liberalismo dos Estados Unidos (Throntveit, 2017). O termo foi amplamente advogado para legitimar as guerras de independência na África e na Ásia entre as décadas de 1950 e 1960. Esse é um importante exemplo de como é possível transformar a interpretação de princípios, em diferentes momentos históricos e, assim, refundar os usos normativos dentro de um mesmo sistema.

Ademais, também há uma importante evolução do Direito Internacional no sentido de incorporar novas práticas e temas, não apontando para a lógica de mediação entre unidades estatais e, portanto, a partir da lógica governamental, e sim reinterpretando a lógica do 'direito das gentes' como ferramenta de ampliação do espaço dos direitos humanos. Há dois casos emblemáticos ainda no século XIX que apontam para essa vocação: a criação do Direito Internacional Humanitário com a fundação da Cruz Vermelha, em 1863, e o impacto do movimento antiescravagista, também ao final do século.

O Direito Internacional Humanitário tem por objeto a regulação da guerra tendo por principal questão a proteção de civis dos conflitos e a limitação de tipos de armamentos – a exemplo das armas químicas. Esse ramo jurídico é uma das experiências mais antigas de proteção jurídica internacional das pessoas, afastando da percepção mais restrita de um direito dos conflitos armados, em referência à guerra como assunto puramente militar (Wilson, 2017). Esse recorte foi engendrado por movimentação da Cruz Vermelha, que até hoje pauta os termos dos tratados de proteção de civis entre outras dimensões do direito internacional humanitário.

Já o caso do movimento antiescravagista é o primeiro da criação de uma rede internacional de pressão para a proibição de uma prática dentro dos Estados. Mesmo tendo em conta as dinâmicas de poder envolvidas nos interesses econômicos que circundavam os debates sobre a escravidão, vindos da Inglaterra, a formulação de movimentos de pressão para aprovação de normas que rechaçavam a prática foi uma das primeiras experiências internacionais de articulação de direitos humanos que ultrapassava a lógica estatal e usava dos tratados entre países para estabelecer limites na exploração do trabalho (Comparato, 2017).

Assim, o Direito Internacional é antes de tudo um instrumento na disputa de poder entre Estados, assim como das sociedades, em temas amplos da vida coletiva que abrangem questões políticas, econômicas e sociais. A partir disso é crucial compreender quais são os recursos disponíveis nessa arquitetura jurídica e como eles expressam essa evolução histórica.

3. CONCEITOS FUNDAMENTAIS: FONTES E SUJEITOS

A partir da formulação de uma estrutura normativa que passa pelos Estados para sua aprovação e prática, há dois grandes eixos de organização do Direito Internacional para a criação e reconhecimento de normas. O primeiro são as **fontes de Direito Internacional**, mais especificamente de onde podem surgir novas regras e como podem ser reconhecidas (Amaral Júnior, 2012; Mazzuoli, 2014). O segundo trata dos **sujeitos de Direito Internacional**, isto é, quem é reconhecido como ator para operar os mecanismos jurídicos do sistema internacional (Accioly, Silva e Casella, 2012; Amaral Júnior, 2012; Mazzuoli, 2014). A partir da interação entre sujeitos como atores de Direito e fontes, como mecanismos para criar as normas, é que se constrói a arquitetura jurídica internacional. Assim, é importante entender como se dá o processo de reconhecimento das fontes e dos sujeitos no sentido de observar a estrutura jurídica do sistema internacional.

3.1. Fontes de Direito Internacional

A forma mais clássica de se produzir normas no sistema internacional é por meio da assinatura de tratados entre Estados, criando o aspecto positivado, isto é, escrito, do direito. No entanto, o Direito

Internacional também reconhece fontes não positivadas, nas quais prevalecem tradições e costumes seguidos pelos atores. Assim, há duas grandes categorias de fontes do Direito Internacional, que emulam as tradições normativas da seção anterior: a primeira é de acordos expressos (como tratados e declarações públicas) e a segunda é de acordos tácitos (exemplificados por princípios e costumes).

Para definição de quais podem ser as fontes, o Estatuto da Corte Internacional de Justiça (CIJ) em seu 38º artigo afirma que:

> Art. 38 - A Corte, cuja função é decidir conforme o Direito internacional as controvérsias que lhes sejam submetidas, deverá aplicar:
>
> a) as convenções internacionais, sejam gerais ou particulares, que estabeleçam regras expressamente reconhecidas pelos Estados litigantes;
>
> b) o costume internacional como prova de uma prática geralmente aceita como Direito;
>
> c) os princípios gerais de Direito reconhecidos pelas nações civilizadas;
>
> d) As decisões judiciais e a doutrina dos publicistas de maior competência das distintas nações, como meio auxiliar para a determinação das regras de Direito, sem prejuízo do disposto no art. 59. (Amaral Júnior, 2012, p. 126)

A partir desta lista, a primeira e mais tradicional forma de criação jurídica no plano internacional são os tratados – instrumentos utilizados pelos Estados para firmar acordos entre si. O uso recorrente deste modelo promoveu a regulação dos pactos com a Convenção de Direito dos Tratados de 1969, definido de regras e características para a celebração desses acordos no sistema internacional. A validação desses dispositivos é feita não com apenas a assinatura de um Estado ao tratado, mas por sua ratificação, que passa pela dinâmica doméstica de cada país. No caso do Brasil, os tratados são assinados pela Presidência da República e posteriormente são ratificados pelo Congresso Nacional, e só então passam a vincular juridicamente as ações brasileiras.

Além do modo expresso e formal dos tratados, eles também são compreendidos na categoria de normas chamada *hard law* (Abbott e

Snidal, 2000), quando é clara a obrigatoriedade de se cumprir aquele acordo. Antes da Convenção de Direito dos Tratados de 1969, essa vinculação se dava por uma expressão tácita da obrigatoriedade a partir de uma outra fonte de Direito Internacional: os princípios. O princípio do *pacta sunt servanda*[83] garantia a obrigatoriedade dos tratados, ainda que não seja uma fonte positivada (escrita) do Direito. Isso, pois: "Os princípios, [...], são pautas genéricas que condicionam e orientam a compreensão do ordenamento jurídico tanto no tocante à sua explicação e integração, como no momento da elaboração de novas normas" (Amaral Júnior, 2012, p.130).

Assim, os princípios são fonte importante para o Direito Internacional, uma vez que provêm guias para a interpretação de normas e afirmam a obrigatoriedade de comportamentos que não necessariamente foram positivados. Essa fonte serve para organizar a ordem internacional, uma vez que trata de comportamentos no relacionamento entre Estados e de fundamentos da ideia de soberania no sistema internacional. Os princípios são assim um elo entre a continuidade das normas e comportamentos com suas mudanças, sem que se produza ruptura no sistema internacional. Um emblemático princípio em vigor é o de não interferência externa nos Estados, reconhecido inclusive como uma das faces da soberania (Krasner, 1999).

Se os princípios têm um caráter de organização, o costume – também conhecido como *jus cogens* ou direito cogente – revela a dimensão substantiva das normas de Direito internacional, podendo ser definido como o **resultado** "da prática geral e consistente (para além de *uniforme*) dos atores da sociedade internacional em reconhecer como *válida* e *juridicamente exigível* determinada obrigação" (Mazzuoli, 2014, p. 155). Nesse sentido, o costume precisa ser reiterado e a partir da sua repetição uniforme será lido como obrigatório pelos atores do sistema internacional, diferentemente da simples manifestação do uso de algum instrumento que não vincula obrigatoriedade.

Desta forma, há dois componentes na formação de *jus cogens*: o primeiro é material/objetivo, que diz justamente sobre a repetição

---

[83] Expressão que pode ser traduzida como "os acordos devem ser cumpridos".

constante e uniforme de determinada prática; o segundo é psicológico/subjetivo, tratando da convicção da obrigatoriedade da prática. Sob a forma objetiva do costume, é preciso que se reconheça a repetição generalizada e ampla da prática, seja ela aceita expressa ou tacitamente. Tanto Estados quanto organizações internacionais podem criar costumes, ampliando e tornando imprevisível o leque de temas que podem vir a ser considerados consuetudinários[84]. A dimensão subjetiva, por sua vez, é constituída pela *opinio juris* [convicção do direito], traduzida justamente como o reconhecimento jurídico de determinada norma e da sua vinculação para o comportamento dos atores e determinante para a formação costumeira. Deste modo, o costume é uma expressão de consenso entre os atores, que pode se dar em nível global, regional ou mesmo local.

Um caso emblemático de afirmação de costume regional é a aplicação do asilo político diplomático na América Latina. A partir de uma decisão da CIJ sobre a concessão da proteção na embaixada colombiana ao líder político peruano Haya de la Torre em 1950, foi reconhecida a inviolabilidade do espaço diplomático – embaixadas e consulados – para recepção de atores políticos perseguidos em seus países de origem como um direito cogente (Accioly, Silva e Casella, 2012). No século XXI, Julian Assange e Edward Snowden, protagonistas do escândalo de espionagem na *National Security Agency* dos Estados Unidos em 2013, usaram desse recurso para se protegerem da prisão na Europa a partir da embaixada equatoriana. Contudo, apesar do cumprimento do asilo diplomático por países da América Latina, esse instituto não foi reconhecido em outras partes do mundo, limitando seu uso global e escancarando as disparidades de poder na formação do fenômeno jurídico internacional.

É importante destacar que não há uma hierarquia na aplicação entre costumes e tratados, já que os dois constituem fontes vinculantes do Direito Internacional. Enquanto os tratados têm uma característica mais estável em função da sua positivação, os costumes não demandam nenhum ato específico (como a ratificação) para serem aplicados em relação aos Estados. Ainda na formação

---

[84] Expressão sinônima à ideia de "costume".

das fontes, a CIJ reconhece decisões jurídicas e doutrinas – interpretações nas normas – como auxiliares na definição do que é norma, no entanto essas últimas constituem fatores secundários neste exercício.

Até aqui, todas as fontes normativas são vinculantes/obrigatórias para os Estados e determinantes para a caracterização das normas no sistema internacional. Contudo, há normas compreendidas como *soft law*: não vinculantes/obrigatórias e com baixa institucionalidade (Abbott e Snidal, 2000). Declarações da Assembleia Geral das Nações Unidas são exemplos comuns da expressão de *soft law*, mas que servem como demonstradores relevantes das intenções dos Estados sobre temas de difícil consenso. Muitas vezes, esse é um recurso para preparar a positivação de determinado tema, ou mesmo para iniciar um debate em que as posições dos Estados são bastante divergentes.

3.2. Sujeitos de Direito Internacional

Se por um lado entender quais são as fontes do Direito Internacional é importante para a compreensão dos instrumentos disponíveis, os sujeitos demonstram e determinam quem é reconhecido no sistema internacional como ator legítimo e pode operar esses recursos. O principal e mais tradicional sujeito do Direito Internacional é o Estado, que tem a função de produzir e reconhecer a validade das normas. Ao aderir a determinado tratado, por exemplo, os Estados ao mesmo tempo exercem sua soberania, por atuarem no sistema internacional, e a cerceiam, por se submeter a determinações externas (Krasner, 1999).

Para a identificação do Estado são necessários três elementos fundamentais: população permanente, território determinado e governo soberano. Uma forma de interpretar a constituição de soberania é assumir que, por ter esses três requisitos, qualquer entidade política já pode ser soberana. Entretanto, há uma segunda interpretação, chamada tese atributiva, que soma aos elementos constitutivos o reconhecimento/relação com outros Estados. Sob esta última vertente, a ideia central é que a soberania também tem uma dimensão externa e que passa pela inclusão daquela entidade como Estado pelos seus pares no sistema internacional. Dois grandes exemplos no século XXI da dificuldade de reconhecimento como formador da soberania são Kosovo[85] e Taiwan[86], que disputam sua independência com Sérvia e China, respectivamente.

Para além disso, ainda há uma série de regras de sucessão, desmembramento e extinção de Estados que interferem no desenho de fronteiras e no cumprimento de tratados assinados anteriormente (Accioly, Silva e Casella, 2012). Também são os Estados que têm a capacidade de dotar a população de nacionalidade e cidadania, realizando essa ação como um exercício de soberania, além da definição de direitos civis e políticos associados a essas condições (Mazzuoli, 2014).

Um segundo sujeito do Direito Internacional são as organizações internacionais (OI), que tiveram sua consolidação no século XX. Isso porque, com a criação das ordens liberais de 1919 e de 1945 (pós-Primeira e Segunda Guerras Mundiais, respectivamente), o pilar de negociações e processos decisórios foi centrado em organizações temáticas ou universais, que teriam por objetivo ampliar a cooperação política e técnica entre os Estados (Amaral Júnior, 2012; Herz, Hoffmann e Tabak, 2015). As OI foram, assim, um importante espaço para celebração de novos acordos e articulação de normas de temas de difícil consenso como direitos humanos e comércio internacional. No entanto, a percepção de que elas seriam um sujeito de Direito Internacional, mais do que apenas um espaço de articulação, se deu a partir da decisão da CIJ sobre o caso Conde Bernadotte (1949), que versava sobre a responsabilidade da Organização das Nações Unidas (ONU) pela morte de seu diplomata. A Corte

---

[85] O Kosovo é um território na região dos Bálcãs, que reivindica historicamente sua independência da Sérvia. Após a desintegração da Iugoslávia nos anos 1990, a disputa eclodiu em uma guerra marcada por intensos massacres à população civil e intervenção da Organização do Tratado do Atlântico Norte (OTAN). Desde então, o Kosovo pleiteia o reconhecimento da sua soberania pela comunidade internacional, sem sucesso completo.

[86] A disputa sobre a soberania de Taiwan é decorrente da Revolução Chinesa (1949), quando o governo Kuomintang derrotado na Revolução se abrigou na ilha. Enquanto a China continental formou a República Popular da China, sem reconhecer a autonomia de Taiwan e defendendo o princípio de 'uma só China', o governo insular reivindica ainda hoje sua soberania frente ao comando comunista.

reconheceu a personalidade jurídica plena das organizações, tornando-as sujeitos completos do Direito Internacional, em função da sua total capacidade de formular acordos com os Estados e operar no sistema internacional. Neste sentido, as OI passaram a ocupar um espaço similar, ainda que não exatamente igual aos Estados no Direito Internacional e puderam acelerar a produção de declarações e tratados, aumentando o volume de normas sobre os mais diversos temas no sistema internacional.

Um último sujeito de Direito Internacional, mais recentemente reconhecido, são os indivíduos. Até o começo do século XXI, parte significativa das normas constituídas no Direito Internacional tratava a condição das pessoas como objeto do direito. Isto é, o regramento dizia respeito às dimensões dos indivíduos, mas sem a possibilidade deles atuarem de fato no sistema internacional. O Direito Humanitário sobre proteção de civis nos conflitos é um exemplo importante desse tipo de norma. A partir da afirmação de uma gama ampla de direitos humanos as pessoas já eram objeto importante do Direito Internacional, consolidando a normatização de uma parte significativa da vida: a criação de limites e garantias do Estado em relação aos indivíduos versam justamente sobre a internalização de parâmetros de dignidade com origem no direito internacional e destino às sociedades nacionais (Trindade, 2012). Contudo, eram limitados os acessos da sociedade nesse processo decisório. Exemplo interessante é o caso da Corte Interamericana de Direitos Humanos, que apesar de tratar e decidir sobre casos específicos, inclusive criando obrigação sobre reparações que os Estados devem prover aos indivíduos, não compreende a participação direta das pessoas, mas sim intermedeia o processo a partir da Comissão que seleciona os casos julgados. O reconhecimento definitivo, então, da participação dos indivíduos se deu a partir da instalação do Tribunal Penal Internacional (TPI) onde os indivíduos não são apenas representados, mas podem efetivamente ser julgados sobre o cometimento de crimes de guerra, genocídio, limpeza étnica e crimes contra humanidade.

Neste sentido, a evolução da participação no Direito Internacional indica para uma maior complexidade do sistema, sobrepondo regimes, organizações e incluindo novas formas de ação jurídica. Assim, tanto novos temas quanto com novos sujeitos, o Direito Internacional passou por uma profunda transformação no século XX, se tornando não apenas um mediador das relações estatais pacíficas e bélicas, mas especialmente ampliando dimensões de regulação interna aos Estados, bem como a participação das sociedades para além da representação estatal no sistema internacional. É por isso que é fundamental compreender a profusão de regimes internacionais, especialmente a partir das organizações internacionais, a seguir exposto.

4. DIREITO INTERNACIONAL NO MUNDO DOS REGIMES

Pensar o Direito Internacional contemporâneo necessariamente passa pelo avanço que esse conjunto de regras e normas tiveram a partir do século XX, sob o guarda-chuva das organizações internacionais. Isso porque as soluções de remodelar o sistema internacional após as duas grandes guerras mundiais (1914-1919 e 1939-1945) foram pautadas na ideia de uma galáxia de organizações que favoreceriam a cooperação e controlariam os grandes conflitos internacionais (Herz, Hoffmann e Tabak, 2015). A forma que as organizações produziram para consolidar esses avanços é justamente via a criação de normas e acordos internacionais, formando uma teia especialmente complexa de compromissos para os Estados sobre os mais diversos temas.

Deste modo, há uma importante intersecção entre o fenômeno jurídico internacional mais recente e o conceito de regimes internacionais (Carvalho *et al.*, 2019), definidos como: "princípios, normas, regras e procedimentos de tomada de decisões de determinada área das Relações Internacionais em torno dos quais convergem as expectativas dos atores" (Krasner, 2012, p. 93). A formação desse conjunto de regras ampliou os temas sobre os quais os atores negociam e criou uma importante rede de *hard* e *soft law* que opera na ação dos Estados, das organizações internacionais e sociedade civil organizada.

O que se desenrolou, em especial após a criação de ordem do pós-Segunda Guerra, foi uma gama grande de novos acordos, tribunais e organizações sobre temas clássicos do sistema internacional, a exemplo da segurança e do comércio internacionais, mas também de assuntos "novos", no sentido da sua normatização internacional. Regimes de direitos humanos, meio ambiente, saúde, entre outros, firmaram uma pluralidade de compromissos que demandam um esforço constante dos corpos diplomáticos e das burocracias internacionais.

Uma forma de entender como esses conjuntos foram construídos é buscar para a ideia de unidade e especialização do regime temático: isto é, observar o conjunto de normas sobre determinada questão como fechado em si mesmo, a partir da sua capacidade de específica em regular o assunto. A outra forma é tentar compreender essa pluralidade normativa como um sistema interconectado, em que dimensões do mesmo tema são reguladas por áreas diferentes do direito (Simma e Pulkowski, 2006). Um exemplo significativo dessa última dinâmica é a cadeia de produção global da indústria têxtil: as condições precárias de trabalhadores nas confecções podem ser tratadas a partir do regime de direitos humanos, de trabalho, e também do comércio internacional, uma vez que a precarização das condições trabalhistas tem impacto significativo na competitividade dos preços dos produtos. Neste sentido, diferentes lógicas de regime e seus objetivos alcançam as dimensões de uma mesma situação.

Boa parte dessa profusão foi, como apontado, sob a ação das organizações internacionais, porque elas são grandes espaços de contato, que têm a capacidade de apontar para agendas específicas. Assim, a habilidade de enquadrar a questão, isto é, sob qual lente ela será analisada, é fundamental na ação dos atores e mesmo na decisão normativa, que passa pelo desenho institucional de cada organização. Se o caso de condições precárias de trabalho na indústria têxtil for julgado pela Organização Mundial do Comércio, onde decisões são vinculantes, há um tipo específico de punição e de resposta do Estado condenado que será fundamentalmente diferente de uma resolução da Organização Internacional do Trabalho (OIT), que não tem a mesma característica de obrigatoriedade jurídica.

Assim, é crucial compreender a singularidade do direito na proliferação de regimes internacionais (Nasser, 2015). Enquanto a definição clássica de Krasner (2012) para as Relações Internacionais está preocupada com a forma de cooperação e constrangimentos dos atores no sistema internacional, a análise do direito se ocupa em como olhar para essa multiplicidade a partir de um sistema minimamente coeso e da sua capacidade de vincular decisões (Nasser, 2015). Nesse sentido, a preocupação jurídica é com a construção de uma ordem internacional que faça sentido nas muitas áreas regulatórias, para que não haja conflitos estruturais, como o exemplo acima.

Desta forma, a questão sobre cumprimento (*compliance*) e obrigatoriedade normativa (*enforcement*) é crucial nos debates de Direito Internacional. Enquanto o primeiro trata do voluntarismo dos Estados em cumprir normas vinculantes ou não, e dos incentivos positivos dessa ação (como ser visto como parte confiável do sistema internacional, ou mesmo um parceiro preferencial dentro do regime) (Chays e Chays, 1993), o segundo trata da obrigatoriedade normativa e dos mecanismos institucionais para se fazer a valer a vinculação e punir atores que descumpram suas decisões (Downs, 1998). O Conselho de Segurança das Nações Unidas e o Órgão de Soluções de Controvérsias da OMC são os exemplos mais bem acabados de *enforcement*.

Desta forma, a constituição de uma norma e sua obrigatoriedade no Direito Internacional são fundamentais para se medir a relevância que os atores internacionais dão para determinado tema, e a sua capacidade de consenso neste quesito. Assim, normas de clara natureza vinculante (essencialmente, tratados e costume) denotam que há ampla aceitação em como tratar uma questão, enquanto o uso mais comum de normas não vinculantes (em especial a *soft law*) implicam a inviabilidade de acordo entre os Estados. O campo mais afetado sobre essa dualidade é o de Direitos Humanos, uma vez que mesmo com uma expansão muito significativa ao longo do século XX, com especial protagonismo da ONU, seus tratados sofrem de baixa ratificação além de não preverem grandes mecanismos de compensação quando descumpridos; restando o uso recorrente de declarações para avançar na proteção de novos direitos (Simma e Pulkowski, 2006).

Neste sentido, a ideia de regimes de direito é importante para perceber o fenômeno da sobreposição normativa que os muitos comportamentos podem ter no sistema internacional. Isso pois, não apenas são formadas distintas regras, como também podem ser enquadradas de modos diferentes levando a interpretação de uma situação específica para caminhos até mesmo opostos. Assim, o direito internacional não deve ser interpretado como uma estrutura hierárquica com componentes mais obrigatórios que outros, mas sim como uma complexa rede de prescrições complementares e sobrepostas que os atores manejam conforme seus interesses.

Desta forma, há uma série de tendências mais recentes que indicam como os atores estão lidando com o conjunto de normas internacionais, demonstrando reinterpretações a partir do Sul Global e também olhares entre uma maior fragmentação ou constitucionalização dessa teia jurídica em função deste contexto de profusão de uma série de regimes em níveis distintos.

A questão que emerge do cenário jurídico internacional mais recente é se essa estrutura está caminhando no sentido da fragmentação do direito internacional. Isto é, se a multiplicação dos regimes puxará o direito internacional para sentidos diferentes de normatização (Fischer-Lescano e Teubner, 2004). Neste sentido, a primeira preocupação é da colisão entre distintos regimes: no exemplo acima da indústria têxtil, caso OMC e OIT tomem decisões diferentes (como a primeira entender que é uma prática comercial tolerável, e segunda uma violação de direitos humanos que precisa cessar), a rede jurídica internacional fica comprometida sobre a preferência dos Estados em qual decisão cumprir, e também em sua capacidade de entregar avanços coletivos.

Esse cenário é constituído sobre avanços importantes na construção de instituições de direito com alto poder vinculante já em curso, ou em consolidação, que criaram novos centros de produção normativa. O caso do Tribunal Penal Internacional é um deles, uma vez que ainda que não refaça o trabalho da Corte Internacional de

Justiça, por julgar indivíduos, enquanto ela julga Estados, representa uma nova instância que se pretende vinculante sobre crimes de guerra e violações massivas de direitos humanos, eventualmente se sobrepondo à determinação de tribunais *ad hoc* (temporários) do Conselho de Segurança para exatamente o mesmo tema. No mais, a fragmentação é uma expressão do pluralismo dos sujeitos de direito internacional que constroem soluções políticas diversas a partir de suas preferências e das estruturas jurídicas postas no sistema internacional (Peters, 2016). O regime ambiental é um exemplo claro disso, no fracasso de soluções mais vinculantes/obrigatórias, a opção dos Estados tem sido pela criação de *soft law* bastante flexível.

Enquanto esse é um debate empírico sobre os caminhos das normas internacionais no século XXI, há outras reflexões teóricas que problematizam as origens e análises sobre o Direito Internacional como um instrumento de poder na ordem global. Esse é o fundamento da corrente crítica que atesta a confluência do embate político no direito, ao contrário de noções mais limitadas da análise jurídica clássica, e que também deu início a debates sobre o impacto do sistema de dominação imperialista e as resistências a ele, criando uma vertente sobre o direito do 'terceiro mundo' (conhecida pela sigla em inglês TWAIL – *Third World Analysis of International Law*), e um subgrupo de especial interesse para o Brasil que enfoca a ideia de um direito internacional latino-americano, como espaço de disputa da região no sistema internacional.

Essas formulações pretendem reinterpretar os mecanismos jurídicos, como os costumes e princípios, à luz do posicionamento dos Estados e de quais valores são privilegiados nesse processo. Esse é um exercício importante para abrir mão de percepções mais limitadas sobre o direito e interpretá-lo de fato como instrumento que funciona na organização do poder e na resistência a ela. É por esse motivo que o Direito Internacional é parte necessária da formação em Relações Internacionais e pode promover a criação de análises e estratégias de atuação profissional na área.

5. CONSIDERAÇÕES FINAIS

Olhar para o Direito Internacional é fundamental na análise das Relações Internacionais, seja para compreensão de suas estruturas mais antigas ou recentes. Isso porque observar os instrumentos e desenvolvimentos das normas é elemento crucial da relação dos atores internacionais e materializa esse processo. Assim, este capítulo teve por objetivo apresentar componentes essenciais da construção jurídica internacional. Em primeiro lugar, discutiu-se as origens deste processo e as lógicas de formação normativa, problematizando sua afirmação no poder imperialista do século XIX. Na sequência, os principais recursos da arquitetura jurídica internacional foram apresentados como os fundamentos e possibilidades de uso entre os atores, incluindo a ampliação dos sujeitos de Direito Internacional com Organizações Internacionais e indivíduos neste cenário. Por fim, tratou-se dos desenvolvimentos mais recentes tanto na profusão de regimes e uma possível fragmentação da ordem jurídica, quanto da preocupação em reinterpretar o direito à luz das relações de poder entre potências centrais e países periféricos, a exemplo do enfoque na América Latina.

Neste sentido, o Direito Internacional é um importante instrumento da ação profissional e analítica do internacionalista, e que deve ser compreendido como mecanismo da disputa política no sistema internacional. Os temas emergentes da intersecção entre Direito e Relações Internacionais têm se provado cada vez mais urgentes, contando com a necessidade de se produzir novas alternativas de negociação, acordos e interpretações de campos como meio ambiente e direitos humanos.

6. ESTUDO DIRIGIDO

Questão 1. Quais são as fontes de Direito Interacional que estão envolvidas na ideia de *pact sunt servanda*?

Questão 2. Quais são os componentes para formação de um costume?

Questão 3. Quais são os diferentes sujeitos de direito internacional e qual é a diferença entre eles?

Questão 4. A Declaração de Direitos Humanos de 1948 se encaixa como uma norma de *hard* ou *soft law*? Justifique destacando quais são as características desses dois tipos.

Questão 5. Quais são os impactos da proliferação de regimes no Direito Internacional?

7. REFERÊNCIAS BIBLIOGRÁFICAS

ABOTT, K. W., SNIDAL, D. Hard and soft law in international governance. *International Organization*, v. 54, n. 3, pp. 421-456, 2000.

ACCIOLY, H.; SILVA, G.E do N.; CASELLA, P. B. *Manual de direito internacional público*. 20. ed. São Paulo: Saraiva, 2012.

AMARAL JÚNIOR, A. *Manual do candidato:* noções de direito e direito internacional. 4. ed. Brasília: Fundação Alexandre de Gusmão, 2012.

ANGHIE, A. *Imperialism, sovereignty and the making of international law*. Cambridge: Cambridge University Press, 2004.

CARVALHO, D. *et al*. Reflexões sobre o direito e as Relações Internacionais: o desafio da sala de aula. *Mural Internacional*, v. 10, 2019.

CARVALHO VEÇOSO, F. F. História e crítica em direito internacional na América Latina: revisitando discussões pretéritas sobre ensino jurídico na região. *Derecho del Estado*, n. 39, pp. 91-117, 2017.

CHAYS, A., CHAYS, A. On Compliance. *International Organization*, v. 47, n. 2, pp. 175-205, 1993.

COMPARATO, F. K. *A afirmação histórica dos direitos humanos*. 11. ed. São Paulo: Saraiva, 2017.

DOWNS, G. Enforcement and the evolution of cooperation. *Michigan Journal of International Law*, v. 19, 1998.

FISCHER-LESCANO, A.; TEUBNER, G. Regime collisions: the vain search for legal unity in the fragmentation of international law. *Michigan Journal of International Law*, v.25, 2004.

HERZ, M.; HOFFMANN, A.; TABAK, J. *Organizações Internacionais:* histórias e práticas. Rio de Janeiro: Elsevier, 2015.

KRASNER, S. *Sovereignty:* organized hipocrisy. Princeton: Princeton University Press, 1999.

MAZZUOLI, V. *Curso de* Direito Internacional Público. 8. ed. São Paulo: Revista dos Tribunais, 2014.

NASSER, S. H. Direito Global em pedaços: fragmentação, regimes e pluralismo. *Revista de Direito Internacional*, v. 12, n. 2, 2015.

ORFORD, A.; HOFFMANN, F. 'Introduction: theorizing international law'. *In*: Orford, A. Hoffmann, F (eds.). *The Oxford Handbook of the Theory of International Law*. Oxford: Oxford University Press, 2016.

PETERS, A. 'Fragmentation and constitutionalization'. *In*: Orford, A. Hoffmann, F (eds.). *The Oxford handbook of the theory of international law*. Oxford: Oxford University Press, 2016.

SIMMA, B.; PULKOWSKI, D. Of planets and the Universe: self--contained regimes in International Law. *The European Journal of International Law*, v. 17, n. 3, 2006.

SLAUGHTER, A. International law and international relations theory: a dual agenda. *The American Journal of International Law*, v. 87, n. 2, pp. 205-239, 1993.

THRONTVEIT, T. *Power without victory:* Woodrow Wilson and the American internationalist experiment. Chicago, London: The University of Chicago Press, 2017.

TRINDADE, A. A. C. Os indivíduos como sujeitos do direito internacional. *Revista do Instituto Brasileiro de Direitos Humanos*, v. 12, n. 12, 2012.

WILSON, P. The mith of international humanitarian law. *International Affairs*, v. 93, n. 3, pp. 563-579, 2017.

8. RECURSOS AUDIOVISUAIS

A incrível história da Ilha das Rosas. Gênero: comédia. Ano: 2020. Direção: Sidnei Sibilia. Sinopse: um engenheiro idealista constrói a própria ilha do litoral da Itália e declara uma nação independente, chamando a atenção do mundo – e do governo.

Black Earth rising. Gênero: drama. Ano: 2018. Direção: Hugo Blick. Sinopse: adotado por uma advogada especialista em direitos humanos após o genocídio de Ruanda, a investigadora Kate Ashby confronta o passado ao assumir casos de crimes de guerra.

HISTÓRIA DAS RELAÇÕES INTERNACIONAIS
DAVID MAGALHÃES[87]

1. INTRODUÇÃO

Tornou-se um lugar-comum que aqueles que não aprendem com os erros do passado estão fadados a repeti-los. O clichê, entretanto, resvala em alguns problemas. Nem todas as experiências do passado se aplicam às situações atuais. Em certas circunstâncias, a remissão a eventos históricos pode levar alguém a fazer falsas analogias e, assim, tomar decisões que se provem equivocadas ou até desastrosas.

Uma vez que a aplicação da experiência histórica a problemas de política internacional é difícil, e uma vez que as armadilhas são grandes, alguns estudiosos das Relações Internacionais preferiram virar as costas para a história em favor do mundo mais amigável e abstrato da construção de modelos teóricos. No entanto, o estudo da História tem muito a oferecer ao campo das Relações Internacionais (Gilbert, 1968), algo que deve ser assimilado em estudos introdutórios de RI.

A história também ajuda o estudante de Relações Internacionais a compreender a continuidade dos eventos. Isso nos faz profundamente cientes do fato de que existe continuidade, bem como mudança, de geração em geração, e que líderes ou nações inteiras podem se ver aprisionados pelo passado sobre o qual não tiveram influência. Ortega y Gasset (1983) resume com brilhantismo este importante aspecto da história:

---

[87] Professor de Relações Internacionais na PUC-SP e na FAAP e coordenador do Observatório da Extrema Direita (OED).

poderíamos representar as gerações não horizontalmente, mas sim na vertical, umas sobre as outras, como os acrobatas de circo quando fazem uma torre humana. Uns sobre os ombros dos outros, o que está no alto tem a impressão de dominar as demais, mas deveria notar, ao mesmo tempo, que é seu prisioneiro. Isso faria nós nos darmos conta de que o passado não "foi" simplesmente, de que não estamos soltos no ar, mas sobre os seus ombros, de que estamos no passado, num passado determinadíssimo que foi a trajetória humana até hoje, a qual poderia ter sido muito diferente do que foi, mas que, uma vez foi, é irremediável, é assim – é nosso presente, no qual, querendo ou não, bracejamos náufragos. (Ortega y Gasset, 1983, p. 45).

De acordo com Hobson e Lawson (2008), existem quatro formas de uso da história no estudo das Relações Internacionais:

Quadro 1 – Empregos da história nas Relações Internacionais

1. História como ilustração: este modo utiliza a história como uma forma de iluminar a pesquisa em Relações Internacionais. Os estudiosos utilizam eventos históricos para fornecer exemplos e estudos de caso que ajudam a entender os fenômenos internacionais.
2. História como análise ontológica: neste modo, a história é usada para explorar as diferentes formas de Relações Internacionais no tempo e no espaço. Os teóricos marxistas, construtivistas e críticos têm investigado como as relações de classe, as mudanças morais do Estado e outros fatores históricos influenciam as instituições internacionais e as relações entre os Estados.
3. História como seleção teórica: este modo envolve a seleção de uma teoria específica para analisar a história das Relações Internacionais. Os estudiosos podem escolher teorias como o marxismo, o construtivismo ou o realismo para interpretar eventos históricos e entender as Relações Internacionais.
4. História como sociologia histórica: diz respeito à aplicação de métodos e conceitos da Sociologia Histórica para analisar as Relações Internacionais. A Sociologia Histórica busca entender as estruturas sociais e as dinâmicas de poder que moldam as Relações Internacionais ao longo do tempo.

Fonte: Hobson e Lawson (2008).

Enfatizada a importância e os usos da história para o campo de estudo das Relações Internacionais, nas seguintes seções, percorreremos, de forma panorâmica, as mais importantes transformações que impactaram a ordem internacional, tendo como ponto de partida o surgimento do atual sistema de Estados, em 1648, até o final da Guerra Fria (1947-1989).

2. UMA HISTÓRIA DAS TRANSFORMAÇÕES ESTRUTURAIS DO SISTEMA INTERNACIONAL MODERNO

Os recortes tradicionais costumam contar a história das Relações Internacionais a partir do século XVI, momento em que a Europa constrói um sistema mundial de dominação que perdura por aproximadamente quatrocentos anos. É o período também em que surge o Estado moderno, contemplado por parte significativa das teorias de Relações Internacionais como um ator de primeira grandeza. Este sistema de Estados nunca esteve circunscrito apenas à cristandade europeia. Desde o começo do século XVI, ele cobriu os quatro cantos do globo por meio da expansão imperialista, só entrando em colapso no início do século XX, quando a Europa se dilacera em duas guerras mundiais e outras potências mundiais emergem às margens do eixo de dominação europeu (Watson, 2004).

Em nosso sobrevoo à história das Relações Internacionais, priorizaremos as mudanças estruturais na Ordem Internacional, desde a fundação do Sistema de Estados Modernos, em 1648. E como demonstrado por Graham Allison (2017), as mudanças estruturais provocadas por transições hegemônicas, não raramente, vieram acompanhadas de guerras que transformaram as bases do sistema internacional (Allison, 2017). Quando se encerram, as guerras dão lugar a conferências diplomáticas que estabelecem os alicerces de uma nova ordem internacional. Assim sucedeu com a Guerra dos 30 anos (1618-1648) e a paz de Westfália; as guerras expansionistas francesas e o Tratado de Utrecht (1713); as guerras napoleônicas e o Congresso de Viena (1815); a Primeira Guerra Mundial e Tratado de Versalhes (1919); a Segunda Guerra Mundial e o Encontro dos Três Grandes (Conferências de Teerã, Yalta e Potsdam, entre 1943 e 1945). Como veremos mais adiante, nem todos os momentos de mudança estrutural foram acompanhados de guerras gerais, como ocorreu na passagem da hegemonia britânica para a norte-americana, no começo do século XX, ou com fim da Guerra Fria, cujo colapso do império soviético possibilitou a emergência de um mundo unipolar dominado pelos EUA.

2.1. A Guerra dos 30 Anos, a Paz de Westfália e a emergência do Estado Moderno

De longe, um dos traços mais importantes do mundo moderno foi o processo de formação do Estado, que transformou profundamente a paisagem política no continente europeu sendo, posteriormente, exportado para os quatro cantos do mundo. Como aponta Creveld (2004), para que surgissem as monarquias pessoais – como os regimes liderados por Henrique VIII na Inglaterra e Luís XIV, na França – foi necessário que os novos monarcas triunfassem sobre quatro obstáculos: a nobreza, as cidades, a Igreja e o Império.

Ao observarmos um mapa político da Europa no século XIII e o comparamos com um mapa do século XVII, salta aos olhos o nível de fragmentação política, uma vez que o continente era constituído por um mosaico de pequenos ducados e principados controlados pelo poder local da nobreza. O processo de centrifugação do poder que levou à absorção dos feudos dominados pela nobreza variou de região para região. Muitos desses territórios foram absorvidos por meio da guerra, outros via casamento diplomático. A cooptação também foi um expediente bastante comum, uma vez que as novas monarquias europeias ofereciam à nobreza diversos privilégios, como cargo na administração do Estado que estava nascendo, isenção de tributos e direito de portar armas. Este processo se mostrou mais tortuoso em alguns países. A Europa assistiu diversas revoltas de nobres que não aceitavam a centralização do poder, como as chamadas "frondas" que se insurgiram contra o poder absoluto de Luís XIV.

As cidades também eram um empecilho à expansão territorial dos monarcas pessoais. Desde o renascimento comercial, elas constituíam comunidades urbanas autônomas ou semiautônomas. Diferente de outras regiões da Europa, as cidades tinham o *status* de "livres". Possuíam seus próprios órgãos de governo, câmara municipal, um sistema independente de tributos, e, em alguns casos, tinham a sua própria casa de moeda. Eram protegidas por suas próprias fortificações e dispunham de milícias mercenárias para defender a cidade de investidas externas. Esses burgos costumavam se agrupar em ligas (principalmente na Alemanha e na Itália) com a finalidade de proteger as estradas, manter a paz e defender seus interesses em relação à isenção de impostos. Apesar de a guerra ter sido um expediente comum de conquista dessas comunidades urbanas, a aliança mercantil dos capitalistas com a monarquia foi a principal força histórica que explica a submissão das cidades às monarquias pessoais em formação: fosse por meio da tributação ou de empréstimos, o capitalismo deu força financeira à monarquia. Esta, por sua vez, pagava seu débito oferecendo proteção militar aos empreendimentos mercantis, tanto dentro do país quanto, mais tarde, internacionalmente (Creveld, 2004, p. 147).

A Igreja foi outro obstáculo que precisou ser superado para que o processo de centralização estatal se consolidasse. Para isso, os monarcas atacaram gradualmente os privilégios políticos e tributários do clero, além de confiscar propriedades da Igreja. A ascensão do humanismo somada à disseminação da reforma protestante contribuiu para corroer as bases ideológicas da cristandade ocidental. Acadêmicos humanistas — a exemplo de Petrarca, Thomas Morus e Erasmo de Roterdão — resgatando os ensinamentos clássicos, defendiam que era possível se chegar a uma civilização organizada sem os benefícios da fé cristã. A reforma protestante, por sua vez, se espraiou pela Europa feito um rastilho de pólvora graças, entre outras coisas, à invenção da imprensa por Johannes Gutenberg, comprometendo severamente a unidade cristã no continente. Aos

Introdução às Relações Internacionais

poucos o conhecimento, que outrora se concentrava na Igreja, foi se disseminando pelas universidades que pipocavam pela Inglaterra, França, Espanha e Itália. As novas monarquias passaram a incorporar cada vez mais pessoas formadas em universidades humanistas e seculares no quadro de funcionários, um processo que acabou por laicizar a administração pública do Estado que estava germinando.

Mas o batismo do Estado moderno ocorre de fato com a derrota do Império. Qual império? No centro da Europa encontrava-se o Sacro Império Romano-Germânico (SIRG), controlado pela dinastia Habsburgo a partir de Viena. No século XVI, o SIRG havia chegado a sua extensão máxima, integrando, além dos reinos germânicos, a Boêmia (atual República Tcheca), a Espanha, parte dos Países Baixos e o reino das duas Sicílias, na Itália. O projeto de dominação do império não era segredo de gabinete. O lema dos Habsburgos era *Alles Erdreich ist Österreich untertan,* isto é, "o mundo todo será submetido à Áustria". Como afirma Kissinger (2004), o SIRG defendia uma concepção de ordem internacional que mesclava as tradições do Império Romano com a Igreja Católica. Defendiam, em tempos de dissidência protestante, a unidade cristã da Europa mantida pela força do império controlado pelos Habsburgos. O universalismo cristão movia a política externa do SIRG e sua sanha expansionista colocava em risco a sobrevivência política das monarquias que se centralizavam às margens do Império.

Em geral os cursos de História das Relações Internacionais começam com a Guerra dos 30 anos (1618-1648), que é justamente o confronto no qual os Estados em formação reagem ao projeto hegemônico do SIRG. A Guerra se inicia, em 1618, por motivos religiosos, quando dois funcionários Habsburgos são atirados para fora da janela do Castelo de Praga, por protestantes tchecos (Defenestração de Praga). Durante três décadas o conflito vai envolvendo diferentes potências protestantes, como Dinamarca e Suécia, que são derrotadas pelo SIRG.

A Guerra dos 30 anos se encerra quando a França, se sentido ameaçada, decide se opor às investidas expansionistas dos Habsburgos. Luís XIII confiou ao Cardeal Richelieu o comando da política externa francesa, que a conduziu de forma pragmática, se aliando aos protestantes contra os católicos do SIRG. O que chamamos de pragmatismo, Kissinger denominou *raison d'Etat*, a razão de Estado, que consistia na ideia de que o "bem-estar do Estado justifica uso de quaisquer meios, o seu interesse está acima de ideologias, religião ou qualquer outra linha de pensamento, ou seja, o Estado está acima de qualquer coisa" (Kissinger, 2004, p. 113). Mesmo sendo Cardeal da Igreja, Richelieu abdicou de suas convicções religiosas, de foro individual, e fez aliança com protestantes com o propósito de assegurar a sobrevivência do recém-nascido Estado francês. A posição de Richelieu, muito admirada por realistas como Kissinger, pode ser resumida na frase atribuída ao lorde Palmerston, primeiro-ministro durante a Inglaterra vitoriana: "Eu não tenho amigos, eu não tenho inimigos, eu só tenho interesses".

O Tratado de Westfália de 1648, ao mesmo tempo que encerra a Guerra dos 30 anos, estabelece as bases do moderno sistema de Estados, também conhecido como sistema westfaliano de Estados. Tais bases estão assentadas sobre princípios anti-hegemônicos como a igualdade e independência entre os Estados, a autodeterminação política e religiosa e a proibição da intervenção nos assuntos internos de um Estado soberano por outro. A ideia de soberania externa também é sacramentada em Westfália, uma vez que os signatários do Tratado reconheceram que não há autoridade legal para além do Estado capaz de impor obrigações legais a ele ou a seus cidadãos. Assim, os princípios normativos centrais fixados em 1648 – territorialidade, soberania, autonomia e legalidade – formaram o arcabouço necessário para o surgimento do Direito Internacional Público.

2.2. Expansionismo francês, Tratado de Utrecht (1713) e Equilíbrio de Poder

Além das características mencionadas acima, o fim da Guerra dos 30 anos produziu uma nova configuração de poder na Europa: o declínio do SIRG e da Espanha e a ascensão da vitoriosa França à condição de superpotência europeia. O protagonismo francês está

Introdução às Relações Internacionais

associado à consolidação do seu Estado nacional, cujo êxito deve ser atribuído sobretudo a Richelieu e ao seu discípulo, Jules Mazarin. Ambos adotaram medidas para centralizar a administração pública francesa por meio dos *intendants,* criaram um exército nacional permanente, diminuindo a dependência com os exércitos mercenários, e criaram uma diplomacia profissional para proteger os interesses da França no mundo. Foi neste período também que a França intensificou sua política imperialista, conquistando territórios na América do Norte, como a Luisiana, nome dado em homenagem ao "Rei Sol". Com a morte de Mazarin, em 1661, Luís XIV passou a assumir a condução da política externa francesa.

Sob o comando do monarca absolutista, a política externa francesa adotou uma postura agressiva e expansionista. Assim como ocorreu com a tentativa hegemônica do SIRG, as pretensões expansionistas da França foram recebidas com alianças anti-hegemônicas num sistema de equilíbrio de poder. Assim ocorreu quando o exército francês invadiu a parte espanhola dos países baixos (atualmente a Bélgica), produzindo uma aliança entre Holanda, Suécia e Inglaterra para conter o expansionismo de Luís XIV. O mesmo ocorreu na guerra Franco-Holandesa (1672-78) e, depois, quando a França decidiu avançar sobre os territórios germânicos da Alsácia e Lorena, sofrendo a resistência da Liga de Augsburg (1688-1697). E, finalmente, com a Guerra de Sucessão (1701-1713), quando a França reivindicou a herança do trono Espanhol, Luís XIV enfrentou a Grande Alliance, formada pelo SIRG, Inglaterra, Holanda e os reinos germânicos.

Todos esses conflitos resultaram da contenção ao expansionismo francês na Europa. O Tratado de Utrecht (1713), que encerrou a Guerra de Sucessão, cristalizou nas elites políticas europeias a ideia de que o equilíbrio de poder era a maneira mais eficaz de evitar que um só país unificasse a Europa sob seu comando. Guilherme D'Orange, sob o controle da Holanda e, depois da Revolução Gloriosa, da Inglaterra, articulou habilmente as alianças anti-hegemônicas por meio da chamada *offshore balance* e consolidou a ideia de equilíbrio racional e multipolar de poder, que seria respeitado na Europa do século XVIII (Watson, 2004).

A Europa pós-Utrecht é marcada pelo equilíbrio multipolar. Na virada do século XVII para o XVIII, a Holanda atravessa um período de prosperidade econômica denominado "anos dourados", em que desempenha um papel importante no comércio internacional e controla territórios fora da Europa, como a Indonésia, na Ásia, parte da América do Norte, regiões nas Antilhas, chegando até ao Brasil, com a ocupação em Pernambuco liderada por Maurício de Nassau. A Inglaterra também emergiu como potência naval no século XVIII. A Revolução Gloriosa de 1688 substituiu James II por William de Orange e Maria, e William III buscou alianças internacionais para contrabalançar Luís XIV da França. A partir de 1714, a dinastia hanoveriana assumiu o poder, apoiada pelo Partido Whig (à época, considerado como o Partido Liberal da Inglaterra), e a construção de um Estado militar e fiscal fortaleceu as forças armadas, resultando no crescimento da marinha e no estabelecimento de um império colonial.

Entre os reinos germânicos, merece destaque a ascensão da Prússia como uma potência militar na Europa. Sob o governo de Frederick William, o Grande Eleitor, a Prússia construiu um poderoso exército e adotou uma política externa flexível, tornando-se a segunda maior potência alemã após a Áustria. Seu filho, Frederick I, se tornou rei em 1701, e o "Rei Soldado," Frederick William I, duplicou o tamanho do exército. Em 1740, seu filho, Frederick II, o Grande, usou o Estado prussiano para elevar o status da Prússia como uma Grande Potência, mesmo com uma população pequena.

A outra grande potência europeia era a Áustria. Após o enfraquecimento do SIRG, a Áustria se tornou a nova base de poder para a dinastia Habsburgo. Na Paz de Utrecht, em 1713, a Áustria obteve territórios na Itália e nos Países Baixos, tornando-se a segunda maior potência na Europa continental após a França, com uma população de oito milhões, em 1700. O Estado austríaco logrou uma importante vitória militar sobre o Império Otomano, em 1683, quando este tentou cercar Viena. Após esta vitória, a Áustria avançou sobre os territórios otomanos na região dos Balcãs, controlando regiões do que hoje são Hungria, Romênia e Sérvia.

A Rússia é também uma dessas potências que passa a participar crescentemente da ordem internacional centrada na Europa. O Czar Pedro I (1682-1721) realizou diversas transformações na estrutura política e administrativa do Estado russo (reformas petrinas), com vistas a aproximá-lo dos países ocidentais. Suas campanhas militares proporcionaram à Rússia acesso ao mar Báltico e, com a captura do porto de Azov dos otomanos em 1696, o acesso ao Mar Negro. Essa concepção imperial de Pedro seria posteriormente continuada por Catarina "a Grande".

2.3. A "Era das Revoluções", Guerras Napoleônicas e Congresso de Viena (1815)

O último quarto do século XVIII marcou uma época de transições significativas na política internacional. O período estabelece o início da "Era das Revoluções", como denominou Hobsbawm (1977), no qual ideologias liberais e nacionalistas emanciparam a Europa do Antigo Regime.

A Revolução Americana e a Guerra de Independência (1775-1783) impactaram a ordem internacional. A Guerra dos Sete Anos (1756-1763), que culminou com a vitória britânica na América do Norte, paradoxalmente, preparou o cenário para a revolução nas colônias. Os custos da guerra levaram a tentativas britânicas de reorganização administrativa e fiscal que provocaram a ira dos colonos americanos. Depois que a independência dos EUA foi declarada, em 1776, Benjamin Franklin viajou em missão diplomática para a França para obter apoio na guerra contra a Inglaterra. A França assinou uma aliança com os Estados Unidos, em 1778, motivada pelas considerações sobre o equilíbrio de poder europeu. A vitória dos EUA foi celebrada pelo Tratado de Paris, em 1783, com a posição dos primeiros líderes norte-americanos, a exemplo, buscando se afastar da política europeia.

Seis anos após os norte-americanos derrotarem a Inglaterra, eclodiu na França a revolução que transformaria profundamente a política europeia. A Revolução Francesa de 1789 teve origem na crise sistêmica do Estado francês, agravada por séculos de conflitos militares e gastos excessivos, incluindo intervenção na "Revolução Americana". O rei Luís XVI convocou os Estados Gerais, em 1789, para aprovar reformas fiscais, mas a assembleia pressionou por mudanças radicais, incluindo a proclamação dos Direitos do Homem e o estabelecimento de uma república em 1792. O rei foi decapitado em 1793, desencadeando uma radicalização interna levada a cabo pelos jacobinos. Ao longo de um quarto de século, as potências europeias se uniram em coalizões para se opor à França revolucionária, com destaque para a Áustria e a Grã-Bretanha. A Grã-Bretanha, desempenhando seu papel tradicional de *offshore balancer*, financiou as coalizões por meio de subsídios organizados por William Pitt, o Jovem. O período resultou em décadas de turbulência internacional, com a França enfrentando diversas coalizões europeias em conflitos políticos e militares.

Napoleão Bonaparte, filho da Revolução Francesa, ascendeu ao poder por meio de um golpe em novembro de 1799 (18 de Brumário). O prodígio militar encerrou a Revolução após voltar com suas tropas da campanha militar no Egito. Em 1804, Napoleão coroou a si mesmo imperador dos franceses e deu início a uma marcha expansionista na Europa, período conhecido como "Guerras Napoleônicas". Entre 1805 e 1807, a *Grande Armée* francesa derrotou suas principais rivais na Europa continental: Áustria, Prússia e Rússia. Neste período, a única derrota significativa sofrida por Napoleão ocorreu em 1805, em uma batalha naval no estreito de Gibraltar contra a marinha britânica liderada pelo Almirante Nelson. A derrota francesa levou Napoleão a estabelecer o bloqueio continental, proibindo os países da Europa que estavam sob sua área de influência a comercializarem com a Inglaterra. O episódio é conhecido na história brasileira, uma vez que a indisposição de Portugal em aderir ao Bloqueio Continental acabou levando a Família Bragança fugir para o Brasil.

Napoleão se assenhorou da política europeia até 1812, quando decidiu invadir a Rússia. Como as invasões de Carlos XII da Suécia e, posteriormente, de Hitler, a campanha resultou em um enorme

Introdução às Relações Internacionais

desastre. Em junho de 1812, o exército napoleônico, composto por quase um milhão de soldados franceses e aliados, invadiu a Rússia. Após a captura de Moscou, que foi incendiada pelos próprios moscovitas, a França iniciou o recuo. A *Grande Armée* foi alvejada pelo exército regular russo, pelas guerrilhas cossacas e pelo rigoroso inverno.

O processo de paz que se seguiu ao tsunami produzido por Napoleão na política europeia ficou conhecido como Congresso de Viena de 1815 e foi a terceira grande conferência diplomática de paz na história europeia moderna, sucedendo os já mencionados Tratado de Westfália de 1648 e ao Tratado de Utrecht de 1713. Embora houvesse representantes de mais de 200 países, ducados e principados, as grandes decisões do Congresso foram tomadas por cinco países, grupo também conhecido como "pentarquia": Inglaterra, Prússia, Áustria, Rússia e França. O príncipe austríaco Metternich foi o principal protagonista deste encontro, estando por trás da arquitetura de um esquema de equilíbrio de poder que ficou conhecido como "Concerto Europeu" (Elrod, 1976).

O Congresso de Viena foi condenado pelo público por sua natureza elitista e negligência deliberada em relação ao nacionalismo e ideias liberais. Contudo, autores realistas, como Henry Kissinger, celebram o Congresso de Viena por ele ter concebido uma ordem internacional que não foi pautada numa ideia abstrata de paz, mas em um sistema de equilíbrio que, para eles, livrou a Europa de um conflito geral até a Grande Guerra de 1914.

A sanha restauradora do Congresso de Viena, por mais que tenha realocado as elites conservadoras no poder, não conseguiu neutralizar as ideologias nacionalistas e liberais que pulsavam na sociedade europeia. Na França, os Bourbon voltaram ao poder, mas a Revolução Francesa continuava a mover corações e mentes entre as pessoas. Assim, as elites políticas que se esforçavam para girar os ponteiros da história em sentido anti-horário, conviveram com movimentos revolucionários que se insurgiram contra o antigo regime agonizante. Em 1830, Paris se amotinou contra Carlos X, episódio que foi eternizado na literatura por Vitor Hugo com *Os Miseráveis*. O resultado da revolta foi a substituição de Carlos X por Luís

246

Philippe, pertencente ao braço orleanista da família e comprometido em atender os interesses da burguesia francesa, razão pela qual ficou conhecido como "o Rei Burguês".

A revolta de 1830 foi apenas um sinal de fumaça para o que estava por vir. Em 1848, a Europa assistiu a uma revolução de caráter transnacional, movida por ideologias nacionalistas, liberais, anarquistas e socialistas que desejava pôr abaixo a velha ordem aristocrática. Barricadas foram levantadas em quase todas as importantes cidades europeias: Paris, Berlim, Frankfurt, Munique, Milão, Roma, Viena, Budapeste, entre outras. Este levante transnacional ficou conhecido como "Primavera dos Povos" e, por mais que tenha produzido consequências efêmeras, ela foi impiedosamente reprimida pelas elites conservadoras europeias (Hobsbawm,1977).

Sob o signo do nacionalismo e movido pelo romantismo do século XIX, dois importantes Estados emergiram tardiamente na Europa: Itália e Alemanha. Ambos os processos de unificação produziram um abalo sísmico no equilíbrio de poder arquitetado por Metternich no Congresso de Viena. Isso porque o Concerto Europeu tinha como premissa a existência de um vácuo de poder na Europa Central. Como já foi dito, as centenas de principados e ducados germânicos foram reunidas após a dissolução do SIRG (1806) formando uma frouxa Confederação Germânica. A França, desde o século XVII, evitara que surgisse ao seu lado um vizinho forte e militarizado e, por isso, vinha utilizando a diplomacia para manter os reinos germânicos fragmentados.

Tanto a Itália quanto a Alemanha surgiram como Estado nas décadas de 1860 e 1870, após as chamadas guerras de unificação. Na Itália o *Risorgimento* foi o movimento liberal e nacionalista em defesa da unificação, liderado por Piemonte e Sardenha. A guerra travada contra a Áustria (1859), com apoio francês, somado à expedição militar liderada por Garibaldi a partir do sul da península, garantiram o sucesso do processo de unificação nacional e o estabelecimento do Reino da Itália.

Na Alemanha, a unificação se deu sob a liderança da Prússia, que desde o século XVIII era o reino germânico mais poderoso. Rejeitando os projetos liberais de unificação ensaiados durante a Primavera dos Povos, coube ao chanceler conservador Otto von Bismarck a condução das guerras que unificaram a Alemanha. Bismarck derrotou a Dinamarca, capturando os ducados de Schleswig-Holstein (1864), a Áustria (1866) e a França (1870-1). O "chanceler de ferro" proclamou a unificação da Alemanha e o surgimento do Segundo Reich no palácio dos espelhos, em Versalhes, após derrotar Napoleão III.

O plano francês de evitar a unificação alemã foi frustrado e o surgimento de um Estado forte, industrializado e militarizado no coração da Europa abalou os alicerces do equilíbrio de poder criado no Congresso de Viena. Principalmente após Bismarck renunciar ao cargo de chanceler, em 1890, a Alemanha de Guilherme II praticou uma política externa agressiva que levaria, em última instância, a Europa à Primeira Guerra Mundial.

Outra característica fundamental da ordem internacional na segunda metade do século XIX foi a expansão neocolonial da Europa na direção da periferia do sistema internacional, principalmente na África e na Ásia. A rigor, a historiografia considera o início do colonialismo o ano de 1830, quando a França derrota o Império Otomano e estabelece o domínio colonial na Argélia. Contudo, é na segunda metade do século que se observa uma corrida interimperialista para submeter o Sul Global às metrópoles europeias. Neste sentido, a Inglaterra e França vão assumir o protagonismo desse processo, dividindo o mundo afro-asiático de acordo com os interesses econômicos coloniais. Após a unificação, a Alemanha busca também "seu lugar ao sol" na corrida neocolonial, como costuma afirmar o Kaiser Guilherme II. Não à toa, foi em Berlim que se realizou, entre 1884 e 1885, a Conferência que determinou as fronteiras traçadas artificialmente no território africano em nome dos interesses coloniais europeus (Barbosa, 2008).

2.4. O colapso da dominação europeia

Após quatro séculos tendo ocupado o centro do sistema internacional, a passagem do século XIX para o XX testemunha o colapso da dominação europeia. A demolição do domínio europeu se deve tanto ao surgimento de potências para além da Europa quanto à exaustão de um continente que foi o principal palco de duas grandes guerras mundiais. Embora o processo de declínio europeu tenha iniciado no último quarto do século XIX, ao final da Segunda Guerra Mundial, o continente se veria ocupado e dividido por duas potências que emergem fora do eixo europeu de dominação (Watson, 2004).

Neste período, três países emergiram questionando o poder relativo da Europa: EUA, Japão e Rússia. No extremo Oriente, a ascensão da dinastia Meiji ao poder, em 1868, tornou-se um divisor de águas na história japonesa. Foi a partir desse momento que o Japão se modernizou, abolindo a estrutura feudal do xogunato, centralizando o poder nas mãos do Imperador e substituindo as tradicionais forças samurais por um exército nacional inspirado no militarismo prussiano. Em algumas décadas, a dinastia Meiji produzira uma verdadeira revolução social, política e econômica no Japão, transformando uma ilha isolada do mundo em uma nação militarizada e com pretensões imperialistas no seu entorno regional. Na virada do século XIX para o século XX o Japão deu seu recado ao mundo derrotando a China (1895) e a Rússia (1905) em duas guerras que renderam ao país a conquista de Formosa (Taiwan) e territórios na Manchúria.

No Hemisfério Ocidental, após a Guerra Civil (1860-1865), os EUA despontaram como potência regional. Como observa Kennedy (1989), o país engendra um processo de industrialização acelerado, superando a produção de manufaturas britânicas (a então "fábrica do mundo") nos primeiros anos do século XX. Em 1898, na guerra hispano-americana, os EUA derrotaram com facilidade a Espanha e avançaram sobre suas possessões na América Central, Caribe e Pacífico, como Porto Rico, o estabelecimento do semi-protetorado em Cuba, Guam e Filipinas. Sob a liderança do presidente Theodore Roosevelt (1901-1909), os EUA se projetaram no Hemisfério Ocidental, estabelecendo a América Latina como área de influência, com condições de se tornar uma potência mundial (Kissinger, 2004).

Por mais que tenha passado por surtos industriais durante o governo do Czar Nicolau II, foi após a chegada dos bolcheviques ao poder (1917) que a Rússia, transformada em União Soviética (URSS), se tornou um player global. Os planos quinquenais de Stalin produziram na Rússia uma revolução industrial tardia, mas que transformou profundamente a economia do país. A Rússia saiu do arado para disputar com os EUA a corrida espacial.

Ao final da Primeira Guerra Mundial, já era perceptível a ascensão de dois projetos antagônicos, mas igualmente antieuropeus. EUA e URSS, Woodrow Wilson e Vladimir Lenin, disputavam o "sufrágio da humanidade" e o protagonismo de uma ordem internacional pós-Europeia (Barraclough, 1964, p. 90-113). Com ideologias diametralmente opostas, Wilson e Lenin contribuem para demolir a ordem europeia assentada na diplomacia secreta, nos conchavos de gabinete, nas alianças pragmáticas e no equilíbrio de poder. No início do século XX, a ordem internacional, emancipada do controle europeu, se mundializara.

A erosão do equilíbrio de poder somado às disputas interimperialistas, levaram a Europa e o mundo, em 1914, a uma devastadora guerra que perdurou por quatro anos com importantes impactos sistêmicos para a Ordem Internacional. Embora, como afirma Watson (2004, p. 380) tenha sido "uma guerra europeia, lutada por razões europeias e alimentada por paixões europeias", ela drenou para o conflito EUA, Império Otomano, China, Austrália e até mesmo o Brasil, dando mostras de uma ordem internacional crescentemente mundializada.

A derrota alemã e a subsequente conferência de Versalhes, em 1919, produzem um impacto profundo na estrutura das Relações Internacionais. Como mostra MacMillan (2004), a "Paz em Paris" talhou muitos dos traços da ordem internacional em que vivemos. A esse respeito, um notável exemplo é a formação dos Estados modernos no Oriente Médio. Após a queda do Império Otomano, derrotado na Primeira Guerra junto com a Alemanha, França e Inglaterra se estabeleceram na região por meio do sistema de mandatos da recém-criada Liga das Nações. A França estabeleceu o controle sobre a Síria e Líbano enquanto a Inglaterra administrou os mandatos da Palestina, Transjordânia e Iraque. Foi também em Versalhes que, atendendo aos desígnios do projeto nacionalista de Grande Sérvia, foi criado o Reino dos Sérvios, Croatas e Eslovenos, posteriormente, se transformando em Iugoslávia, um Estado multinacional que entra em colapso no final dos anos 1980, produzindo guerras sectárias, limpeza étnica e genocídio.

A primeira organização internacional de alcance universal e voltada para evitar que uma nova Grande Guerra viesse a produzir o rastro de destruição e barbárie que o mundo vivenciou entre 1914-18 foi também criada na Conferência de Paz em Versalhes. A Liga das Nações foi fundada por insistência do presidente dos EUA, Woodrow Wilson, e estava contemplada no último dos 14 pontos em que o líder norte-americano propunha reformular as Relações Internacionais sob as bases do liberalismo. No lugar da velha *realpolitik* europeia, Wilson defendia a criação de uma ordem internacional assentada sobre o livre comércio, a segurança coletiva e o multilateralismo, institucionalizado na Liga das Nações.

Se por um lado a Conferência de Versalhes abriu espaço para utopia liberal de Wilson, por outro ela abrigou um tóxico clima de vingança que responsabilizou e puniu a Alemanha por ter sido a principal responsável pela Primeira Guerra. A retaliação política, territorial, militar e econômica da Alemanha dominou as reuniões em Paris e criou um ambiente de humilhação que deu combustível, mais tarde, para um revanchismo alemão. Até mesmo o líder conservador e primeiro-ministro britânico, Winston Churchill, chamou em seu livro de insensato o comportamento dos vencedores da Primeira Guerra, uma vez que Versalhes teria criado as bases para uma política externa disruptiva da Alemanha no período entreguerras (Churchill, 2019). Keynes, que viria posteriormente a ser conhecido como o fundador da macroeconomia, participou da Conferência de Versalhes como diplomata britânico e classificou as bilionárias indenizações cobradas à Alemanha como "paz cartaginesa"[88] (Keynes, 2002).

---

[88] A expressão "paz cartaginesa" refere-se a uma paz imposta de forma humilhante a um dos lados envolvidos em um conflito, em que a parte derrotada é forçada a aceitar condições severas e humilhantes como resultado de sua derrota. O termo faz alusão aos severos termos impostos a Cartago após sua derrota pelos romanos na Segunda Guerra Púnica.

O período entreguerras (1919-1939) ficou marcado pela crise do Estado Liberal. Muito embora a Liga das Nações tenha sido uma criação dos EUA, o Senado norte-americano não ratificou o tratado sinalizando para um período isolacionista que marcaria os governos republicanos da década de 1920. A Europa, na esteira da crise produzida pela Primeira Guerra, viu surgir diversas formas de fascismo, tanto nas ruas quanto no poder. Ideologias ultranacionalistas e antidemocráticas se alastraram pelo continente, levando ao poder Mussolini, Salazar, Franco e Hitler. O *crash* novaiorquino de 1929 aprofundou a crise do liberalismo e impulsionou o fascismo na Europa e em outras regiões do mundo, como no Brasil. A Liga das Nações se mostrou ineficaz nos seus esforços de conter a sanha expansionista dos países do Eixo. Como defendeu Carr (2001), a ordem liberal legada por Wilson não apenas se mostrou ineficaz para evitar um novo conflito, como catalisou os ânimos que levaram à Segunda Guerra Mundial.

A derrota do Eixo (Itália, Alemanha e Japão) foi o tiro de misericórdia nos quatro séculos de domínio europeu nas Relações Internacionais. Ao final da guerra, a Europa e o mundo se viram divididos em um sistema condominial de poder dominado por URSS e EUA. As conferências de Teerã (1943), Yalta (fevereiro de 1945) e Potsdam (julho de 1945) realizadas entre os líderes de EUA, URSS e Reino Unido prepararam o terreno para o mundo bipolar da Guerra Fria. Diferente das conferências de Westfália, Utrecht e Versalhes, a nova ordem pós-Segunda Guerra não nasceu do consenso dos vencedores. A ordem bipolar, ao contrário, emerge de uma fissura na Grande Aliança (URSS, EUA e Reino Unido), antagonizando as potências que, como vimos, já concorriam desde o final da Primeira Guerra para liderar o mundo pós-Europeu.

2.5. As quatro fases da Guerra Fria

A Guerra Fria foi qualquer coisa menos um período monolítico e homogêneo. As relações Leste-Oeste variaram muito no curso dos quase cinquenta anos de sistema bipolar. Neste sentido, é possível dividir a Guerra Fria em, pelo menos, 4 fases: 1) formação dos blocos político-ideológicos (1945-1953); 2) Coexistência Pacífica (1953--1962); 3) Distensão (1962-1979); 4) Nova Guerra Fria (1979-1989).

A primeira fase é marcada pela sedimentação dos blocos Leste-Oeste, em que EUA e URSS definem as fronteiras ideológicas da Guerra Fria e suas respectivas áreas de influência. É o período em que os EUA, instigados pelo telegrama de George Kennan, lançam a estratégia de contenção, apoiando a Europa Ocidental por meio do Plano Marshall e da Organização do Tratado do Atlântico Norte (OTAN). É também nesta fase que surgem muitas das organizações internacionais que caracterizam a mundo contemporâneo, como a Organização das Nações Unidas (ONU), Fundo Monetário Internacional (FMI), Banco Mundial, Organização do Estados Americanos (OEA) e o GATT (atual Organização Mundial do Comércio, OMC). A URSS, por sua vez, afirma seu controle sobre os países do Leste Europeu até a Cortina de Ferro. Com a vitória de Mao Tsé-Tung na China, em 1949, o gigante asiático aderiu ao bloco comunista, aumentando as tensões Leste-Oeste (Gaddis, 2006).

A morte de Joseph Stalin e o fim da Guerra da Coreia, em 1953, mudou o ambiente internacional. Primeiramente, porque a morte de Stalin abriu o caminho para uma transformação na política externa soviética, que se tornou menos dogmática e agressiva em relação ao Ocidente. O processo de desestalinização foi levado a cabo pelo novo líder soviético, Nikita Kruschev. Por outro lado, o fato da URSS ter testado sua bomba atômica em 1949, rompendo com o monopólio nuclear norte-americano, alterou a dinâmica do relacionamento bilateral. A dissuasão nuclear impunha às duas superpotências limites ao emprego da força devido à possibilidade de destruição mútua assegurada (*Mutual Assured Destruction*). Como afirmou Raymond Aron (2002), a dissuasão criou o equilíbrio do terror em que a paz era impossível e a guerra era improvável.

Foi no período de Coexistência Pacífica que o processo de descolonização do mundo afro-asiático se acelerou. Antes da Segunda Guerra Mundial, em torno de um bilhão de pessoas viviam sob o domínio colonial. Só na África, em 1960, 17 países tornaram-se independentes. Uma boa medida das mudanças dramáticas trazidas pela emancipação do mundo afro-asiático no sistema internacional é o número de países representados na ONU: na sua fundação, em 1945, a ONU possuía 51 estados-membros. Dez anos depois, o número tinha mais que dobrado, alcançando 117 países, sendo a maioria deles países recém-independentes no Sul Global (Bradley, 2010). Esses países se organizaram para alinhar uma posição em relação à Guerra Fria, como ocorreu na Conferência de Bandung (promovida em 1955), em que os países do Sul Global definiram que não se submeteriam à disputa ideológica Leste-Oeste, optando pelo não alinhamento dando origem a criação de um Terceiro Mundo. Além disso, em Bandung foi enfatizado que as disputas ideológicas mascaravam o verdadeiro conflito que, na visão do Terceiro Mundo, estava estabelecido no eixo Norte-Sul ou Centro-Periferia. Por isso, afirmaram o imperativo de aumentar os laços de colaboração no Sul Global.

Após a Crise dos Mísseis de Cuba (1962), que quase levou o mundo a um holocausto nuclear, EUA e URSS deram início a um movimento de cooperação, relaxando as tensões Leste-Oeste. As duas superpotências assinaram diversos tratados no campo de não proliferação nuclear (TNP) e Desarmamento (AMBT e SALT 1). Contribuiu sobremaneira para este cenário o afastamento de URSS e China, que possibilitou aos EUA praticarem uma diplomacia triangular explorando as divergências dos dois grandes gigantes do mundo socialista (Vaisse, 2013).

Uma série de episódios no fim da década de 1970 leva a Guerra Fria ao fim da distensão. A Revolução Iraniana, a Invasão Soviética do Afeganistão, a Revolução Sandinista na Nicarágua, recrudesceram as tensões Leste-Oeste, que foram potencializadas pela ascensão de Ronald Reagan e Margareth Thatcher nos EUA e no Reino Unido. A "Nova Guerra Fria" durou até 1985, quando Mikhail Gorbachev chega ao poder na URSS, liderando uma série de reformas que acabariam por implodir o próprio mundo socialista. Diferente das transições sistêmicas anteriores, o Mundo Bipolar não colapsou em razão de uma guerra entre as superpotências, mas pela exaustão interna do império soviético (Gaddis, 2006).

3. CONSIDERAÇÕES FINAIS

A história é um instrumento fundamental no estudo das Relações Internacionais de tal forma que a compreensão acurada de fenômenos que nos cercam só se torna completa quando nos debruçamos sobre como eles foram produzidos historicamente, buscando analisar as raízes de longo prazo. Como compreender, por exemplo, o conflito Israel-Palestina sem recorrer a história do sionismo, ao plano de partilha da ONU, as guerras árabe-israelenses, os efeitos de longo prazo da ocupação israelense? A História se faz presente, também, quando nos deparamos com o artigo 4º da Constituição Federal do Brasil, que elenca os princípios que devem nortear a política externa brasileira e lá encontramos "não intervenção", "autodeterminação política" e "igualdade entre os Estados", todos princípios westfalianos. Como afirma Ortega y Gasset (1983), a história pesa sobre nossos ombros como um fardo.

No recorrido panorâmico analisamos as mudanças na estrutura do Sistema Internacional desde a emergência do Estado Moderno, em 1648, até o final da Guerra Fria. Por quase quatro séculos, a Europa ocupou o centro do poder nas Relações Internacionais, variando quem, dentro do continente europeu, tinha maior predominância: Espanha, França, Holanda e Inglaterra. Ao final do século XIX, potências emergiram fora do eixo europeu de dominação, como EUA, Japão e Rússia. A ascensão de novos polos de poder somada à exaustão da Europa em duas grandes guerras mundiais produziram uma ordem pós-Europeia sacramentada com a Guerra Fria.

4. ESTUDO DIRIGIDO

Questão 1. Por que o Tratado de Westfália (1648) é considerado um marco no estudo da história das Relações Internacionais?

Questão 2. Após a derrota do Sacro Império Romano-Germânico, como se deu a distribuição de poder na Europa?

Introdução às Relações Internacionais

Questão 3. O equilíbrio de poder foi um mecanismo encontrado pelas potências para minimizar as ocorrências de guerras gerais na Europa. Cite e explique em que momentos esses mecanismos foram propostos e quais foram seus efeitos na ordem europeia.

Questão 4. Quais foram os fatores que levaram à destruição da hegemonia europeia na transição do século XIX para o século XX?

Questão 5. Vimos que a Guerra Fria não foi um período monolítico na história das Relações Internacionais. Como podemos dividir esquematicamente os períodos da Guerra Fria e como eles afetaram a dinâmica de relacionamento Leste-Oeste?

5. REFERÊNCIAS BIBLIOGRÁFICAS

ARON, R. *Paz e guerra entre as nações*. Instituto de Pesquisa de Relações Internacionais. São Paulo, 2002.

BARBOSA, E. Conferência de Berlim. *In: História da paz*. Contexto, 2008.

BARRACLOUGH, G. *Introdução à história contemporânea*. Rio de Janeiro: Zahar, 1964.

BRADLEY, M. P. Decolonization, the global South, and the Cold War, 1919-1962. *In:* LEFFER e WESTAD. *History of Cold War*, vol.1. Cambridge Press, 2010.

CARR, E. H. *Vinte anos de crise:* 1919-1939. Instituto de Pesquisa de Relações Internacionais. São Paulo, 2001.

CHURCHILL, W. *Memórias da Segunda Guerra Mundial.* HarperCollins, 2019.

CREVELD, M. V. *Ascensão e declínio do estado*. Martins Fontes, 2004.

ELROD, R. *The concert of Europe:* a fresh look to an International System. World Politics, 28, 1976.

GADDIS, J. L. *Guerra Fria*. São Paulo: Ed. Editora Nova Fronteira, 2006.

GILBERT, A. N. International relations and the relevance of history. *International Studies Quarterly*, vol. 12, No. 4, 1968.

HOBSBAWM, E. J. *A era das revoluções:* Europa 1789-1848. Rio de Janeiro: Paz e Terra, 1977.

HOBSON, J. M. LAWSON, G. What is history in international relations? *Millennium: Journal of International Studies*, [S. l.], v. 37, n. 2, p. 415–435, dez. 2008. Disponível em: http://journals.sagepub.com/doi/10.1177/0305829808097648. Acesso em: 11 out. 2023.

KENNEDY, P. *Ascensão e queda das grandes potências.* Ed. Campus, 1989.

KEYNES, J. M. *Consequências econômicas da paz.* Instituto de Pesquisa de Relações Internacionais. São Paulo, 2002.

KISSINGER, H. *Diplomacia.* Saraiva, 2004.

MACMILLAN, M. *Paz em Paris.* Nova Fronteira, 2004.

ORTEGA Y GASSET, J. *Obras completas.* Madrid: Alianza, 1983. (12 tomos)

VAISSE, M. *As Relações Internacionais depois de 1945.* Martins Fontes, 2013.

WATSON, A. *Evolução da sociedade internacional.* UnB, 2004.

6. RECURSOS AUDIOVISUAIS

Abertura 1812. Ano: 1882. Obra sinfônica composta por Piotr Ilitch Tchaikovski e que retrata a vitória dos russos sobre a França, evento fundamental no desfecho das guerras napoleônicas. A composição descreve as batalhas e exalta os símbolos da identidade nacional russa, como o regime czarista, a Igreja Ortodoxa e o camponês.

Batalha de Argel. Ano: 1966. Gênero: drama. Direção: Gillo Pontecorvo. Sinopse: o filme retrata a luta pela independência da Argélia contra a colonização francesa nos anos 1950 e 1960. Com uma abordagem quase documental, o filme mergulha no coração da guerrilha urbana da FLN (Frente de Libertação Nacional) em Argel, destacando tanto a brutalidade da repressão francesa quanto a determinação e sacrifícios dos revolucionários argelinos. Um dos melhores filmes para entender o processo de descolonização que ocorreu após a Segunda Guerra Mundial.

Nada de novo no front. Ano: 2022. Gênero: drama. Direção: Edward Berger. Sinopse: baseado no clássico romance de Erich Maria Remarque, este filme oferece uma perspectiva alemã sobre a Primeira Guerra Mundial, focando a experiência de um jovem soldado. por meio de uma narrativa crua e visceral, explora a brutalidade da guerra de trincheiras, a perda de humanidade e o impacto devastador do conflito nos sonhos e esperanças juvenis

Sob a névoa da guerra. Ano: 2003. Direção: Errol Morris. Sinopse: narra a história militar recente dos Estados Unidos do ponto de vista de Robert S. McNamara, ex-secretário de Defesa nos governos Kennedy e Johnson. O documentário discute alguns episódios cruciais da Guerra Fria, como a Crise dos Mísseis e a Guerra do Vietnã.

Podcast História FM. Canal de *podcast* criado por Icles Rodrigues, historiador e mestre em História pela Universidade Federal de Santa Catarina, e que tem como propósito discutir diversos eventos históricos por meio de entrevistas com especialistas.

ANÁLISE DE POLÍTICA EXTERNA
AUGUSTO LEAL RINALDI[89]
LAERTE APOLINÁRIO JÚNIOR[90]

1. INTRODUÇÃO

Todo estudante de Relações Internacionais (RI) aprende, logo no início da graduação, que esse é um curso fundamentalmente interdisciplinar. Isso significa que os estudos conduzidos sob o guarda-chuva das RI estão em constante diálogo com conceitos, teorias e metodologias de outros campos do conhecimento, especialmente da Economia, História, Direito e Ciência Política. Talvez a disciplina que melhor ilustra essa interdisciplinaridade seja a de Análise de Política Externa (APE), pois, como será visto, a APE é uma subárea das RI que se dedica aos estudos dos processos de formulação e implementação da política externa dos países, a partir da mobilização de todo um ferramental teórico, conceitual e metodológico das mais diversas áreas das Ciências Sociais.

O principal objetivo da APE é compreender *como* e *por que* os países se comportam da forma como se comportam. Em outras palavras, ela se preocupa em investigar o que está por trás do comportamento internacional dos países, olhando especificamente para

---

[89] Doutor em Ciência Política pela Universidade de São Paulo (USP). Professor de Relações Internacionais na Pontifícia Universidade Católica de São Paulo (PUC-SP) e pesquisador do Núcleo de Estudos de Relações Internacionais da PUC-SP (NERI). Autor do livro *O Brics nas Relações Internacionais contemporâneas*.

[90] Doutor em Ciência Política pela Universidade de São Paulo (USP). Professor de Relações Internacionais na Pontifícia Universidade Católica de São Paulo (PUC-SP) e pesquisador do Núcleo de Estudos de Relações Internacionais da PUC-SP (NERI).

os processos e as dinâmicas envolvidas na tomada de decisão e implementação de determinado curso de ação. Assim, compreender a formulação da política externa é tão importante quanto estudar a própria decisão tomada.

Neste capítulo, apresentamos de maneira introdutória os principais conceitos, teorias e temas centrais da abordagem de APE. Questões como "o que é política externa?"; "política externa é uma política pública?"; "quais são os aspectos mais importantes para explicar a ação externa de um país?" e muitas outras serão discutidas de modo a ilustrar, de um lado, a complexidade desse campo de estudos, e de outro, a sua relevância fundamental para a área de RI. Pode-se dizer que a APE é uma disciplina crucial para se aprofundar na investigação acerca dos principais determinantes da política exterior dos países. Embora alguns dos exemplos oferecidos nesse texto façam referência ao contexto da política externa brasileira, os estudos de APE podem ser empregados para compreender a realidade de qualquer país e em qualquer momento histórico.

Consideramos a APE uma das disciplinas nucleares do curso de RI, isto é, o que denota certa particularidade aos estudos das Relações Internacionais é o fato de o estudante dispor de ferramentas teóricas, conceituais e metodológicas adequadas para se debruçar e ir a fundo na compreensão e explicação da política externa dos países. Com isso, a APE torna-se um componente central da formação dos alunos de RI e os capacita a realizar estudos empíricos nesse sentido. Justifica-se, pois, dedicarmos um capítulo dessa obra de Introdução às Relações Internacionais para conhecer os principais aspectos envolvidos nos processos de formulação e implementação da política exterior dos países.

Este capítulo se divide da seguinte forma: a próxima seção apresenta a origem e o desenvolvimento histórico da subárea de APE, assim como os principais temas estudados e aplicações práticas desses estudos. Na sequência, é dada atenção especial aos principais fatores utilizados para explicar a política externa dos países, assim como suas limitações. Por fim, a conclusão traz uma síntese das ideias desenvolvidas, com alguns questionamentos para a reflexão e a sugestão de materiais extras para consulta.

2. ANÁLISE DE POLÍTICA EXTERNA: ORIGEM, TEMAS E APLICAÇÕES

2.1. Definição e temas centrais

Tradicionalmente, a disciplina de APE é considerada uma subárea das RI. Esse campo se interessa, sobretudo, pelo estudo de decisões tomadas por atores (presidente, ministro, grupo político, rei, rainha, outros países) em posição de autoridade capazes de comprometer recursos do Estado e executar políticas referentes ao ambiente internacional. Quando se fala, por exemplo, que o Brasil passou a estabelecer relações de amizade com a Argentina na segunda metade da década de 1980, na verdade, estamos partindo da premissa de que esse estreitamento de laços diplomáticos é resultado de um conjunto de ações de indivíduos/atores inseridos num determinado contexto/espaço com condições de avançar com essa proposta e implementá-la na prática.

Ao direcionar o foco da análise para compreender tanto o papel desses atores quanto as circunstâncias internas e externas que os cercam no processo de tomada de decisão, torna-se possível refletir a respeito da importância de algumas variáveis envolvidas no processo decisório. Fatores como o papel das lideranças, da burocracia, do sistema político e da estrutura do sistema internacional precisam ser considerados nas análises para se compreender a fundo o que leva um país a se comportar de determinada maneira no plano internacional.

Assim, a abordagem de APE busca compreender não somente as razões de determinados atores decidirem da forma como decidem, mas também investigar como e em que medida constrangimentos internos e externos afetam suas decisões. Líderes não decidem no vácuo; estão cercados por conselheiros, assessores e burocracias. Além disso, líderes não são agentes que decidem apenas com base nos cálculos de custo e benefício de suas ações; são pessoas com ideias, crenças e visões de mundo que dão sentido à sua forma de ser e estar na realidade. Em sociedades democráticas, autoridades políticas tendem a responder à sua base de apoio e, de modo geral, são dependentes do poder do Estado para se projetar na arena internacional. Em regimes políticos fechados, o processo decisório tende a passar por menos pontos de veto, de modo que há menos constrangimento na implementação da política.

Do ponto de vista externo, a depender do número de grandes potências no sistema internacional em um determinado momento, há condições mais ou menos permissivas para os países tomarem certas decisões – como decidir com quem vai se alinhar, por exemplo. Portanto, dois pilares centrais da APE consistem na consideração de que as explicações para a tomada de decisão em política externa são multifatoriais e que as variáveis explicativas podem estar em mais de um nível de análise (Breuning, 2007).

Nesse momento é importante fazer uma distinção entre APE e o próprio conceito de política externa. Há amplo debate na literatura sobre como definir política externa. Hudson (2005) a considera como qualquer ação do Estado que tenha consequências diretas ou indiretas a entidades estrangeiras. Visando precisar melhor o conceito, Pinheiro (2010) a define como o conjunto de ações e decisões de um determinado ator, geralmente mas não necessariamente o Estado, em relação a outros atores externos, formuladas a partir de oportunidades e demandas de natureza doméstica e/ou internacional.

Visto de outra forma, Jackson e Sørensen (2018) enxergam a política externa como um conjunto de atividades, medidas, instrumentos, ferramentas, compreensões, orientações, entre outras, por meio das quais os governos nacionais conduzem suas relações entre si e com outros atores não estatais. Assim, ela pode ser entendida como um conjunto de ferramentas por meio das quais o Estado busca realizar seus interesses e objetivos no cenário internacional. Uma imagem para compreendê-la é a da caixa de ferramentas. O Estado, ator central na formulação da política externa, estabelece um arco de objetivos a serem alcançados e traça os melhores caminhos a serem seguidos. Para realizar tais objetivos, precisa recorrer a instrumentos/ferramentas que melhor se adequam a este fim. Tais instrumentos incluem a diplomacia, cooperação internacional, sanções econômicas, guerra, formação de arranjos multilaterais, criação de fóruns internacionais etc. Cada um deles compõe a caixa de ferramentas de que o Estado dispõe quando age internacionalmente. É nesse ponto que entra a política externa: ela consiste nesse conjunto de instrumentos dispostos ao Estado para realizar seus interesses no plano externo.

Outra distinção importante que precisamos fazer é entre política externa e política internacional. Se a primeira refere-se às ações externas dos países, a segunda privilegia o estudo da estrutura e dos processos do sistema internacional – do que acontece "lá fora". Por exemplo, analisar a natureza do relacionamento entre Estados Unidos e China nas Relações Internacionais contemporâneas é um típico estudo de política internacional, pois o foco não está em Washington ou Pequim (se tivesse, seria política externa), mas sim, na própria dinâmica da relação entre eles e de seus múltiplos impactos sistêmicos – por exemplo, já se fala na formação de uma nova "Guerra Fria". Sendo assim, a política externa busca explicar o comportamento dos Estados no sistema internacional, ao passo que a política internacional busca explicar o próprio funcionamento do sistema internacional mediante a compreensão de suas estruturas e processos gerais mais importantes.

A estrutura do sistema internacional é um componente importante a ser considerado no processo de tomada de decisão em política externa, pois tende a definir os parâmetros dentro dos quais são ponderadas as opções e os caminhos a serem seguidos. Por exemplo, quando o Brasil critica a governança global e defende a reforma das instituições internacionais multilaterais, tais como o Fundo Monetário Internacional e o Banco Mundial, é preciso considerar se há espaço adequado na agenda internacional para promover essa bandeira. Em contextos de crise financeira global, tal como o dos anos 2008-2009, essa proposta ganhou força e espaço. No entanto, se o contexto estiver marcado por outro tópico mais premente, como por exemplo o combate ao terrorismo na esteira dos atentados de 11 de setembro de 2001, essa questão passa a ser marginalizada nas discussões internacionais. Assim, os estudos mais robustos são justamente aqueles que reconhecem que as ações dos agentes e os constrangimentos da estrutura internacional são variáveis explicativas distintas, porém complementares (Morin e Paquin, 2018).

Outra questão fundamental que se coloca é se a política externa pode ser considerada uma política pública ou se seria uma política de Estado apartada das demais políticas domésticas. Essa discussão tem sua origem num debate mais amplo na área de RI acerca do papel do Estado no sistema internacional, envolvendo os realistas e os pluralistas. Em linhas gerais, os realistas partem de uma concepção estadocêntrica em que os Estados são atores unitários, havendo assim uma distinção entre política interna e externa. Já os pluralistas pressupõem que os Estados não são os únicos atores a serem considerados no sistema internacional, observando-se maior permeabilidade entre os assuntos internos e externos dentro de cada país.

Lima (2000) aponta que, para os realistas, a especificidade da política externa está dada pela premissa de que os Estados são autônomos em relação às suas respectivas sociedades nacionais e pela sua capacidade de agir de forma coerente no que diz respeito a outros países. A política externa estaria acima da política doméstica pelo fato de estar voltada à defesa dos interesses nacionais e por tratar de questões que afetam a segurança e a sobrevivência dos Estados. Tais ineficiências se expressariam na falta de racionalidade e na intromissão de paixões da opinião pública na condução da política externa. Desse modo, haveria uma diferença ontológica entre política externa e interna, pois de acordo com os autores realistas, as políticas públicas terminam na fronteira da nação.

Mas quais seriam as diferenças entre política externa e política pública se ambas são formuladas pelos governos e seus representantes? A política externa, como a política doméstica, é formulada dentro dos Estados, mas diferentemente da política doméstica é direcionada, e implementada, no plano internacional. Assim, pode-se dizer que a política externa, de fato, é uma política pública, embora possua particularidades que a distinguem das demais políticas públicas, na medida em que sua implementação ocorre para além das fronteiras estatais, o que, por vezes, resulta numa significativa discrepância entre os objetivos traçados e os resultados alcançados (Salomón e Pinheiro, 2013).

2.2. Origem e evolução da subárea de APE

Os estudos de APE têm suas origens nas décadas de 1940 e 1950. Foi sobretudo nas universidades norte-americanas que as primeiras pesquisas passaram a analisar as dinâmicas e os processos envolvidos na formulação da política externa dos países. O trabalho de Snyder, Bruck e Sapin (1954) é reconhecido como um dos marcos fundadores da APE. Antes, os estudos focavam principalmente os *resultados* da ação externa; a partir de então, a ênfase se desloca para a compreensão do *processo de tomada de decisão*, particularmente, em ambientes reduzidos – isto é, com poucas pessoas. Essa abordagem analítica foi influenciada pela ideia de que toda política é fundamentalmente moldada pela maneira pela qual as decisões são tomadas. Nesse sentido, a investigação da política externa também deveria partir da premissa de que ela é constituída por uma sequência de decisões tomadas por indivíduos, ou grupos de tomadores de decisão, que decidem com base em sua percepção da situação. Tais decisões não se originam simplesmente de estímulos externos, mas são processadas também por um mecanismo interno do Estado. Essa nova perspectiva contrastava com as análises sistêmicas realistas predominantes, permitindo aos analistas explicar por que Estados com posições semelhantes no sistema internacional frequentemente adotavam comportamentos distintos (Hudson e Day, 2020).

Na década de 1970, os estudos de Allison (1971) a respeito das explicações para o resultado da Crise dos Mísseis de Cuba de 1962 focam a influência dos processos organizacionais e das burocracias no processo decisório. Em particular, Allison mostra que os modelos teóricos que na época visavam explicar as razões do desfecho da crise envolvendo os Estados Unidos e a União Soviética não eram suficientes, o levando a apresentar modelos explicativos alternativos focados na burocracia e no processo organizacional.

Nesse contexto, surgiram também os estudos comparados de política externa liderados pelo trabalho de Rosenau (1968), nos quais buscava-se desenvolver uma teoria geral da política externa que fosse capaz de explicar qualquer política externa, numa tentativa de aproximar as Ciências Sociais das Ciências Naturais, em termos metodológicos e epistemológicos. Para atingir esse objetivo, o projeto envolvia identificar correlações entre as características das nações e seus comportamentos interativos, utilizando-se de dados de várias fontes e análises multivariadas facilitadas pelo surgimento de softwares e computadores. Acreditava-se que os resultados destas pesquisas poderiam contribuir para prever as ações da União Soviética e, com isso, serviriam de base para uma formulação adequada da política externa norte-americana no contexto da Guerra Fria (1947-1989). Essa agenda, contudo, não vingou para além da década de 1980, em função das bases de dados utilizadas serem constituídas por categorias de difícil mensuração e, principalmente, pela falta de resultados concretos.

Outra frente de análise que surge na década de 1970, com impactos até hoje, é o que ficou conhecido como "estudos cognitivos". A área da Psicologia passou a ser utilizada como forma de compreender o papel de fatores psicológicos e cognitivos dos indivíduos – e grupos de indivíduos – no processo decisório. A pesquisa de Margaret e Charles Hermann (1989), em particular, foca as características pessoais das lideranças políticas para, a partir disso, comparar e contrastar as crenças, motivações, estilos pessoais e de comportamento destes agentes e avaliar seu impacto na tomada de decisão. Um dos mais importantes resultados deste estudo foi a elaboração de uma tipologia acerca dos diferentes tipos de personalidade dos líderes, levando os analistas a compreender o papel da psicologia nas ações humanas e, consequentemente, na política externa.

Os estudos da área de Comunicação também encontraram espaço nas agendas de pesquisa de APE. Em particular, os trabalhos de Almond (1950), Lippmann (1955), Holsti (1992) e Gilboa (2005) têm chamado a atenção para a importância da opinião pública e dos meios de comunicação de massa como elementos centrais na formulação da política externa dos países. Embora não haja consenso entre os estudiosos a respeito da relação entre opinião pública e política exterior, conceitos como os de "efeito CNN" e "política em tempo real" têm até hoje impulsionado uma série de estudos que tentam captar a percepção das pessoas sobre temas internacionais e avaliar se há correlação entre preferências da opinião pública e o comportamento externo dos países.

Na década de 1980, um dos estudos mais importantes para a subárea de APE foi realizado por Putnam (1988), que chamou a atenção para o caráter "interméstico" da política externa. A ideia central é a de que a dinâmica de interação entre os agentes tomadores de decisão se dá, simultaneamente, nos ambientes internacional e doméstico. Putnam explica que o processo decisório acontece em duas arenas distintas – nacional e internacional – e que o tomador de decisão precisa responder aos interesses específicos de cada uma delas. Com isso, ele elabora um modelo de análise conhecido como "jogo de dois níveis", em que no nível doméstico, o agente precisa considerar os interesses de grupos domésticos que o apoiam no processo de negociação política, e, no nível internacional, precisa barganhar e atender aos interesses dos atores externos.

O modelo de Putnam adiciona maior grau de complexidade à análise da dinâmica decisória e incorpora variáveis antes marginalizadas nos estudos de APE, tais como a burocracia, os partidos políticos, grupos de interesse da sociedade, entre outros. A política externa, portanto, seria uma resultante da interação entre os níveis internacional e doméstico considerando as preferências dos atores internos e externos e as condições e constrangimentos para seguir com um ou outro caminho possível.

Com o fim da Guerra Fria, novas abordagens teóricas passaram a ganhar espaço nos estudos das questões internacionais. A teoria Construtivista, em particular, teve grande impacto na produção intelectual de RI, alcançando a subárea de APE ao enfatizar a importância de ponderar, nas análises da tomada de decisão, o modo como determinadas "práticas" e "significados" estão enraizados em processos históricos e sociais determinados. Tais elementos moldam profundamente as percepções sobre a realidade e, principalmente, o significado que atribuímos às coisas. Em outras palavras, há sempre um processo social e de significados intersubjetivos que atravessa o modo como os atores definem seus interesses, concebem as ações possíveis e tomam as decisões (Wendt, 1999). Considere, por exemplo, os diferentes significados que são atribuídos a termos tais como "terroristas", "guerrilheiros" ou "combatentes", e o impacto disso sobre a compreensão de casos de guerra e conflito entre os países.

Atualmente, a globalização e o aumento da interdependência entre as nações têm levado a uma série de novos estudos, entre os quais destacam-se os processos de integração regional, a criação de novos blocos políticos, a ascensão de potências emergentes, o aumento da ocorrência de fenômenos transnacionais, a criação de novas alianças e alinhamentos internacionais. Com isso, a APE passa a considerar um novo conjunto de temas e atores, levando a uma maior compreensão da complexidade da realidade internacional atual (Hill, 2015).

Portanto, a APE é uma subárea das RI que se dedica a examinar as decisões e ações estatais no cenário internacional. Sua origem remonta às décadas de 1940 e 1950, principalmente nas universidades norte-americanas. Os estudos em APE se debruçam sobre a influência de fatores internos e externos na formulação de política externa a partir das complexas interações entre política doméstica e política internacional. Suas aplicações são amplas, abrangendo desde a compreensão da dinâmica de tomada de decisão política até a análise de crises internacionais, formulação de estratégias diplomáticas e a interpretação de políticas públicas em um contexto global em constante transformação.

3. NÍVEIS DE ANÁLISE E VARIÁVEIS EXPLICATIVAS

3.1. Níveis de análise

Dada a complexidade dos fenômenos internacionais, uma forma interessante de organizar os estudos é privilegiando um nível de análise. Considere, por exemplo, o fenômeno da guerra. Quais são as principais causas dos conflitos entre países? A tentativa de responder a esta pergunta levanta tantos fatores explicativos possíveis que é difícil trabalhar com a perspectiva de que todos são igualmente importantes. De modo a facilitar a análise e encontrar o que parece ser a principal causa da guerra, podemos seguir o caminho proposto por Waltz (1959) e adotar os chamados níveis de análise. Os níveis de análise consistem num conjunto de variáveis que direciona o foco para um ou mais aspectos que parecem ser os mais importantes para explicar os fenômenos – no exemplo acima, as causas da guerra. Eles são divididos em três categorias: individual, estatal (ou societal) e sistêmico. Diferentes níveis tendem a enfatizar diferentes atores, estruturas e processos envolvidos no caso escolhido.

É comum encontrar nos estudos de RI a tese de que a estrutura econômico-social capitalista que molda o sistema internacional gera competição e exploração entre os países, e que tal situação os leva a entrar em guerra entre si. A Primeira Guerra Mundial (1914-1918) é um exemplo de competição entre potências imperialistas na busca por colônias e exploração comercial, o que gerou um conflito sem precedentes entre as principais potências europeias (Lênin, 1997). Outros estudiosos, por sua vez, preferem focar a análise das causas da guerra no nível interno do Estado, discutindo em que medida países democráticos tendem a ser mais pacíficos do que autocracias ou que sociedades nacionalistas são mais complacentes com a ideia da guerra do que sociedades cosmopolitas (Layne, 1994). Portanto, para estes analistas a causa da guerra se encontra na forma como o Estado ou a sociedade estão organizados.

Por fim, há outras abordagens que tendem a atribuir as crenças e percepções de presidentes e chefes de Estado sobre a realidade internacional como o fator crucial para explicar a guerra. O modo como Vladimir Putin e o Papa Francisco enxergam as Relações Internacionais tem consequências diretas sobre a forma como cada um formula a política externa de seus respectivos Estados. Assim, cada uma dessas possíveis explicações para a guerra corresponde a um nível de análise: sistêmico, estatal e individual, respectivamente.

Mas qual deles é o mais importante? A resposta é: todos podem importar. O recurso a um ou outro depende da escolha do próprio analista e de sua capacidade de demonstrar empiricamente que a principal causa para o objeto estudado se encontra no nível de análise que ele ou ela privilegiou.

3.2. Indivíduo

Se entendemos que as ações políticas são realizadas por pessoas, então é de se esperar que, na hora de decidir, a forma como cada uma delas enxerga a realidade e define seus interesses tenha impacto sobre a opção escolhida. George (1993) sugere que cada indivíduo desenvolve, ao longo do tempo, um conjunto de crenças pessoais que serve para organizar e dar coerência ao que acontece ao nosso redor. Sem esse recurso cognitivo, as coisas que nos cercam seriam tão confusas e complexas que teriam pouca serventia para compreender a realidade e definir os interesses. A cognição humana, portanto, importa para estudarmos a formulação da política externa.

As crenças, percepções da realidade e a rigidez/flexibilidade cognitiva à mudança e ao aprendizado afetam o processo decisório (Rosati, 2000). É nesse ponto que entram os estudos da área de Psicologia, particularmente da psicologia cognitiva. O foco da análise é o indivíduo responsável pela tomada de decisão e toda a sua história de vida, experiências, crenças, visão de mundo etc. Jervis (1976), por exemplo, argumenta que percepções distorcidas dos líderes podem levar a decisões de política externa equivocadas, pois estão calcadas em análises imprecisas da realidade. Para ele, muitos decisores tendem a acreditar que os outros países são mais hostis do que realmente são, e tendem a assumir que o comportamento dos países é sempre racional e que suas intenções estão sempre claras e são fáceis de perceber.

Hermann *et. al.* (2001) destacam que as decisões em política externa podem ser tomadas por três tipos de unidades decisórias: líderes, grupos e coalizões. Os autores exploram as consequências para a política externa quando as decisões são tomadas majoritariamente pelo que denominam "líderes predominantes" – pessoas com condições de tomar decisões de difícil reversão e, ao mesmo tempo, capazes de comprometer recursos do Estado para seguir com a orientação definida. Os líderes podem atuar na qualidade de lideranças predominantes sob as seguintes condições: i) quando possuem interesse ativo e geral em assuntos estrangeiros e de defesa; ii) o problema de política externa imediato é percebido como crítico para o bem-estar do país, ou seja, é percebido como uma crise; iii) a situação atual envolve diplomacia ou protocolo de alto nível (uma visita de Estado, uma cúpula, negociações internacionais); ou iv) a questão em análise é de interesse especial ou preocupação pessoal do líder .

Diferentes autores buscaram entender como as personalidades de lideranças atuam a partir de diferentes constrangimentos em termos de formulação de política externa. Nos estudos com essa temática, uma categorização comum classifica os líderes entre "cruzados vs. pragmáticos" (Stoessinger, 2001) e "ideólogos vs. oportunistas" (Suedfeld, 1992). A partir dessas classificações, Hermann *et. al.* (2001) propõem uma tipologia para explicar o estilo da liderança a partir de alguns indicadores e o modo como cada perfil tende a responder aos problemas de política externa colocados. Assim, a partir de quatro perfis de liderança propostos – cruzado, estratégico, pragmático e oportunista – os autores realizam uma série de estudos de caso explicando decisões de política externa adotadas em diferentes contextos por lideranças predominantes.

Um caso específico estudado pelos autores foi o da decisão do ex-presidente dos Estados Unidos, George H. W. Bush (1989-1993), de invadir militarmente o Iraque no contexto da Guerra do Golfo de 1990-1991. Com um estilo "acomodativo", Bush ouviu todos os lados, tanto dentro dos EUA quanto de aliados e países da região do Oriente Médio, consultou atores importantes e coletou o máximo de informações possível, independente se eram favoráveis ou não às suas inclinações pessoais. Só depois de ponderar todas essas variáveis é que decidiu pela intervenção militar, considerada, inclusive, legal e legítima pela comunidade internacional. Podemos contrastar esse perfil acomodativo com o de seu filho, George W. Bush (2001-2009), quando autorizou a invasão militar norte-americana no Iraque, em 2003, numa operação militar considerada ilegal e ilegítima pela comunidade internacional. Bush filho optou por ouvir apenas os grupos favoráveis à intervenção e não ponderou as reações contrárias à essa opção, particularmente de aliados como França e Alemanha. Além disso, as informações coletadas que serviriam de base para a operação foram desde o início contestadas por países e pela própria ONU, demonstrando assim um perfil menos conciliador. O resultado foi a adoção de uma política externa agressiva e unilateral. Em última instância, a personalidade de cada um deles influenciou a tomada de decisão.

3.3. Processo organizacional e política burocrática

Se o comportamento externo dos países pode ser explicado com base nas percepções que os indivíduos têm sobre a realidade, o que se pode dizer a respeito da influência das organizações e da burocracia no processo decisório? No início das pesquisas com esse recorte, alguns estudiosos consideravam que as organizações e burocracias colocavam sua própria sobrevivência no topo da lista de prioridades, e que, portanto, as decisões tomadas respondiam diretamente a uma preocupação de determinados grupos e instâncias políticas de se manter no poder. O modelo do processo organizacional sugere que, quando surge um problema a ser resolvido, ele é automaticamente dividido em partes menores que são abordadas por unidades organizacionais independentes. Com isso, as opções de política externa resultam de operações rotineiras de organizações funcionando, cada qual com sua cultura organizacional, regras e procedimentos decisórios, segundo determinado padrão regular de comportamento. Cada organização, individualmente, se ocupa de um conjunto específico de questões e decide com base em dinâmicas e procedimentos gerenciais-burocráticos próprios e conhecidos. Dentro de uma organização, os indivíduos têm papéis e responsabilidades bem definidas e agem com base em funções pré-estabelecidas. Assim, as decisões resultam não propriamente de uma barganha política de disputas e interesses políticos, e sim de etapas operacionais administrativas regulares e procedimentais. O que importa são os processos organizacionais, e não os indivíduos e seus interesses particulares (Allison, 1971).

O modelo de processo organizacional lançou luz ao ambiente em que ocorre o processo decisório. A partir dessas reflexões, alguns estudiosos, focando nesse cenário, verificaram que a tomada de decisão nas burocracias é muito mais um processo atravessado por disputas e competição por sobrevivência, *status* e poder, do que propriamente um resultado de pessoas agindo com base em cálculos estritamente racionais. Esses estudos ficaram conhecidos como a "abordagem da política burocrática", tendo sido inaugurados pelos trabalhos de Allison (1971) e aprofundados por Allison e Zelikow (1999).

O modelo de política burocrática adota a perspectiva de que as decisões de política externa são o produto de resultados políticos ou negociações entre líderes individuais em cargos governamentais. Esses resultados emergem de um processo de política externa, característico de um jogo competitivo, no qual vários atores com diferentes preferências políticas lutam, competem e negociam sobre o conteúdo e a condução da política. As posições políticas adotadas pelos tomadores de decisão são determinadas em grande parte por seus papéis organizacionais. Alguns críticos apontam que não está claro até hoje se a abordagem da política burocrática seria um modelo separado do modelo dos processos organizacionais ou meramente uma extensão deste. Eventualmente, o modelo de política organizacional acabou sendo incorporado ao modelo da política burocrática, relegando o processo organizacional ao status de "restrições" dentro do paradigma do modelo burocrático (Welsch, 1992).

Numa situação hipotética envolvendo a segurança nacional, por exemplo, o ministro da Economia tenderia a focar as implicações orçamentárias de seguir determinado curso de ação, enquanto o da Defesa sublinharia as opções disponíveis para defender o território e a população, e o das Relações Exteriores enfatizaria as ramificações político-diplomáticas internacionais. O Presidente, nesse contexto, tenderia a observar o apoio de partidos políticos e da opinião pública sobre a resposta a ser dada. Nesse sentido, o comportamento

Introdução às Relações Internacionais

externo dos países pode ser visto como uma resultante de jogos de barganha entre atores interessados num ou noutro caminho dentro da burocracia, e que competem entre si para ver qual opção sairá vencedora. Os críticos dessa abordagem apontam para a dificuldade de minimizar o papel dos indivíduos na tomada de decisão e de não considerar os jogos de poder como expressões da racionalidade dos atores envolvidos (Holsti, 2004).

3.4. Formas de governo e regimes políticos

Um tópico que tem ganhado relevância nas últimas décadas nos estudos de APE está ligado a uma das discussões mais fundamentais feita pela ciência política: afinal de contas, o formato das instituições políticas importa? Nas RI, o cerne da questão reside nas considerações acerca da influência das formas de governo (presidencialista/ parlamentarista) e dos regimes políticos (democracia/autocracia) na formulação e implementação da política externa. Democracias se comportam de maneira diferente das autocracias? As repúblicas presidencialistas estão mais sujeitas a vetos do que monarquias parlamentaristas? Muda-se o regime político, muda-se também a orientação da política externa? Tentativas de responder a estas e outras perguntas interligadas têm gerado um arco de pesquisas cujo enfoque recai sobre a análise do papel das instituições políticas domésticas sobre a dinâmica decisória em matéria de política externa.

Boa parte da discussão a respeito da importância do regime político na formulação e implementação da política externa tem se dado pelos embates teórico-metodológicos derivados da proposição da chamada "teoria da paz democrática", que remete aos escritos do filósofo Immanuel Kant do século XVIII. Em linhas gerais, essa teoria sugere que democracias não entram em guerra contra outras democracias. Isso não significa, contudo, que elas não façam guerra; o ponto é que elas não fazem guerra *entre si*. É possível dividir os estudiosos que se debruçam sobre a teoria da paz democrática em dois campos distintos: os que encontram fundamentação empírica nessa proposição, isto é, que sustentam a validade dessa teoria

274

para compreender as Relações Internacionais atuais; e os críticos, que questionam a proposição teórica, tanto nos seus pressupostos mais fundamentais quanto nos achados empíricos. Os que enxergam validade na teoria normalmente argumentam, por meio de estudos empíricos, que de fato as democracias não lutam contra outras democracias (Russett, 1989). Já os críticos refutam a validade teórica, a partir de duas dimensões: primeiro, a própria definição do que seria, exatamente, uma democracia (Hegre, 2014). Por exemplo, é preciso ter eleições livres, imprensa livre e sufrágio universal para ser uma democracia ou basta haver competição entre uma elite política que já seria o suficiente? A depender dos critérios do que se considera ou não uma democracia, mudam-se os casos a serem analisados.

A segunda dimensão da crítica indaga acerca do papel de outras variáveis que poderiam explicar a ausência de guerra entre democracias – como, por exemplo, a interdependência comercial ou a existência de armas nucleares. Ou seja, é o regime político que realmente leva os países a não entrar em guerra entre si ou são outros fatores que estão por trás desse resultado? Não há consensos sobre esses pontos, e é isso que instiga a continuidade dos estudos nessa temática.

Em relação à importância das formas de governo sobre a formulação da política externa, Martin (2000) discute em que medida o Legislativo desempenha papel central no processo decisório. Olhando para o caso norte-americano, a autora sugere que quando há consenso ou ampla convergência de interesses entre o Executivo e Legislativo, em matéria de política externa, o Legislativo tende a *delegar* ao Executivo papel central na formulação e implementação da política externa. Isso se dá porque, nos Estados Unidos, o Congresso dispõe de amplos poderes em matéria de política externa – diferentemente do que ocorre no Brasil, cujas atribuições recaem, em grande medida, sobre o Presidente e o Itamaraty. Contudo, em situações quando há divergência de interesses entre os dois poderes, o Legislativo dispõe de mecanismos de *intervenção* na formulação da política externa, de modo que suas demandas sejam devidamente consideradas no processo decisório. Essa situação se aplica, sobretudo, nas negociações comerciais.

A literatura busca então analisar não apenas os aspectos legais que normatizam a participação do Congresso na condução da política externa, mas qual seria sua influência política nesse sentido. Nos estudos voltados ao caso brasileiro, Lima e Santos (2001) argumentam que o Legislativo passou de uma posição de delegação para o Executivo, que vem do período de Juscelino Kubitschek, para um período de abdicação, ao se isentar de tomar decisões sobre as medidas comerciais implantadas ao longo dos anos 1990. No entanto, a literatura mais recente tem enfatizado que estaria ocorrendo uma maior participação do Legislativo na condução da política externa, de modo que esse poder não seria um mero ratificador automático das decisões tomadas pelo Executivo. Assim, os estudos contemporâneos têm apontado que a participação do Legislativo na condução da política externa brasileira se faz mais presente do que se costuma assinalar (Diniz e Ribeiro, 2008).

3.5. Opinião pública

A opinião pública é um termo amplo que engloba o público em geral, o público especializado e vários grupos de interesse e de pressão. A opinião pública estabelece os parâmetros para decisões de política externa e pode ser vista como uma restrição de "fundo" na formulação e implementação da política externa. O conceito de opinião pública é problemático, uma vez que requer a definição de quem é o público e envolve debate sobre as metodologias adotadas para promover os pontos de vista do público. Hill (1981), em seu estudo sobre a opinião pública britânica em relação à política externa, a caracteriza como o "monstro do Lago Ness", algo frequentemente discutido, mas nunca visto.

A visão clássica de Almond-Lippman sustenta que a opinião pública tem pouca influência sobre a política externa, em função de o público ser amplamente indiferente e incoerente em relação às questões de política externa. Por essas razões, para esses autores, uma elite governante deveria ser responsável por gerenciar a política externa. Shapiro e Page (1992), no entanto, discordam dessa tese ao demonstrar que, durante a Guerra Fria, a opinião pública norte-americana se comportava de modo contrário ao antigo consenso, isto é, era consistente – como mostrado por inúmeros estudos – e "racional" em sua avaliação dos eventos internacionais. Rosenau (1961), por sua vez, estuda o papel da opinião pública com base numa pirâmide, na qual o pico é a elite (composta pelo governo, poder legislativo e a mídia); o segundo nível é o público atento (intelectuais e empresários); e o terceiro nível é o público em geral (que tende a ser indiferente). Vários estudiosos sugerem que apenas uma pequena fração da opinião pública está interessada e é atenta à política externa. O interesse público parece depender da questão, ou seja, questões rotineiras relacionadas à diplomacia não estão no topo das preocupações públicas, mas temáticas econômicas, comerciais e outras relacionadas à guerra e à paz despertam o interesse público.

A discussão sobre o papel da opinião pública na formulação e implementação de política externa está no centro do debate entre realistas e liberais. Os liberais a veem como uma força de paz, na medida em que o público pode constranger determinado curso de ação – vetar a ida à guerra, por exemplo, mediante a realização de protestos, marchas, demonstrações e boicotes. Já para os realistas, a opinião pública é considerada uma barreira a uma diplomacia coerente e bem planejada, podendo atrapalhar os esforços para perseguir objetivos nacionais. Assim, os realistas são céticos em relação ao papel da opinião pública em função de considerarem os assuntos internacionais muito complexos e distantes do público, o que cria uma situação na qual as emoções se sobrepõem aos cálculos racionais, desviando, com isso, o caminho mais adequado que a política externa deve seguir.

Uma discussão a respeito do papel da opinião pública sobre o processo decisório precisa levar em conta as teorias da Comunicação. A mídia desempenha papel crucial no processo de política externa, atuando como uma ponte para a passagem de informações entre o público, o Estado e a arena internacional. A influência da mídia na política externa pode ser considerada sob três perspectivas: i) definição da agenda; ii) "centro de informações"; e iii) ferramenta de propaganda do governo.

A mídia como definidora da agenda é exemplificada pelo chamado "efeito CNN", que aponta para o grau em que o foco da mídia em uma questão específica força o Estado a agir numa determinada direção. A transmissão diária de imagens e discursos pode influenciar diretamente o processo de tomada de decisão, atingindo, inclusive, a própria agenda política (Gilboa, 2005). A mídia como um "centro de informações" se baseia na ideia implícita de neutralidade institucional. Ou seja, a política editorial não é tanto uma função de perspectivas ideológicas, interesses estabelecidos ou preconceitos pessoais, mas sim, uma organização de informações que se conforma com os desejos e necessidades do cidadão. Portanto, os fatores de mercado e o comportamento do consumidor são os principais impulsionadores da ação da mídia e impõem uma lógica ao setor que desafia os esforços para direcioná-lo para um caminho específico.

Finalmente, a mídia como uma ferramenta de propaganda governamental se aplica a países em que as elites econômicas e políticas possuem influência sobre os meios midiáticos de modo que buscam gerenciar o fluxo de informações para seus cidadãos em prol da segurança do regime. A posição mais controversa é a de que as democracias deliberadamente se envolvem na manipulação do público para direcionar a política externa de acordo com os interesses da elite. Herman e Chomsky (1988) caracterizam o processo de formação de opinião em democracias como "consentimento fabricado", no qual o Estado e as elites da mídia moldam as perspectivas dos cidadãos para se conformar aos seus interesses específicos, a fim de obter apoio para buscar uma agenda de política externa específica.

3.6 Atores sociais

Diversos atores sociais buscam influenciar a política externa. organizações não governamentais (ONGs), empresas, mídia, movimentos sociais, sindicatos e especialistas procuram exercer algum grau de pressão sobre o governo. Eles também interagem entre si, trocando informações, estabelecendo coalizões e se adaptando continuamente ao ambiente decisório. O governo, por sua vez, não apenas ouve passivamente as demandas feitas. Ao contrário, está envolvido nas dinâmicas sociais e também exerce influência e pressão sobre os atores da sociedade. O tecido social, portanto, é composto por um fluxo bidirecional de influência, que confluem para formar um sistema complexo (Morin e Paquin, 2018).

Grupos de interesse, por sua vez, são organizações dedicadas à defesa de interesses específicos no processo de tomada de decisões do Estado. A natureza dos interesses pode variar. Hill (2003) propõe uma tipologia em que a primeira reúne grupos que defendem interesses econômicos, incluindo empresas, associações de consumidores e sindicatos; a segunda é composta por grupos que defendem interesses territoriais, incluindo comunidades indígenas, minorias étnicas e municípios; por fim, a terceira categoria diz respeito a grupos que defendem ideias mais circunscritas, como ONGs e igrejas. No entanto, independentemente da categoria à qual pertençam, os grupos de interesse que estão ativamente envolvidos na política externa compartilham algumas características, entre as quais o trabalho em colaboração mediante a construção de coalizões que, a depender do tamanho, conseguem exercer maior ou menor pressão sobre o caminho a ser seguido. Pode-se pensar, por exemplo, no papel de federações e confederações nacionais e estaduais de industriais pressionando o governo a adotar políticas de proteção setorial.

Outra característica comum entre eles é que tendem a adotar estratégias de ação semelhantes. Desenvolvem, por exemplo, retóricas que esperam ser convincentes, esforçam-se para alinhar-se com a opinião pública, comunicam sua mensagem por meio de diferentes meios de comunicação, conduzem pesquisas para sustentar seus argumentos, testemunham perante comissões parlamentares, se encontram com líderes políticos nos bastidores e oferecem compensações àqueles que concordam em apoiá-los. O trabalho diário de um lobista da Human Rights Watch, por exemplo, não difere muito do de um lobista que defende os interesses da Vale do Rio Doce.

A terceira característica em comum é que os grupos de interesse desempenham maior papel durante as fases iniciais do processo de tomada de decisão. Nesses estágios, eles podem influenciar o enquadramento pelo qual um problema será compreendido pelos tomadores de decisão e garantir que a sua demanda seja efetivamente incluída na agenda política. Nas fases subsequentes, quando as diferentes opções são examinadas e as políticas implementadas, a influência desses grupos tende a diminuir e a ser suplantada pela burocracia e pelas comunidades de especialistas. Somente na fase de avaliação é que eles recuperam sua influência original (Morin e Paquin, 2018).

A literatura que analisa a influência dos atores sociais na formulação de política externa ainda é incipiente, embora crescente. Cada vez mais, estudos têm se debruçado sobre o papel desses diferentes atores em diferentes situações de atuação do Estado, como negociações de acordos internacionais em diversas áreas.

Logo, os estudos de APE se baseiam em três principais níveis de análise para entender as decisões de política externa: individual, estatal e internacional. No nível do indivíduo, as variáveis explicativas incluem as características, crenças e motivações dos tomadores de decisão. No nível do Estado, fatores como a burocracia, estrutura governamental, partidos políticos, opinião pública, formas de governo e regimes políticos, e atores sociais desempenham papel crucial no processo decisório. Em geral, o nível de análise sistêmico é considerado um constrangimento à atuação dos Estados no plano externo. Esses diferentes fatores proporcionam uma abordagem abrangente para analisar as decisões de política externa de diferentes Estados

4. CONSIDERAÇÕES FINAIS

A subárea de APE apresenta um conjunto de compromissos teórico-metodológicos que demarcam sua distinção em relação a outras áreas de estudo das RI, entre os quais: i) olhar abaixo do nível do Estado em busca de informação de agentes mais específicos; ii) construir teorias de médio alcance de modo a dar conta da complexidade do mundo real que envolve atores e estrutura; iii) buscar explicações multicausais localizadas em mais de um nível de análise; iv) utilizar teorias e ferramentas metodológicas de outras Ciências Sociais na condução de seus estudos; e v) visualizar o processo de formulação da política externa com igual interesse ao próprio resultado da política externa (Hudson e Day, 2020).

A ascensão de lideranças populistas e chefes de Estado com poder concentrado tem demandado novas explicações sobre como e quando líderes importam na política internacional. Aliado a isso, as profundas incertezas que pairam sobre as Relações Internacionais contemporâneas, marcadas pela rivalidade sino-americana e pelo agravamento de problemáticas transnacionais, levam os estudiosos a investigar os múltiplos papéis dos mais variados atores na forma como interpretam a posição de seu país no mundo, qual o papel das organizações internacionais, de que modo é possível evitar uma guerra entre países rivais etc. Por último, crescentemente tem havido, nas sociedades democráticas, uma demanda pela "abertura da caixa-preta" do Estado e inclusão de novos atores no processo decisório. A política externa não está blindada disso, o que traz desafios e oportunidades aos formuladores.

Como visto, o campo de APE abre um amplo leque de temas, teorias e enfoques na área de RI, permitindo ao estudante ir à fundo tanto na compreensão quanto na explicação da política externa adotada pelos países. É fundamental considerar os níveis de análise e a relação entre os múltiplos atores que participam do processo decisório de modo a avaliar a influência e o papel de cada um deles na tomada de decisão. Devido à sua natureza interdisciplinar, a APE tem muito a ganhar com a incorporação de conceitos, teorias e metodologias de outras áreas aos seus estudos, motivando assim uma aproximação bem-vinda entre as várias áreas do conhecimento. Esperamos, com isso, que os alunos se interessem pela APE e conduzam pesquisas com essa abordagem, contribuindo para a consolidação e avanço desse importante campo das RI.

5. ESTUDO DIRIGIDO

Questão 1. Qual seria o principal interesse de pesquisa da subárea de Análise de Política Externa?

Questão 2. Quais são as origens da Análise de Política Externa e como ela evoluiu ao longo do tempo? Quais são os principais teóricos e eventos que contribuíram para o desenvolvimento dessa abordagem de estudo?

Questão 3. Além de sua importância acadêmica, como a Análise de Política Externa pode ser útil na prática? Dê exemplos concretos de situações em que a APE pode desempenhar um papel crucial.

Questão 4. Quais são os principais atores e fatores que poderiam influenciar a formulação e a implementação da política externa de um país? Como esses atores e fatores interagem e impactam as decisões de política externa desse país?

Questão 5. Na Análise de Política Externa, o conceito de "nível de análise" é frequentemente utilizado para examinar a interação entre atores internacionais em diferentes contextos. Explique o que significa o "nível de análise" e como ele pode ser empregado para avaliar as políticas e estratégias de um país a partir de exemplos práticos.

6. REFERÊNCIAS BIBLIOGRÁFICAS

ALLISON, G. T. *Essence of decision:* explaining the Cuban missile crisis. Boston: Little, Brown, 1971.

ALLISON, G. T. ; ZELIKOW, P. *Essence of decision:* explaining the Cuban missile crisis. 2nd. ed. New York: Longman, 1999.

ALMOND, G. A. *The American People and foreign policy.* New York: Praeger, 1950.

BREUNING, M. *foreign policy analysis:* a Comparative Introduction. New York: Palgrave Macmillan, 2007.

DINIZ, S.; RIBEIRO, C. O. The role of the Brazilian Congress in foreign policy: an empirical contribution to the debate. *Brazilian Political Science Review*, v. 2, n. 2, p. 10–38, 2008.

GEORGE, A. L. *Bridging the gap:* theory and practice in foreign policy. Washington, D.C.: United States Institute of Peace Press, 1993.

GILBOA, E. Global television news and Foreign policy: debating the CNN effect. *International Studies Perspectives*, v. 6, n. 3, p. 325–341, 2005.

HEGRE, H. Democracy and armed conflict. *Journal of Peace Research*, v. 51, n. 2, p. 159–172, 2014.

HERMAN, E. S.; CHOMSKY, N. *Manufacturing consent:* the political economy of the mass media. New York: Panthon, 1988.

HERMANN, M. G. How decision units shape foreign policy: a theoretical framework. *International Studies Review*, v. 3, n. 2, p. 47–81, 2001.

HERMANN, M. G.; HERMANN, C. F. Who makes foreign policy decisions and how: an empirical inquiry. *International Studies Quarterly*, v. 33, n. 4, p. 361–387, 1989.

HILL, C. Public opinion and British foreign policy since 1945: research in progress? *Millennium*, v. 10, n. 1, p. 53–62, 1981.

HILL, C. The changing politics of foreign policy. london. New York: Palgrave Macmillan, 2003.

HILL, C. *foreign policy in the twenty-first century.* 2nd ed. London; New York: Palgrave Macmillan, 2015.

HOLSTI, O. R. Public opinion and foreign policy: challenges to the Almond-Lippmann Consensus. *International Studies Quarterly*, v. 36, n. 4, p. 439–466, 1992.

HOLSTI, O. R. *Public opinion and American foreign policy. Revised edition.* Michigan: University of Michigan Press, 2004.

HUDSON, V. M. Foreign policy analysis: actor-specific theory and the ground of international relations. *Foreign policy analysis*, p. 1–30, 2005.

HUDSON, V. M ; DAY, B. *Foreign policy analysis:* classic and contemporary theory. 3. ed. New York. London: 2020.

JACKSON, R.; SØRENSEN, G. *Introdução às Relações Internacionais:* teorias e abordagens. 3. ed. revista e ampliada. São Paulo: Companhia das Letras, 2018.

JERVIS, R. *Perception and misperception in international politics:* new edition. Princeton: Princeton University Press, 1976.

LAYNE, C. Kant or Cant: The Myth of the democratic peace. *International Security,* v. 19, n. 2, p. 5–49, 1994.

LENIN, V. I. *Imperialism:* the highest stage of capitalism. New York: International Publishers, 1997.

LIMA, M. R. S. Instituições democráticas e política exterior. *Contexto internacional,* v. 22, n. 2, p. 265, 2000.

LIMA, M. R. S. DE; SANTOS, F. O congresso e a política de comércio exterior. *Lua Nova,* n. 52, p. 121–149, 2001.

LIPPMANN, W. *Essays in the public philosophy.* Boston: Little, Brown, 1955.

MARTIN, L. L. *Democratic commitments:* Legislatures and international cooperation. Princeton: Princeton University Press, 2000.

MORIN, J.-F.; PAQUIN, J. *Foreign policy analysis:* a toolbox. Cham: Springer, 2018.

PAGE, B. I.; SHAPIRO, R. Y. *The rational public:* fifty years of trends in Americans' policy preferences. Chicago: University of Chicago press, 1992.

PINHEIRO, L. *Política externa brasileira (1889-2002).* 2. ed. Rio de Janeiro: Zahar, 2010.

PUTNAM, R. D. Diplomacy and domestic politics: the logic of two-level games. *International Organization,* v. 42, n. 3, p. 427--460, 1988.

ROSATI, J. A. The power of human cognition in the study of world politics. *International Studies Review,* v. 2, n. 3, p. 45-75, 2000.

ROSENAU, J. N. *Public opinion and foreign policy:* an operational formulation. New York: Random House, 1961.

ROSENAU, J. N. Comparative foreign policy: fad, fantasy gold field? *International Studies Quarterly*, v. 12, n. 3, p. 296-329, 1968.

RUSSETT, B. *Democracy, public opinion, and nuclear weapons.* Oxford: Oxford University Press, 1989.

SALOMÓN, M.; PINHEIRO, L. Análise de política externa e política externa brasileira: trajetória, desafios e possibilidades de um campo de estudos. *Rev. Bras. Polít. Int.*, 56 (1), 2013, p. 40-59.

SNYDER, R. C.; BRUCK, H. W.; SAPIN, B. *Decision-making as an approach to the study of international politics.* Princeton: Princeton University Press, 1954.

STOESSINGER, J. G. *Why nations go to war.* New York: St. Martin's, 2001.

SUEDFELD, P. Cognitive managers and their critics. *Political Psychology*, v. 13, n. 3, p. 435–453, 1992.

WALTZ, K. N. *Man, the state, and war:* a theoretical analysis. New York: Columbia University Press, 1959.

WELCH, D. A. The organizational process and bureaucratic politics paradigms: retrospect and prospect. *International Security*, v. 17, n. 2, p. 112–146, 1992.

WENDT, A. *social theory of international politics.* Cambridge: Cambridge University Press, 1999.

7. RECURSOS AUDIOVISUAIS

Sob a névoa da guerra. Gênero: documentário. Ano: 2003. Sinopse: narra a história militar recente dos Estados Unidos do ponto de vista de Robert S. McNamara, ex-secretário de Defesa nos governos Kennedy e Johnson. Desde o bombardeio de centenas de milhares de civis em Tóquio, em 1945, passando pela Crise dos

Mísseis, em Cuba, até os efeitos da guerra do Vietnã, o filme examina a combinação de fatores políticos, sociais e psicológicos que envolvem os conflitos armados. Com uma rica seleção de imagens de arquivo e gravações confidenciais da Casa Branca, também examina as justificativas do governo norte-americano para o uso militar da força.

Syriana. Gênero. drama: Ano: 2005. Sinopse: Robert trabalha para a CIA há 21 anos investigando terroristas. À medida que a atividade de seus alvos se torna mais intensa, ele nota que a ação da agência passa a servir à politicagem, o que desvia o trabalho de seu curso.

A guerra contra a democracia. Gênero: documentário: Ano: 2007. Sinopse: com foco nas questões políticas da América Latina, o filme critica a intervenção dos Estados Unidos na política interna dos países estrangeiros, sob a alegação de "Guerra ao Terrorismo".

War made easy. Gênero: documentário. Ano: 2007. Sinopse: o filme mostra como a imprensa americana e do Governo estadunidense praticaram a mentira e as mensagens belicistas para justificar uma guerra após a outra durante os últimos 50 anos.

13 dias que abalaram o mundo. Gênero: drama. Ano: 2000. Sinopse: em outubro de 1962, um avião U-2, que fazia vigilância de rotina, tira fotos que revelam que a União Soviética está em processo de colocar uma plataforma de lançamento de armas nucleares em Cuba. O presidente John F. Kennedy (Bruce Greenwood) e seus assessores têm de pôr um plano de ação contra os soviéticos. Por treze dias o destino da humanidade esteve nas mãos de um grupo reunido no salão oval na Casa Branca, pois a possibilidade de uma guerra nuclear era real. Com a situação cada vez mais tensa, qualquer ato impensado poderia provocar um conflito armado de grandes proporções.

UNIDADE III

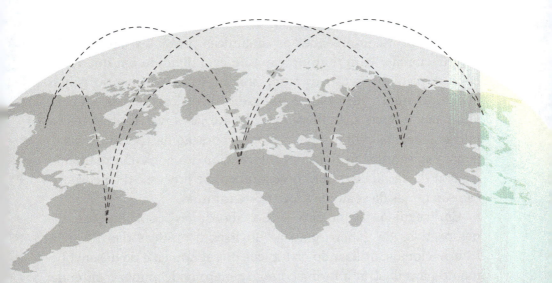

OS DEBATES CONTEMPORÂNEOS DAS RELAÇÕES INTERNACIONAIS

RELAÇÕES INTERNACIONAIS E GÊNERO
KIMBERLY ALVES DIGOLIN[91]

1. INTRODUÇÃO

Este capítulo busca explorar como as perspectivas de gênero nos ajudam a compreender as dinâmicas presentes nas Relações Internacionais. Para tanto, o capítulo está dividido em quatro seções. A primeira seção traz um breve resumo do uso do gênero enquanto uma categoria de análise, especialmente nas Ciências Humanas e Sociais. Embora esse debate já estivesse presente em outras áreas do conhecimento, a incorporação das perspectivas de gênero ao campo das Relações Internacionais ocorreu tardiamente, a partir da década de 1980. Esse momento e processo de incorporação são temas da segunda seção deste capítulo.

Em seguida, a terceira seção aborda as contribuições das perspectivas de gênero para as análises e práticas das Relações Internacionais, utilizando os tópicos de segurança e de desenvolvimento para ilustrar a forma como o gênero pode ajudar a entender de modo mais profundo algumas questões da política internacional. A quarta seção traz uma breve conclusão sobre os assuntos

---

[91] Professora no curso de Relações Internacionais da Universidade Paulista (UNIP) e pesquisadora no Núcleo de Estudos de Gênero – Iaras, vinculado ao Grupo de Estudos de Defesa e Segurança Internacional (Gedes). Doutoranda pelo programa de pós-graduação em Relações Internacionais San Tiago Dantas (Unesp/Unicamp/PUC-SP), com bolsa CNPq. Mestra pela mesma instituição e especialista em Docência para o Ensino Superior. Graduada em Relações Internacionais pela Universidade Estadual Paulista (Unesp), campus de Franca. Pesquisadora visitante na Universidade de Coimbra por meio do Programa Capes PrInt – Unesp, Edital 63/2023.

abordados no capítulo, buscando sintetizar as principais contribuições das perspectivas de gênero para essa área e apontar algumas lacunas que ainda permanecem. Por fim, assim como os demais capítulos deste livro, você poderá encontrar algumas questões de estudo dirigido e sugestões de materiais audiovisuais para aplicar e aprofundar seus conhecimentos. Bons estudos!

2. GÊNERO COMO CATEGORIA DE ANÁLISE

Embora o debate sobre gênero tenha ganhado mais espaço nas últimas décadas, isso não significa que o uso do gênero enquanto uma categoria para classificação e análise tenha surgido recentemente. A diferenciação entre indivíduos levando em consideração os seus aspectos biológicos já ocorre há muito tempo. Na Grécia Antiga, por exemplo, já predominava uma noção binária, segundo a qual os aspectos físicos e reprodutores eram utilizados não apenas para diferenciar homens e mulheres, mas também para impor espaços e performances específicas para cada um desses grupos.

Uma vez que tal diferenciação está baseada nos aspectos biológicos de cada pessoa, essa forma de se interpretar o gênero ficou conhecida como "determinismo biológico" (Scott, 2010; Shepherd, 2010). Os homens eram representados a partir do órgão genital masculino e a eles eram atribuídas características inerentes como insubmissão, autoridade e racionalidade. Ao passo que as mulheres eram representadas a partir do útero e da sua capacidade de procriar, sendo reduzidas aos papéis de irracionalidade, delicadeza e submissão, quase como se fossem seres pela metade que precisariam dos homens para estarem completas.

Em outras palavras, tal forma de representação está baseada em uma relação de hierarquia, uma vez que essa chave "homem-mulher" não indicaria apenas uma separação horizontal, com homens de um lado e mulheres de outro. Trata-se, principalmente, de uma relação vertical, em que o homem é compreendido como aquele ser que está acima das mulheres. A partir disso, o homem é entendido enquanto um ser naturalmente mais desenvolvido e mais capacitado, ao passo que a mulher é caracterizada como um ser deficitário, que está abaixo e não teria capacidade de ocupar determinados espaços.

Essa percepção percorreu a história da humanidade. No século XVI, por exemplo, nós temos relatos de discursos médicos apontando que a falta de sexo provocava histeria nas mulheres (Cooling, 2014). Isto é, laudos médicos que, em grande medida, legitimavam a noção de que as mulheres existiam apenas para se casar, procriar e servir às suas famílias. E que qualquer desvio de comportamento ou indagação sobre essa estrutura decorreria da falta de sexo.

Nesse sentido, podemos perceber que falar sobre gênero como uma categoria não é necessariamente algo novo. A "novidade" do debate está em questionar esses estereótipos que o determinismo biológico acabava legitimando. O processo que podemos observar mais recentemente está relacionado ao maior questionamento dessa definição do que é gênero, bem como a proposta de analisar o gênero menos como uma lista de aspectos físicos, e mais como um processo de construção social.

Esse debate crítico ganhou força a partir do final do século XIX e início do século XX, quando surgiu um movimento mais sistematizado que buscava romper com o modelo binário de gênero diretamente vinculado a aspectos biológicos. Küchemann, Bandeira e Almeida (2015, p. 64) sintetizam esse processo ao afirmarem que "[c]om o advento das ciências sociais, a ideia sobre o ser humano deixou de centrar-se na noção de indivíduo determinado pela biologia passando à noção do ser humano constituído pela posição que ocupa em um quadro de relações sociais estabelecidas com base na cultura e na história".

Entretanto, aqui vale uma ressalva. O fato de o questionamento filosófico ter se estruturado e ganhado força apenas no século XIX, principalmente na Europa e nos Estados Unidos, não significa que não tenham existido experiências mais horizontais em torno dessas questões de gênero em outros locais – como América Latina, África e Sudeste Asiático, ou mesmo em comunidades indígenas e povos originários. Partiremos dessa sistematização filosófico-acadêmica por conta das vantagens pedagógicas que ela traz para o objetivo deste capítulo, porém é importante não esquecermos que essa escolha analítica também pode, e deve, ser tensionada a fim de não reproduzir desigualdades e preconceitos.

Como vínhamos abordando, é principalmente a partir do século XIX que podemos perceber um processo mais contundente de questionar esse entendimento binário do gênero e, mais do que isso, questionar os seus objetivos. Ou seja, passou-se a entender que essa visão reducionista em torno de aspectos biológicos, a qual atribuía capacidades distintas aos homens e mulheres, na verdade buscava promover a manutenção de determinadas estruturas hierárquicas de poder.

Esse questionamento tinha duas principais vias: os movimentos sociais e os debates filosófico-acadêmicos. Nesses movimentos sociais estavam inclusos grupos civis que lutavam pela igualdade de direitos entre homens e mulheres[92] – como a demanda para que as mulheres tivessem o direito de votar, ter acesso à educação, acesso a métodos contraceptivos, igualdade salarial, entre outros.

A segunda via foi bastante influenciada por esses movimentos sociais e envolve os debates filosófico-acadêmicos, que passaram a questionar de modo mais sistematizado o processo social e discursivo em torno da noção de gênero, tensionando como o determinismo biológico, de certa forma, sustentava o estabelecimento de papéis e espaços de poder na sociedade. Nesse contexto, podemos notar uma maior presença de debates envolvendo identidades de gênero, a partir do final do século XIX, assim como uma maior preocupação com as ausências de perspectivas de gênero nas Ciências Humanas e Sociais.

É comum que a primeira autora a ser citada nesse contexto de maior criticidade em torno da perspectiva biológica do gênero seja a filósofa francesa Simone de Beauvoir (1908-1986), especialmente por

---

[92] Caso queira saber mais sobre a história e a evolução desses movimentos sociais feministas, recomenda-se os seguintes livros: *O que é feminismo* (1982), de Branca Alves e Jacqueline Pitanguy; e *Breve história do feminismo no Brasil* (1999), de Maria Amélia de Almeida Teles. Confira também os materiais audiovisuais indicados ao fim do capítulo, em especial a música *Triste, louca ou má*, da banda Francisco, el Hombre; e o filme *As sufragistas*, lançado em 2015.

sua famosa frase no livro *O Segundo Sexo* (1949): "não se nasce mulher, torna-se mulher". Beauvoir apontou que as características que antes eram atribuídas a todas as mulheres, quase como se fizessem parte do seu código genético, na verdade eram fruto de um processo sociocultural que as moldava a partir de determinadas prerrogativas. Em outras palavras, as mulheres não necessariamente já nasciam dotadas de qualidades como submissão e abnegação, mas eram moldadas pela sociedade para agir e performar essas características.

Entretanto, da mesma forma que é importante destacar autores que se debruçaram de modo mais detido sobre as questões de gênero, é importante também evidenciar a forma como grandes clássicos da área de Ciências Humanas e Sociais marginalizaram esses temas. Ainda que abordassem temáticas envolvendo hierarquias e identidades sociais, autores como Pierre Bourdieu, Karl Marx e Michel Foucault não consideraram – ou consideraram muito pouco – a forma como o gênero está envolvido nesses debates. Desconsiderando a forma como o gênero sustenta estruturas e processos sociais desiguais.

Na obra *O gênero nas Ciências Sociais*, que reúne uma série de ensaios sobre o tema, as autoras Chabaud-Rychter *et al.* sintetizam esse processo da seguinte forma

> [p]ara conquistar um espaço em suas disciplinas acadêmicas, os estudos feministas e, de um modo geral, as pesquisas sobre as mulheres, os papeis de sexo, as identidades sexuais, as relações sociais de sexo ou o gênero sempre tiveram que se posicionar em função dos discursos científicos dominantes, e romper com as Ciências Sociais que poderíamos qualificar de 'normásculas' (ou *malestream*) e que pensam o masculino sem mesmo perceber; sem perceber e impregnando de masculinidade resultados ou teorias supostamente 'objetivas', uma neutralidade que é, de fato, marcada por sua indiferença em relação às desigualdades entre os homens e as mulheres e, mais profundamente ainda, por sua indiferença ao domínio das segundas pelos primeiros (Chabaud-Rychter *et al.*, 2017, p. 3).

Em outras palavras, podemos compreender que "[...] o saber sociológico é herdeiro direto de uma perspectiva masculina em relação ao mundo social" que acaba promovendo uma "universalização e pseudoneutralidade de tal ótica masculina para a coletividade de homens e mulheres" (Bandeira e Almeida, 2017, p. xiv).

A partir da crescente influência do marxismo e da própria psicanálise, o campo das Ciências Humanas e Sociais se preocupou cada vez mais com a artificialidade da desigualdade – isto é, com a forma como as desigualdades são construídas a partir de relações de poder. Porém, foi a partir dessa percepção de que as questões de gênero estavam quase ausentes nesses debates que o campo também passou a se preocupar com a opressão universalizada contra determinados grupos, como as mulheres.

É nesse contexto de influência e de problematização dos autores clássicos que, em 1975, a antropóloga estadunidense Gayle Rubin publicou o capítulo *Tráfico de mulheres: notas sobre a economia política do sexo*. Por ser o primeiro texto a utilizar o termo "gênero" em um debate sobre teoria antropológica (Almeida, 2017, p. 4), a obra se tornou fundamental para os Estudos de Gênero e Sexualidade, especialmente pelo fato de a autora indicar que o conceito de gênero não deveria ser compreendido como sinônimo de "sexo" ou "sexualidade", mas sim de forma interativa com estes. Ou seja, passou-se a compreender a noção de gênero como algo complexo – que envolve elementos históricos, sociais, culturais, entre outros –, e que não deveria ser reduzido apenas aos aspectos biológicos das pessoas.

3. A INCORPORAÇÃO DAS PERSPECTIVAS DE GÊNERO AO CAMPO DAS RELAÇÕES INTERNACIONAIS

Como vimos anteriormente, embora esse debate já estivesse presente em outras áreas do conhecimento, a incorporação das perspectivas de gênero ao campo das Relações Internacionais ocorreu tardiamente, apenas a partir da década de 1980. Ou seja, "na época em que as perspectivas feministas nas RI ainda lutavam para abrir caminho, já existiam departamentos de Estudos das Mulheres bem estabelecidos nas universidades dos Estados Unidos" (Boxer, 2002 *apud* Barasuol e Zanella, 2023, p. 26). Ao nos depararmos com essa informação, a pergunta que pode surgir é: mas se o primeiro curso de RI foi criado ainda na década de 1910, por que essas perspectivas demoraram tanto para serem introduzidas nos estudos de Relações Internacionais?

Como você pôde observar na Unidade I deste livro, bem como no capítulo sobre a história das Relações Internacionais, as dinâmicas entre os atores internacionais já existiam muito antes do século XX. Por exemplo, o famoso conflito entre as cidades-Estado de Atenas e Esparta, também conhecido como Guerra do Peloponeso, ocorreu entre os anos 431 e 404 a.C. Isto é, o objeto de estudo abordado ao longo deste livro já existe há muito tempo, porém essas dinâmicas no âmbito internacional geralmente eram analisadas a partir da ótica da Economia, da História ou mesmo do Direito.

Foi apenas com os impactos decorrentes da Primeira Guerra Mundial (1914-1918) que ficou mais escancarada a necessidade de um campo de estudos específico para se analisar a política internacional. No entanto, da mesma forma que nós não conseguimos nos distanciar o suficiente da nossa própria história de vida a ponto de sermos completamente neutros, o campo de estudos das Relações Internacionais foi moldado sob grande influência não apenas do momento histórico em que surgiu, mas também dos atores e debates presentes naquela época.

Com isso, justamente pelo fato de a grande preocupação na época estar relacionada aos impactos dessa primeira guerra de escala global, até então conhecida como "A Grande Guerra", o recém-criado campo das RI teve como núcleo estruturante as questões da guerra e da paz. Mais especificamente, os questionamentos acerca das causas que poderiam levar a uma nova guerra de grandes escalas e as formas de se promover a paz mundial.

Para compreender a criação desse campo de estudos, convido você a embarcar em uma analogia. Imagine que estudar as Relações Internacionais é como aprender a utilizar um óculos em que as lentes podem ser removidas e estão disponíveis em diversas cores. Desse modo, pela manhã você pode escolher utilizar duas lentes vermelhas e à tarde trocar para uma combinação entre as lentes azul e amarela. Nessa analogia, cada cor indica um foco específico. Uma cor pode representar uma análise focada nos atores estatais, ao passo que as demais podem focar as questões da cooperação e da guerra. Da mesma forma que compramos um óculos para atender às nossas necessidades, podemos compreender que as lentes acionadas durante a criação da disciplina de Relações Internacionais estavam, majoritariamente, relacionadas às questões predominantes naquele contexto.

Ou melhor dizendo, às questões predominantes para aqueles responsáveis pela reflexão e prática das Relações Internacionais. Esta é uma ressalva importante porque, do contrário, corremos o risco de achar que as questões de gênero na política internacional – ou mesmo os impactos dessas dinâmicas sobre grupos específicos – surgiram apenas no final do século XX. Na verdade, essas questões sempre estiveram presentes, porém eram frequentemente marginalizadas ou silenciadas nos debates da disciplina de RI. Na época, algumas autoras chegaram a apontar que "[a] política internacional é um mundo de homens, um mundo de poder e conflito, no qual a guerra é a atividade privilegiada" (Tickner, 1988, p. 429).

De forma análoga, podemos compreender o início do campo de Relações Internacionais como um filme em preto e branco. Não significa que não existissem cores no momento em que as cenas foram filmadas, apenas significa que não existiam ferramentas capazes de captar essas cores, ou então que houve uma escolha por parte dos diretores do filme em priorizar as imagens em preto e branco. A partir dessa analogia, podemos entender que as mulheres e as dinâmicas envolvendo gênero já estavam presentes naquele momento, mas não existiam ferramentas ou mesmo não existia interesse de levar em conta esses aspectos ao se analisar e/ou praticar a política internacional.

Durante muito tempo, os debates sobre gênero seguiram marginalizados no campo das RI. Porém, seguindo a onda desse movimento de maior criticidade nas Ciências Sociais que comentamos na seção anterior, as abordagens de gênero foram incorporadas à disciplina de Relações Internacionais a partir do final da década de 1980 e início da década de 1990, com o intuito de preencher essas lacunas e corrigir esses silêncios que o campo apresentava. Ao nos depararmos com essa informação, duas perguntas podem surgir: Por que especificamente nesse período? E de que forma essa incorporação ocorreu?

No que se refere à primeira pergunta, a linha do tempo a seguir pode auxiliar, porque a partir dela conseguimos visualizar a forma como o século XX foi marcado por guerras de grande escala em quase toda a sua extensão. Tivemos a Primeira Guerra Mundial, entre 1914 e 1918, seguida pela Segunda Guerra Mundial, entre 1939 e 1945. E, quando finalmente a sociedade internacional pensava ter alcançado um ambiente pacífico, com estruturas que auxiliariam na promoção da paz e da segurança internacional, como a Organização das Nações Unidas (ONU), teve início a chamada Guerra Fria (1947--1991), caracterizada pelas disputas entre Estados Unidos e a antiga União Soviética (URSS) e que durou cerca de cinquenta anos.

Figura 1 – Guerras no século XX

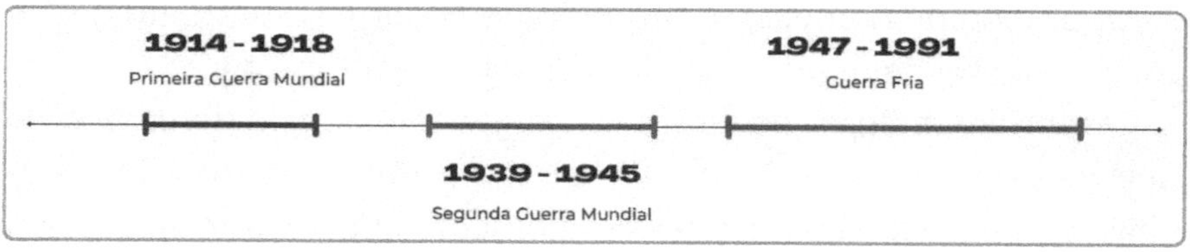

Fonte: elaborado pelos autores.

Essa linha do tempo nos ajuda a compreender o motivo de, desde o início do século até o final da década de 1980, as preocupações mais presentes no campo de estudos das RI rodearem aspectos de guerra e paz a partir da centralidade dos Estados, uma vez que, naquele momento, os principais atores capazes de iniciar novas guerras eram justamente os Estados. Isso não significa dizer que conflitos envolvendo atores não estatais, ou mesmo guerras civis não existissem, elas só eram menos frequentes e/ou de escala mais concentrada.

Com o fim da Guerra Fria, o campo passou a ter mais espaço para outros debates, dinâmicas e atores. É como se, até aquele momento, nós estivéssemos assistindo a uma peça de teatro em que as cenas giravam em torno de alguns poucos atores e temáticas específicas. Isso não significa que não existissem outros atores no palco ou mesmo outras dinâmicas a serem observadas; elas apenas não eram o foco. Foi a partir do fim do conflito que a centralidade do Estado-nação, dos homens e dos aspectos militares nas análises de Relações Internacionais passou a ser mais questionada, permitindo que esses outros atores e temáticas ganhassem mais atenção e espaço.

Agora que compreendemos o motivo dessa incorporação ter ocorrido nesse momento, passemos à segunda pergunta: de que forma essas perspectivas de gênero foram incorporadas aos estudos de Relações Internacionais? Essas abordagens vão buscar rever a forma convencional da produção de conhecimento e tensionar a maneira de analisar a política internacional em um movimento binário que silencia alguns grupos. São abordagens que vão buscar fugir das generalizações, como a noção de que todos os indivíduos que compõem um Estado seriam igualmente afetados pelas situações ou teriam igual acesso às decisões políticas. Essas abordagens, portanto, vão passar a incluir variáveis relativas à dimensão social dos fenômenos internacionais.

Uma analogia possível é imaginar que as abordagens mais tradicionais de RI observam a política internacional a partir de um avião em voo, fazendo com que as dinâmicas e atores pareçam todos iguais. Ao passo que as abordagens de gênero – também intituladas de abordagens feministas – buscam pousar esse avião e analisar um pouco mais de perto as nuances e variáveis que antes não eram vistas, ou que eram deliberadamente invisibilizadas, quando o avião estava em voo no céu.

Nesse sentido, a incorporação do gênero às Relações Internacionais promove questionamentos acerca dos principais preceitos da disciplina e também a própria forma como esses pressupostos silenciam temáticas e dinâmicas. De modo sintético, essas abordagens de gênero buscam promover uma análise mais múltipla e interseccional entre as hierarquias sociais e culturais (Barros, 2007). Elas vão buscar analisar como essas hierarquias se constroem e se articulam, como elas se manifestam e quais são os efeitos que elas possuem sobre as dinâmicas internacionais (Barros, 2007).

As principais questões dessas abordagens de gênero no campo das Relações Internacionais envolviam: primeiro, a ausência e marginalização dos debates sobre gênero nas análises tradicionais; e, depois, o questionamento sobre a imposição de determinados símbolos, papéis, estruturas e dinâmicas a partir de uma noção hierárquica do gênero. Em suma, as abordagens feministas em RI argumentam que a ausência dos debates sobre gênero nas RI por tanto tempo não foi um acaso, mas sim uma escolha.

4. AS CONTRIBUIÇÕES DAS PERSPECTIVAS DE GÊNERO PARA AS ANÁLISES E PRÁTICAS DAS RELAÇÕES INTERNACIONAIS

Para tentar preencher essas lacunas nas análises e práticas das Relações Internacionais, as abordagens de gênero propõem um movimento duplo de ampliação e aprofundamento da área (Xavier, 2013). Isto é, propõem considerar a presença das mulheres nas dinâmicas da política internacional e incluir o gênero como uma categoria de análise para a compreensão das estruturas e fenômenos das Relações Internacionais.

Uma das principais referências nesse debate dentro das RI é a cientista política estadunidense Judith Ann Tickner. A autora argumenta que, ao notarem essa falta de atenção ao gênero no âmbito da política internacional, as abordagens feministas questionam a forma como as hierarquias de gênero acabam reforçando instituições e práticas desiguais que sustentam a própria dinâmica internacional. De acordo com Tickner,

[d]esafiando tanto a noção tradicional do Estado como a estrutura dentro da qual a segurança deve ser definida e analisada, quanto as fronteiras convencionais entre segurança dentro e anarquia fora do Estado, as feministas colocam suas análises em um sistema de relações que cruza essas fronteiras. Desafiando a noção de níveis distintos de análise, elas argumentam que as desigualdades entre mulheres e homens, desigualdades que contribuem para todas as formas de insegurança, só podem ser entendidas e explicadas no âmbito de um sistema moldado por estruturas patriarcais que se estendem do lar à economia global. (Tickner, 1997, p. 626).

Desse modo, o feminismo questionou os principais pressupostos e objetos da disciplina, bem como "a dominância de homens nos espaços de poder acadêmicos e políticos" (Barasuol e Zanella, 2023, p. 24). Ao publicar o texto "Onde estão as mulheres?", em 1989, Cynthia Enloe iluminava um questionamento duplo, referindo-se tanto à invisibilização das mulheres praticantes da política internacional nos espaços de poder quanto aos impactos que essa política internacional tinha sobre as mulheres nos demais espaços ainda negligenciados pelo campo.

Se resgatarmos a analogia anterior, podemos compreender que as abordagens mais tradicionais analisam a política internacional de cima do avião e, por estarem "mais distantes", acabam assumindo que os impactos sobre todos os indivíduos são iguais ou muito semelhantes. Em outras palavras, as análises mais tradicionais podem ser entendidas como um óculos que ajuda a enxergar de longe o quadro amplo das decisões políticas envolvendo a autopreservação do Estado, mas que, em contrapartida, deixa a visão de perto bastante desfocada. Ao passo que as abordagens feministas, embora também desfoquem alguns aspectos, permitem uma análise mais esmiuçada das bases estruturais que sustentam sistemas desiguais, bem como dos diversos tipos de vulnerabilidades e impactos sobre grupos sociais específicos.

Por exemplo, existe um sociólogo norueguês bastante conhecido nos Estudos para a Paz que se chama Johan Galtung. Esse autor propôs uma tipologia sobre a violência que é muito utilizada ainda hoje e que, apesar de não ter sido pensada especificamente sob o viés de gênero, nos ajuda a entender como as abordagens que não consideram o gênero em sua análise acabam ficando míopes para alguns pontos.

Quando nós falamos de violência, é muito comum associá-la ao ato de agressão que deixa machucados ou até leva à morte. Galtung chama esse tipo de violência direta, uma vez que se refere ao evento de agressão em si. No entanto, Galtung aponta que esse não é o único tipo de violência que existe. Essa violência direta é quase como se fosse apenas a erva daninha que nós vemos acima do solo, mas que tem raízes muito mais profundas que sustentam e legitimam essas formas de agressão.

Galtung separa essas raízes em outros dois subgrupos: as violências estruturais e as violências culturais. A violência estrutural seria aquela que está embutida na estrutura, como a pobreza e a exploração. Ela não deixa marcas no corpo, mas faz com que alguns grupos tenham oportunidades desiguais de vida (Galtung, 1969; Galtung, 1990). Já a violência cultural é aquela violência que está presente de modo simbólico nas leis, na ciência, nas ideologias ou nas religiões. Ou seja, racismo, machismo e xenofobia podem ser entendidos como exemplos de violências culturais que buscam justificar os outros dois tipos de violência anteriores.

Figura 2 – Triângulo da violência

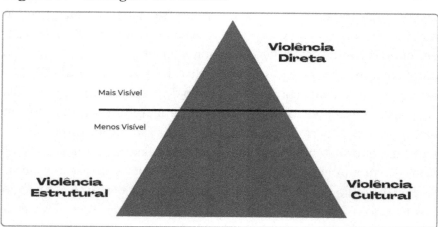

Fonte: elaborado pelos autores com base em Galtung (1969; 1990).

A figura acima ilustra essa tipologia apresentada por Galtung a partir da figura de um triângulo ou mesmo de um *iceberg*, no qual a violência direta está mais visível, mas é sustentada pelas violências estruturais e culturais, que estão menos visíveis. Mas por que esse debate mais amplo sobre a violência é importante? Quando nós ampliamos a discussão sobre o conceito de violência é possível analisar os diversos impactos que uma mesma situação, seja de conflito armado ou não, tem sobre parcelas diferentes da população. Permite uma visão mais crítica sobre o processo violento em si, mas também permite a elaboração de políticas e práticas mais eficientes no combate aos mais diversos tipos de violência.

Porém, embora a inclusão do gênero às análises de Relações Internacionais tenha tido seu pontapé inicial na área de segurança – como demonstra o livro *Women and War*, de Jean Bethke Elshtain, publicado em 1987[93] –, não é apenas em questões envolvendo segurança que podemos reconhecer a contribuição das perspectivas de gênero. Exemplo disso é a contribuição dessas perspectivas para as análises sobre desenvolvimento.

É comum associarmos a ideia de desenvolvimento apenas a aspectos econômicos. Por exemplo, quando nos deparamos com a expressão "países mais desenvolvidos", frequentemente associamos a esses países a característica de serem mais ricos do ponto de vista financeiro. Embora não esteja errado, trata-se de uma percepção incompleta, uma vez que desconsidera dimensões como acesso à educação e saúde, expectativa de vida, entre outros. Por esse motivo, o Programa das Nações Unidas para o Desenvolvimento (PNUD) costuma trabalhar com a noção de "desenvolvimento humano", definido como

> um processo de ampliação das escolhas das pessoas para que elas tenham capacidades e oportunidades para serem aquilo que desejam ser. Diferentemente da perspectiva do crescimento

---

[93] Nesta obra, a filósofa estadunidense resgata os mitos do "homem guerreiro" e da "mulher, linda alma", argumentando que os papéis na guerra e na sociedade foram definidos por esses mitos, os quais estabeleceram características específicas a cada grupo (Barasuol e Zanella, 2023, p. 28).

econômico, que vê o bem-estar de uma sociedade apenas pelos recursos ou pela renda que ela pode gerar, a abordagem de desenvolvimento humano procura olhar diretamente para as pessoas, suas oportunidades e capacidades. (PNUD, s.d.).

Ao ampliar o conceito para além dos aspectos econômicos e incluir questões de gênero nesse processo de avaliação, a noção de desenvolvimento humano adotada pelo PNUD não apenas compreende a igualdade entre homens e mulheres como um direito fundamental, mas também qualifica a igualdade de gênero como uma condição essencial para a promoção de um desenvolvimento mais sustentável e duradouro. Em outras palavras, ao considerar questões de gênero, os indicadores de desenvolvimento humano podem avaliar de maneira mais precisa o progresso social, identificando experiências de sucesso, bem como gargalos que ainda demandem maior atenção.

Por exemplo, se levássemos em consideração apenas a questão econômica, poderíamos entender que todas as pessoas que vivem em países com maior renda possuem o mesmo acesso a recursos ou possuem o mesmo nível de participação nas decisões adotadas. Entretanto, o gráfico a seguir nos mostra o contrário. Os países que se enquadram na categoria de "desenvolvimento humano muito alto" possuem uma menor representação feminina na política do que os países ditos de "desenvolvimento baixo", tanto no que se refere à participação de mulheres no parlamento e nos governos locais quanto em cargos de liderança.

Figura 3 – Porcentagem de mulheres nos parlamentos, governos locais e cargos de liderança por grupos de países*

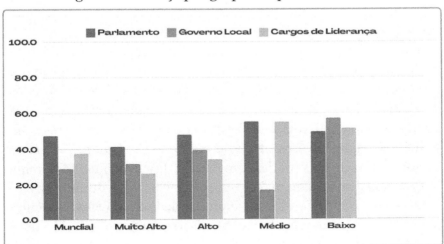

* Os grupos de países estão separados a partir dos respectivos índices de desenvolvimento humano (IDH).

Fonte: traduzido e adaptado de UN Women e PNUD, 2023, p. 23. Disponível em: https://www.undp.org/pt/brazil/desenvolvimento-humano/publications/os-caminhos-para-igualdade."

Com base na Figura 3, acima, podemos compreender que a média mundial de mulheres parlamentares é de 47,5%, ou seja, a presença de mulheres em parlamentos é 2,5 pontos percentuais menor do que a dos homens. Nos países em que o índice de desenvolvimento humano (IDH) é muito alto, essa diferença é de 8,7 pontos percentuais, o que indica que a presença de mulheres nos parlamentos é significativamente menor do que a dos homens nesses países – especialmente quando comparamos com os países de baixo IDH, onde a diferença entre homens e mulheres nos parlamentos é de apenas 0,5 pontos percentuais.

Ao levar em consideração a participação de mulheres nos governos locais essa diferença é ainda mais acentuada. Nos países de IDH muito alto, as mulheres ocupam apenas 31,7% dos cargos, ao passo que nos países com baixo índice de desenvolvimento as mulheres ocupam 57% dos cargos em governos locais. Além disso, de acordo com levantamento realizado em janeiro de 2023, apenas 31 países tinham mulheres como chefes de Estado e só 22,8% dos gabinetes de ministros eram compostos por mulheres (UN Women e Pnud, 2023, p. 30).

Esses dados podem parecer menos importantes, mas um relatório do Banco Mundial (2023) indica que países com maior representação feminina tendem a aprovar mais leis contra a violência sexual e doméstica. Nesse sentido, ao reconhecer as experiências de sucesso no que se refere à participação política de mulheres em países como Bolívia e Islândia – países em que as mulheres são maioria nos cargos de governo local –, as práticas em prol do desenvolvimento humano internacional se tornam mais frutíferas, inclusivas e duradouras.

Ainda se referindo às contribuições das abordagens de gênero para a questão de desenvolvimento, outro exemplo possível é o acesso à educação. Não há dúvidas de que o maior acesso da população ao ensino está diretamente ligado ao aumento do desenvolvimento de sociedades. Porém, nem sempre os motivos para a evasão escolar são os mesmos entre homens, mulheres, meninos e meninas. Ao não levar em consideração esses entraves específicos, podemos cair no erro de achar que a única política pública ou mesmo o único projeto de cooperação internacional para resolver a evasão escolar é construir mais escolas; quando, na verdade, uma parcela dessa população pode estar deixando de frequentar a escola por conta de questões como pobreza menstrual[94], sobrecarga com afazeres domésticos ou mesmo por estigmas sociais.

No Brasil, por exemplo, "mais de 4 milhões não têm acesso a itens mínimos de cuidados menstruais nas escolas", o que inclui "falta de acesso a absorventes e instalações básicas nas escolas, como banheiros e sabonetes" (Unicef e Unfpa, 2021). O resultado disso pode ser observado a partir de uma enquete conduzida pelo Fundo das Nações Unidas para a Infância (Unicef, 2021), na qual

---

[94] A pobreza menstrual é caracterizada pela "falta de estrutura, recursos e até conhecimento por parte de pessoas que menstruam para cuidados envolvendo a própria menstruação" (Unicef, 2021) e é uma condição que afeta pessoas que vivem em condições de pobreza e situação de vulnerabilidade.

62% das crianças e adolescentes que menstruam afirmaram que já deixaram de ir à escola por causa da menstruação e 73% sentiram constrangimento nesses ambientes. Além disso, a evasão escolar de crianças e adolescentes também pode decorrer de políticas ativas para impedir que meninas estudem – como demonstram os ataques do Boko Haram na Nigéria[95], em 2014, e as restrições adotadas pelo Regime Talibã no Afeganistão[96], que proíbe alunas de frequentar escolas e universidades desde 2021.

5. CONSIDERAÇÕES FINAIS

Ao longo deste capítulo pudemos ver que a diferenciação entre homens e mulheres a partir de suas características físicas já ocorre há muito tempo. Essa forma de análise ficou comumente conhecida como "determinismo biológico" e envolvia a noção de que os homens eram naturalmente racionais e fortes, ao passo que as mulheres nasciam submissas, irracionais e frágeis.

Foi apenas a partir do final do século XIX e início do século XX que essa relação hierárquica entre homens e mulheres passou a ser mais sistematicamente questionada. A partir desse momento passou-se a afirmar que conceitos como "sexo" e "sexualidade" não teriam o mesmo significado que "gênero". Ou seja, existiam diferenças entre o conjunto de características físicas dos indivíduos, e as relações sociais e culturais em torno das quais as pessoas são moldadas.

Embora esse debate crítico a respeito da noção de gênero já estivesse presente no campo das Ciências Humanas e Sociais, inclusive com departamentos de "Estudos das Mulheres" bem consolidados, foi apenas no final da década de 1980 que esse debate ganhou mais espaço na disciplina de Relações Internacionais. De modo sintético,

---

[95] Em 2014, o grupo paramilitar Boko Haram invadiu um internato em Chibok, na Nigéria, e sequestrou mais de 270 alunas. Mais informações disponíveis em: https://news.un.org/pt/story/2023/04/1812937.

[96] Desde 2021, o Regime Talibã que atualmente governa o Afeganistão proibiu meninas e adolescentes de frequentar escolas e universidades do país. Mais informações estão disponíveis em: https://news.un.org/pt/story/2023/08/1819067.

essas abordagens de gênero – também intituladas de abordagens feministas – nos ajudam a observar a política internacional de modo mais profundo, incluindo a forma como os fenômenos impactam e são impactados pelo ambiente social, cultural, econômico e político.

Entretanto, vale destacar três principais lacunas que ainda podem ser percebidas no que se refere às abordagens de gênero na disciplina de Relações Internacionais. A primeira delas se refere à própria percepção do gênero apenas como um tema de política internacional, e não enquanto uma lente transversal a partir da qual podemos analisar as mais diversas dinâmicas da política internacional.

Ou seja, não deveria ser necessária uma escolha entre falar de gênero ou falar de economia; analisar questões de gênero ou analisar questões de segurança internacional. A instrumentalização do gênero está presente nas mais variadas estruturas que sustentam a política internacional, portanto não é possível ter uma visão abrangente sobre esse objeto sem considerar que as relações de poder inerentes à política internacional se baseiam, fundamentalmente, em diferenciações a partir do gênero.

A segunda lacuna se refere a uma redução das abordagens de gênero a uma abordagem que foque as mulheres e/ou meninas. Esse foco é importante, principalmente quando levamos em consideração que esses dois grupos foram invisibilizados nos estudos de RI durante muito tempo. No entanto, gênero é uma categoria de análise mais ampla que também inclui questões como identidades e masculinidades. E, por fim, vale questionar se essas análises de gênero estão incluindo todas as mulheres e meninas, ou apenas as mulheres brancas e do Norte Global. Tanto no que se refere a incluir as experiências de mulheres pretas, indígenas, muçulmanas ou pobres, por exemplo, quanto pelo espaço oferecido às vozes do Sul Global, que buscam teorizar esses temas a partir de seus locais de fala, mas são frequentemente silenciadas.

6. ESTUDO DIRIGIDO

Questão 1. Escolha uma matéria de jornal recente que retrate algum tema de política internacional. Discorra sobre a forma como essa notícia aborda, ou não, as questões de gênero. Destaque a forma como a inclusão, ou a falta, de uma perspectiva de gênero nessa notícia influencia a compreensão do tema.

Questão 2. Observe o gráfico abaixo sobre a variação da porcentagem de mulheres e homens em situação de insegurança alimentar moderada ou severa, entre 2015 e 2021, nas diversas regiões do planeta.

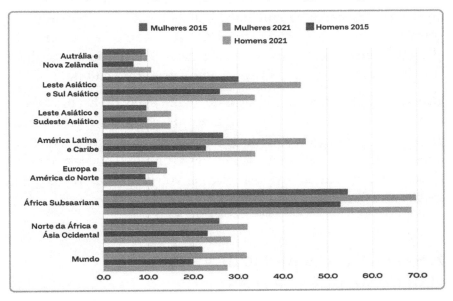

Fonte: traduzido e adaptado de UN Women (2022, p. 6). Disponível em: https://www.unwomen.org/sites/default/files/2022-09/Progress-on-the-sustainable development-goals-the-gender-snapshot-2022-en_0.pdf.

Com base nas discussões apresentadas neste capítulo e também de outros materiais com os quais você tenha tido contato, elabore um breve texto (cerca de 10 linhas) analisando os dados do gráfico e destaque a forma como as perspectivas de gênero contribuem para o debate sobre desenvolvimento e redução da pobreza.

Questão 3. Assista ao filme *A ganha-pão*, dirigido por Nora Twomey e lançado em 2017. Em seguida, elabore um breve texto (cerca de 10 linhas) analisando a relação entre gênero e segurança. Busque destacar a forma como mulheres/meninas e homens/meninos são afetados em situações de conflito e instabilidade. Existem questões específicas que afetam mais um grupo do que o outro? Justifique sua resposta.

Questão 4. Escolha alguma das resoluções do Conselho de Segurança das Nações Unidas (CSNU) a respeito da Agenda "Mulheres, Paz e Segurança". Em seguida, analise a forma como as questões de gênero são abordadas nesse documento. Por exemplo: a resolução fala apenas em mulheres ou também inclui os homens no debate sobre gênero? As mulheres estão associadas apenas ao papel de vítimas? O documento enfoca apenas a questão da violência física ou também ressalta demais tipos de violência, como estrutural e cultural?

Questão 5. Escolha um discurso de algum chefe de Estado ou político de alto escalão – como ministro ou chefe de delegação em organismo internacional. Em seguida, analise a forma como as questões de gênero estão presentes nesse discurso ou, caso não estejam presentes, indique dois tópicos envolvendo gênero dos quais você sentiu falta na fala desse representante.

7. REFERÊNCIAS BIBLIOGRÁFICAS

ALMEIDA, H. B. Prefácio. *In*: RUBIN, G. *Políticas do sexo*. São Paulo: Ubu, 2017

ALVES, B. M.; PITANGUY, J. *O que é feminismo*. São Paulo: Brasiliense, 1982.

BANCO MUNDIAL. World Bank. *Accelerating gender equality through reforming legal frameworks*, 2023. Disponível em: https://openknowledge.worldbank.org/server/api/core/bitstreams/6785737d-b8f7-45d0-a0bd-b54825495d1a/content. Acesso em: 3 nov. 2024.

BANDEIRA, L.; ALMEIDA, T. Prefácio à edição brasileira. *In*: CHABAUD-RYCHTER, D. *et al.* (org.). *O gênero nas ciências sociais:* releituras críticas de Max Weber e Bruno Latour. Brasília e São Paulo: UnB e Unesp, 2017.

BARASUOL, F. B.; ZANELLA, C. K. Feminismo e Relações Internacionais: um mundo, muitos feminismos. *In*: SOUZA, N.; BARASUOL, F.; ZANELLA, C. (org). *Feminismo, gênero e Relações Internacionais*. Belo Horizonte: Fino Traço, 2023.

BARROS, M. O. Contribuições feministas para as Relações Internacionais. *Cena Internacional*, v. 9, n. 1, p. 166-181, 2007.

CHABAUD-RYCHTER, D. *et al.* (org.). *O gênero nas ciências sociais:* releituras críticas de Max Weber e Bruno Latour. Brasília e São Paulo: UnB e Unesp, 2017.

COOLING, A. M. *Tempos diferentes, discursos iguais:* a construção do corpo feminino na história. Dourados: UFGD, 2014.

GALTUNG, J. Cultural violence. *Journal of Peace Research*, v. 27, n. 3, p. 291-305, 1990.

GALTUNG, J. Violence, peace and peace research. *Journal of Peace Research*, v. 6, n. 3, p. 167-191, 1969.

KÜCHEMANN, B.; BANDEIRA, L.; ALMEIDA; T. A categoria gênero nas ciências sociais e sua interdisciplinaridade. Brasília, *Revista do Ceam*, v. 3, n. 1, jan.-jun. 2015. Disponível em: https://periodicos.unb.br/index.php/revistadoceam/article/view/10046. Acesso em: 3 nov. 2024.

PNUD. Programa das Nações Unidas para o Desenvolvimento. Brasil. *O que é desenvolvimento humano*, [S.d.]. Disponível em: ttps://www.undp.org/pt/brazil/desenvolvimento-humano-e-idh. Acesso em: 3 nov. 2024.

SCOTT, J. Gender: still a useful category of analysis?. *Diogenes*, v. 57, n. 1, p. 7-14. 2010.

SHEPHERD, L. J. Sex or gender? Bodies in world politics and why gender matters. *In*: SHEPHERD, Laura J (ed.). *Gender matters in world Politics*: a feminist introduction to international relations. New York: Routledge, 2010.

TELES, M. A. A. *Breve história do feminismo no Brasil*. São Paulo: Brasiliense, 1999.

TICKNER, J. A. Hans Morgenthau's Principles of Political Realism: a Feminist Reformulation. Millenium: *Journal of International Studies*, v. 17, n. 3, 1988.

TICKNER, J. A. You Just don't understand: troubled engagements between feminists and IR theorists. *International Studies Quarterly*, v. 41, n. 4, p. 611-632, 1997.

UN WOMEN; PNUD. *The paths to equal: twin indices on women's empowerment and gender equality*, 2023. Disponível em: https://www.undp.org/pt/brazil/desenvolvimento-humano/publications/os-caminhos-para-igualdade. Acesso em: 3 de nov. 2024.

UNICEF. *Enquete sobre saúde menstrual*, 2021. Disponível em: https://www.ureportbrasil.org.br/opinion/2351/. Acesso em: 3 de nov. 2024.

UNICEF; UNFPA. *Pobreza menstrual no Brasil:* desigualdades e violações de direitos, 2021. Disponível em: https://www.unicef.org/brazil/media/14456/file/dignidade-menstrual_relatorio-unicef-unfpa_maio2021.pdf. Acesso em: 3 nov. 2024.

XAVIER, I. M. O debate e os debates: abordagens feministas para as Relações Internacionais. *Revista Estudos Feministas*, v. 21, n. 1, 2013. Disponível em: https://www.scielo.br/j/ref/a/r3pc8yVXBf-6FqHPBBcH9Xxy/. Acesso em: 3 nov. 2024.

8. RECURSOS AUDIOVISUAIS

A ganha-pão. Gênero: drama. Ano: 2017. Direção: Nora Twomey. Sinopse: a animação retrata a vida de Parvana, uma menina que vive no Afeganistão controlado pelo regime Talibã e que precisa se vestir de menino para ajudar sua família.

A informante. Gênero: drama biográfico. Ano: 2010. Direção: Larysa Kondracki. Sinopse: o filme retrata a história de uma policial que vai para a missão das Nações Unidas na Bósnia e descobre uma rede de tráfico de mulheres e exploração sexual, envolvendo inclusive profissionais da ONU.

Árvores da paz. Gênero: drama. Ano: 2022. Direção de Allana Brown. Sinopse: o filme retrata a vida de quatro mulheres que buscam o mesmo esconderijo durante o genocídio de Ruanda.

As sufragistas. Gênero: drama. Ano: 2015. Direção: Sarah Gravon. Sinopse: o filme retrata um grupo de mulheres que lutam pela igualdade de direito ao voto na Inglaterra do início do século XX.

Beasts of no nation. Gênero: drama. Ano: 2015. Direção: Cary Joji Fukunaga. Sinopse: o filme retrata a vida do jovem Agu, abordando os impactos de conflitos armados sobre meninos e meninas que são cooptados como crianças-soldado.

Filhas do Sol. Gênero: drama. Ano: 2018. Direção: Eva Husson. Sinopse: o filme retrata as dinâmicas de um batalhão curdo composto apenas por mulheres.

Boa esperança. Gênero: rap/hip-hop. Ano: 2015. Intérprete: Emicida. Sinopse: a música aborda as lutas e conquistas da população negra. Com referências à história e cultura afro-brasileira, a letra ajuda a entender as intersecções entre identidade de gênero e raça, contribuindo para uma reflexão mais profunda sobre as complexidades das experiências femininas.

Cálice. Gênero: MPB. Ano: 1978. Intérpretes: Chico Buarque; Milton Nascimento. Sinopse: a música aborda o silenciamento de algumas vozes e pode ser interpretada como uma denúncia às formas de opressão, incluindo aquelas relacionadas ao gênero.

Dona de mim. Gênero: pop/R&B. Ano: 2018. Intérprete: Iza. Sinopse: ao incentivar que as mulheres sejam donas de suas próprias vidas, a música contribui para as discussões sobre gênero, empoderamento feminino e a participação das mulheres nos espaços de decisão.

Maria da Vila Matilde. Gênero: samba. Ano: 2015. Intérprete: Elza Soares. Sinopse: a música reconhece a força das mulheres em face das adversidades e destaca a importância de políticas que combatam a violência de gênero, reforçando a necessidade de proteção e empoderamento das mulheres em suas comunidades.

Triste, louca ou má. Gênero: *indie* latino. Ano: 2016. Intérprete: Francisco, el Hombre. Sinopse: a música contribui para as discussões de gênero ao questionar normas tradicionais e encorajar a expressão autêntica das mulheres, ressaltando a importância da diversidade e inclusão.

Episódio com Sueli Carneiro. Ano: 2022. *Podcast* Mano a Mano. Disponível em: https://open.spotify.com/episode/2eTloWb3Nrj-mogoRkUnCPr. Sinopse: no episódio, Sueli Carneiro conversa com Mano Brown sobre os desafios da população negra, principalmente as mulheres, na sociedade brasileira.

Manual da internacionalista recatada – Episódio 136. Ano: 2019. *Podcast* Chutando a Escada. Disponível em: https://chutandoaescada.com.br/2019/11/27/chute136/. Sinopse: o episódio debate o papel das mulheres no campo de estudos das Relações Internacionais e os desafios que elas enfrentam.

Mulheres e as Relações Internacionais no Brasil – Episódio 7. Ano: 2023. *Podcast* Mulheres no Mapa. Disponível em: https://open.spotify.com/episode/6agg7nvhUjoamAaev376CM. Sinopse: o episódio analisa a participação das mulheres nas práticas e análises de Relações Internacionais no Brasil.

Queer eye para as Relações Internacionais – Episódio 57. Ano: 2018. *Podcast* Chutando a Escada. Disponível em: https://chutandoaescada.com.br/2018/06/20/chute-057-queer/. Sinopse: o episódio aborda as contribuições das questões de gênero e sexualidade para as análises de Relações Internacionais.

RAÇA E ÁFRICA NAS RELAÇÕES INTERNACIONAIS
LUCAS DE OLIVEIRA RAMOS[97]

1. INTRODUÇÃO

Compreendemos até este ponto do nosso estudo de Introdução às Relações Internacionais que o desenvolvimento das RI, enquanto área do saber, esteve firmemente ancorado nas suas correntes teóricas principais, ou seja, pautou-se em grande medida pelas teorias realista e liberal, seus debates e desdobramentos internos. Isto significa dizer que, se por um lado, o campo ganhou uma agenda própria de pesquisa (guerra, cooperação, soberania, diplomacia, entre outros), lidou com fenômenos específicos (processos de integração regional, guerras tradicionais, interestatais e as "novas" guerras) e cunhou um corpo conceitual autoral (balança de poder, anarquia do sistema internacional, paz democrática, *soft power*, *hard power*, entre outros). Por outro, também fez com que o campo se fechasse em um debate limitado pelos parâmetros e pressupostos aceitos e mobilizados por essas duas vertentes-mãe.

Quando pensamos o desenvolvimento teórico das Relações Internacionais a partir da lógica binária realismo-liberalismo, podemos compreender que o campo se desenvolveu tendo como base o protagonismo restrito ao Estado (e aquilo que lhe diz respeito) e a sua produção de conhecimento tem *locus* geográfico,

---

[97] Graduado em Relações Internacionais pela Universidade Federal de Pelotas (UFPel). Mestre em Relações Internacionais pelo PPGRI San Tiago Dantas (Unesp/Unicamp/PUC-SP). Pesquisador do Grupo de Estudos de Defesa e Segurança Internacional. Desenvolve pesquisa sobre as dinâmicas de defesa e segurança no Chifre da África.

isto é, um lugar de origem, bem marcado, sobretudo, os Estados Unidos e a Europa.

Por conta disso, escapa da análise tradicional do campo uma miríade de questões que atravessam e, conforme jogaremos luz aqui, estruturam as Relações Internacionais (como fenômeno empírico) e as Relações Internacionais (na qualidade de área do saber). Portanto, neste capítulo faremos o esforço de incluir a categoria de raça nas (R) relações (I)internacionais. Isso se dará atravessando três momentos: primeiramente, realizaremos uma reflexão a partir da crítica pós-colonial[98] às bases do pensamento tradicional das Relações Internacionais, tentando demonstrar como este apaga as consequências da colonização para a política internacional e cria uma teoria limitada por não incluir as questões de raça e do racismo nas suas formulações teóricas.

Em segundo lugar, olharemos para o debate-crítica pós-colonial à teoria tradicional da área, abordando seus conceitos canônicos e de que maneira o pensamento pós-colonial os coloca em xeque, além de trazer novas interpretações e perspectivas à leitura do internacional. Finalizaremos o capítulo trazendo uma ilustração do debate realizado por meio da política internacional africana, destacando as contribuições e lições do fazer política no continente para as Relações Internacionais (africanas e globais).

2. COMPREENDENDO O RACISMO ESTRUTURAL PRESENTE NO FENÔMENO E NA TEORIA DO SISTEMA DE ESTADOS MODERNOS

Antes de olharmos para a ausência do racismo estrutural nos debates real-liberal da teoria, precisamos nos perguntar: o que é o Estado? Entre as mais diversas concepções sobre ele, faremos uso da definição de Goldberg (2002), uma vez que ele defende a existência de dois tipos de Estado: racial e racista. Acerca do primeiro, vale uma citação do autor quando ele diz que:

---

[98] Este debate também será aprofundado no Capítulo 15 deste curso de Introdução às Relações Internacionais.

> A raça marca e conforma o Estado-nação moderno [...]. Os aparatos e as tecnologias empregados pelos Estados modernos têm servido de diversas formas para moldar, modificar e reificar os termos da expressão racial, bem como as exclusões e as subjugações racistas. (Goldberg, 2002, p. 4).

Isso significa dizer que o Estado nasce organizando as sociedades por meio de marcadores sociais específicos. Ao definir os indivíduos desse corpo social por meio de alguma característica essencialista, o aparelho estatal, então, constrói e organiza um sistema de privilégios e domínio, auxílio e abandono, proteção e violência a partir dessas definições, seja na institucionalidade, mas, também, na forma de reprodução da vida social. É perfeitamente possível deduzir que esses marcadores envolvem questões de classe social, gênero, orientação sexual, etc. Também é verdade para o caso do marcador social de raça. Pensemos no caso do Brasil como exemplo.

Não há, na legislação brasileira, nenhuma menção de que o corpo diplomático brasileiro, a alta hierarquia do meio corporativo, as cadeiras do Supremo Tribunal Federal, da Presidência da República ou do Congresso Nacional, vagas nas universidades públicas (especialmente as de renome), devem ser ocupadas por pessoas do sexo masculino, brancas e heterossexuais. Entretanto, conforme Almeida (2018) ilustra, dentro da normalidade, ou seja, na ausência de políticas de ação afirmativa e/ou campanhas de pressão da sociedade civil, este é o perfil que ocupa esses espaços. Isso é um claro indicativo de um Estado racial.

No segundo conceito, Goldberg (2002) está se referindo às estruturas jurídicas e formulação de política pública explicitamente pautadas a partir de um marcador social. Nos casos dos Estados racistas, como o regime de *Apartheid* da África do Sul e o regime nazista alemão, raça foi o marcador social determinante para organizar esses Estados e essas sociedades. O que o autor apresenta, ao demonstrar que as duas concepções de Estado apresentam discriminação racial, é que o racismo não surge pelos Estados; na verdade, os Estados modernos já nascem raciais e, em muitos casos, também racistas.

Diante disso, somos levados a refletir que a raça opera sob dois pressupostos: 1) a partir de características biológicas, nas quais a identidade racial é atribuída por algum traço físico (cor e traços negroides); e 2) a partir de características étnico-culturais, por meio de origem geográfica, língua, organização global do trabalho, entre outros (Almeida, 2018, p. 24). Nas Relações Internacionais, esses dois pressupostos se fazem presentes. Como exemplo, pode-se mencionar o fato de os países da periferia do sistema internacional serem interpretados frequentemente pelo centro como "subdesenvolvidos" ou fadados à desorganização política; como exportadores de produtos de baixo valor agregado (minérios, itens agropecuários, entre outros); de produção cultural inferior e/ou primitiva e marcadamente reconhecidos por seus traços físicos.

Du Bois (1915), em *Words of color*, defende que as relações entre povos e pessoas de pele clara e de pele escura são um reflexo das relações sociais: tensões que envolvem riqueza e pobreza, a violência, conflitos internos, desigualdades sociais e, ao fim, as relações entre países. Todas essas questões, estruturalmente, envolvem implicações na linha de cor ou nas diferenças raciais (Saraiva, 2018). Desta forma, o racismo como estrutura molda a organização de sociedades, perpassando aspectos individuais, institucionais e superestruturais. Uma concepção de racismo no nível estrutural, que explora a relação com o espaço internacional, vai respingar direta e necessariamente no desenvolvimento do estudo da política internacional.

Em 1919, após a Primeira Guerra Mundial, a Universidade de Gales criou um departamento próprio para as Relações Internacionais, institucionalizando, cientificamente, a área (Mendes, 2013). Preocupados inicialmente em entender por que os Estados — europeus — vão à guerra, a influência europeia de onde emerge a disciplina coaduna diretamente com o a forma de fazer ciência da época: a partir do que acontece na Europa, produzir "*o*" conhecimento que fosse replicável em qualquer ponto no tempo e no espaço.

Conforme vimos no capítulo que abre o livro, a área das Relações internacionais se estruturou sobre três grandes debates teóricos:

1º) Realismo *versus* idealismo; 2º) realismo *versus* behaviorismo; e 3º) debate interparadigmático. Por meio deles, o campo de estudo foi se desenhando, tendo algumas perspectivas e interpretações teóricas sendo legitimadas em relação às outras, tidas como marginalizadas. O que importa para nós neste ponto é que conceitos como a anarquia do sistema internacional, a balança de poder e o próprio Estado são canônicos para essas teorias.

Indo na contramão da teoria tradicional, os teóricos da literatura pós-colonial e crítica contestam esses pressupostos, ao mencionar que a anarquia do sistema internacional não é dada e está baseada em relações hierárquicas, uma vez que há claramente tomadas de decisões supranacionais, sob domínio exclusivo dos Estados Ocidentais. Afinal, países do Norte possuem maior capacidade de poder econômico e político que os Estados do Sul. A crítica sobre a anarquia do sistema internacional é que, por trás da pretensão estática, imutável e universal do conceito — um dado essencial e intrínseco às teorias e políticas hegemônicas, a intenção é de que a ordem hierárquica do sistema internacional seja mantida. Apesar de revigorar e oxigenar o entendimento de que a área de Relações Internacionais investiga a interação entre povos, cultura e saberes, a discussão racial — que é um marcador entre diferentes povos — é secundária. Para Saraiva (2018), isso é uma consequência da Colonialidade do Saber, na qual o conhecimento do Sul Global acaba ofuscado por aquele concebido em território Ocidental.

Chowdhry e Nair (2002) evidenciam que as teorias tradicionais são constituídas de racismo. Primeiramente, pela constatação de que os Estados Ocidentais soberanos são os únicos com uma organização política reconhecida e de identidade cultural homogênea. E, segundo, ao implementar esse modelo, tais teorias tornam os Estados formalmente descolonizados como insignificantes para o campo anárquico, ao taxá-los de falidos (Chowdhry e Nair, 2002). Já para Henderson (2017, p. 27) as teorias de Relações Internacionais são racistas porque estão baseadas em concepções de supremacia branca — elemento que foi responsável por impulsionar os processos coloniais, genocídios e o regime de escravidão.

Ao retomar as discussões sobre o estado de natureza e contrato social[99], as quais as teorias tradicionais têm como ponto de partida, Henderson (2017) demonstra, utilizando Charles Mills, o quanto o racismo é inerente à tese de contrato social. Ao perceber que as teorias do contrato social pressupõem uma humanidade homogênea singular, o autor aponta que a sociedade civil está estabelecida por um contrato racial, heterogêneo e hierárquico. Para Mills (1997), em *O Leviatã*, Hobbes se contradiz ao enfatizar o estado de natureza, uma vez que, para ele, somente os povos das Américas estariam em um estado de natureza e que, portanto, a expansão colonial iria consolidar um mundo intelectual (Henderson, 2017, p. 28; Mills, 1997). Assim, "O estado literal da natureza é reservado para não brancos. Para os brancos, o estado de natureza é hipotético" (Henderson, 2017).

Persaud e Walker (2002) explicam quatro razões pelo qual há ausência da raça nas Relações Internacionais: primeiramente, a preocupação inicial desta área foram os estudos de guerra e paz. Com base nisso, tais autores das vertentes tradicionais, ao adentrar os estudos de guerra, não levam em consideração as construções de raça nas ofensivas imperiais ocorridas no mundo. Entendem as guerras com base em distribuição de recursos de poder, mas esquecem/omitem[100] que elas foram legitimadas por implicações raciais, fazendo-se necessária uma análise que levasse em conta vieses racialistas.

A segunda justificativa parte do fato de que as Relações Internacionais estão autocentradas nas relações interestatais, ou seja, somente em temas que envolvem a interação entre Estados, o que, como já discutimos, reforça o apagamento às temáticas raciais. O terceiro motivo mencionado pelas autoras é de que o campo se centrou no conceito de balança de poder. Desta forma, somente se a raça alterasse

---

[99] O estado de natureza se refere a uma idealização sobre como os indivíduos viviam anteriormente a alguma forma de governo. Várias interpretações apontam para realidades conflitivas e/ou cooperativas. O contrato social seria um acordo firmado pelos e entre os indivíduos para responder a realidade do estado de natureza, seja para garantir a sobrevivência do ser humano, seja para defender 'direitos naturais' do homem, como a vida, a segurança e a sociedade privada. No Capítulo 3 deste livro, temos um debate mais aprofundado sobre essas questões.

[100] Fazemos uso das duas opções porque, para os autores, esse movimento pode ser ou não consciente.

diretamente a balança de poder, poderia ocupar um espaço mais central na agenda de estudos da área. Contudo, os autores salientam que os movimentos de expansão e retração de territórios são justificados por motivações raciais. Por último, a raça não foi uma temática durante a Guerra Fria. Isso acontece porque as desigualdades raciais são tidas como parte do enfraquecimento do ideário de democracia liberal, devendo ser obscurecidas pelo Ocidente (Persaud e Walker, 2002).

A teoria pós-colonial também se relaciona com as teorias feministas, quando Said (1990), em *Orientalismo*, enfatiza que o oriental é visto a partir de "características femininas" nos discursos coloniais predominantes. Nesta linha, Gayatri Spivak (1988), uma teórica feminista da Índia, complementa, ao abordar que a intervenção Britânica na prática Sati[101] da Índia teve como justificativa os "homens brancos salvando mulheres pardas de homens pardos". Ou seja, a mulher indiana foi utilizada como justificativa para práticas coloniais na Índia, cujo gênero, sem *locus* geográfico e cor/etnia, não poderia justificar a sua posição de inferioridade em relação às mulheres e homens ocidentais no processo colonial. É nesse sentido que é necessário desenvolver uma intersecção entre raça, gênero e política de localização para novas formas de análise que não sejam aquelas eurocêntricas, racistas e centradas na figura do homem branco. Veremos, mais adiante, um pouco das contribuições do feminismo negro e do debate sobre as mulheres de cor.

Portanto, tendo em vista que a modernidade é moldada por valores ocidentais, liberais/individuais, os demais valores que são pautados no coletivo, como a filosofia comunista ou a filosofia *ubuntu*, acabam sendo obscurecidos. Exemplo disso observa-se quando o teórico pós-colonial Tieku (2011) enfatiza que o escopo universal é baseado nas assimilações europeias do mundo, por meio da Modernidade, fortalecendo a opressão de questões culturais, tanto na periferia, como das não elites do centro. Por meio de sua análise sobre as sociedades coletivistas na África, conclui que as histórias

---

[101] A prática Sati faz referência ao sacrifício da mulher viúva que se atira na pira funerária do marido falecido.

locais — como classificaram os autores latino-americanos — são severamente afetadas pelos processos de colonização. Ainda afirma que o modo pelo qual esses povos já se organizavam nas diversas regiões do continente africano se afasta da concepção individual e autointeressada do homem branco europeu, na qual imperariam as esferas do "eu" em vez do "nós" (Tieku, 2011). A partir disso, torna-se evidente a concatenação dos autores latino-americanistas, e de Tieku (2011), já que o pensamento de ambos visa a complementação de epistemologias, mudando não só o conteúdo, mas os próprios termos da conversa.

Como abordado, as teorias tradicionais das Relações Internacionais são eurocêntricas, sendo necessário desmistificá-las com uma lente pós-colonial e decolonial. O objetivo aqui não é refutá-las, mas demonstrar como as questões raciais são negligenciadas. Ao mesmo tempo, objetiva-se demonstrar como inserir tais estudos na área de Relações Internacionais. Pesquisar sujeitos e temas raciais nesta área não implica necessariamente partir de um espaço estrutural (sistema internacional). Os próprios sujeitos sociais podem ser um ponto de partida, como acontece em outras áreas — como a Antropologia, a Psicologia e as Ciências Sociais — a partir da discussão de construção de identidades. Estudar grupos sociais nas áreas das RI significa romper com a lógica teórica tradicionalista que vê somente o Estado como o único ator relevante para ser investigado.

Pensando nisso, olharemos para os indivíduos que ousaram alargar as possibilidades das Relações Internacionais para além da realidade branca e eurocentrada. Na próxima seção do capítulo, olharemos para os homens e as mulheres que contribuíram para o que atualmente chamamos de teoria pós-colonial. Conforme já mencionado, apesar da produção destacada da década de 1980, faremos o esforço de buscar os textos e autores que denunciavam as limitações da teoria desde o germinar do campo. Para além da denúncia, também apresentaremos como alguns fenômenos sociais internacionais (independência das colônias, o pan-africanismo etc.) influenciaram o pensamento de autores negras e negros em suas considerações sobre negritude, raça e Relações Internacionais.

3. INTRODUZINDO OS DEBATES PÓS-COLONIAIS PARA AS RELAÇÕES INTERNACIONAIS

Por um lado, o pós-colonialismo pode ser entendido como o período posterior aos processos de descolonização, na segunda metade do século XX. Todavia, enquanto contribuição teórica, o termo trata de movimentos críticos que ganharam força nos anos 1980. O pensamento Pós-Colonial inicia seus debates na literatura e nos estudos culturais alcançando destaque também nas áreas de Sociologia e História. O pós-colonialismo não é uma matriz teórica única e uniforme. Nascida na crítica literária, principalmente nos Estados Unidos e na Inglaterra, a partir dos anos 1980, o pensamento pós--colonial começou a difundir-se tanto geograficamente quanto para outras áreas de conhecimento (Costa, 2006).

Ainda que o debate Pós-Colonial tenha penetrado fortemente em diversas ciências sociais e humanas, a disciplina das Relações Internacionais tem se mostrado resistente a essa nova abordagem (Nogueira e Messari, 2005). A disciplina de Relações Internacionais, a qual tem sua origem na ciência política, tem sua produção acadêmica fortemente eurocêntrica e anglo-saxã. Desta forma, contribuições como o pós-colonialismo têm sido essencialmente marginalizadas.

Conforme exibimos acima, o pós-colonialismo chama a atenção para o fato de a teoria das RI negligenciar as interseções críticas de império, raça/etnia, gênero e classe (entre outros fatores) no funcionamento do poder global que reproduz uma RI hierárquica. Esta hierarquia centra-se não na luta por uma distribuição mais igualitária do poder entre os povos e os Estados, mas na concentração do poder. Um tema fundamental do pós-colonialismo é o fato de as percepções ocidentais sobre o não Ocidente resultarem dos legados da colonização e do imperialismo europeus. Os discursos – principalmente o que é escrito ou falado – construíram os Estados e povos não ocidentais como "outros" ou diferentes do Ocidente, geralmente de uma forma que os fazia parecer inferiores. Ao fazê-lo, ajudaram as potências europeias a justificar o seu domínio sobre outros povos em nome da civilização ou do progresso.

Para compreender melhor o pós-colonialismo, podemos considerar os discursos que fazem com que certas relações de poder pareçam naturais ou mesmo inevitáveis.

Tomemos, por exemplo, a questão da desigualdade global. O pós-colonialismo sugere que, para entender melhor como as relações de classe globais surgem e são mantidas, devemos abordar as ideias sobre por que essas relações parecem normais. Essa abordagem aponta para o fato de que as caracterizações da pobreza global são frequentemente acompanhadas por imagens e narrativas de governos e sociedades não ocidentais como sendo simultaneamente primitivas, hipermasculinas, agressivas, infantis e efeminadas. Em suma, o pós-colonialismo argumenta que a abordagem e a busca de soluções para a pobreza e a desigualdade global esbarra em representações do outro que dificultam que os formuladores de políticas ocidentais se dissociem de seus preconceitos e abordem os fatores estruturais globais subjacentes, como a forma pela qual o capital e os recursos são acumulados e fluem pelo mundo, gerando desigualdade. Por esse motivo, as soluções geralmente se concentram apenas na intervenção para apoiar um Estado, aparentemente menos desenvolvido, em vez de abordar as causas subjacentes da desigualdade global.

Ao analisar como os principais conceitos, como poder, Estado e segurança, servem para reproduzir o *status quo*, o pós-colonialismo propõe uma visão mais complexa desses conceitos do que as teorias tradicionais. Por exemplo, o conceito de soberania e, com ele, os contornos do Estado moderno, foram impostos ao mundo colonial pelas potências europeias. No entanto, esse é um conceito que, em geral, é considerado natural pelos estudiosos do realismo e do liberalismo. O pós-colonialismo também desafia a perspectiva marxista de que a luta de classes é a raiz da mudança histórica, demonstrando, em vez disso, como a raça molda a história. As análises que se concentram apenas na classe deixam de considerar como a identificação do "Terceiro Mundo" (um termo desenvolvido durante a Guerra Fria para descrever os Estados não alinhados aos Estados Unidos ou à União Soviética) como "atrasado", "primitivo" ou "não racional" está ligada à persistente marginalização econômica. Da mesma forma, enquanto as principais teorias de RI veem o sistema internacional como uma anarquia, os estudiosos pós-coloniais o veem como uma hierarquia. O colonialismo e o imperialismo promoveram um longo processo de dominação contínua do Ocidente sobre o resto do mundo, e a dominação cultural, econômica e política ainda caracteriza a política global.

O pós-colonialismo também demonstra como as visões ocidentais sobre o Islã e seus adeptos são uma manifestação das próprias inseguranças do Ocidente. A ascensão do Islã político em todo o mundo muçulmano – marcada pela Revolução Islâmica do Irã em 1979 – não apenas confrontou as intervenções neoimperialistas, mas também revelou os impactos das principais mudanças culturais e sociais que acompanham uma economia global mais interconectada. No Ocidente, entretanto, a visão desse ressurgimento foi interpretada por importantes formuladores de políticas e acadêmicos como o prenúncio de um "choque de civilizações"[102] (Huntington, 1997) e como uma ameaça direta à civilização ocidental.

Ainda neste campo, Edward Said (1997) mostrou como a mídia, o cinema, a academia e as elites políticas ocidentais se baseiam em uma lente ou estrutura distorcida usada para descrever a história e a cultura dos povos árabes e dos adeptos do Islã. Ele chamou isso de "orientalismo" porque constrói uma ideia particular do chamado "Oriente" que é distinta do Ocidente e que, em um modo de pensar binário, atribui ao Oriente e a seus habitantes características que são essencialmente o oposto do Ocidente. Por exemplo, as pessoas do Oriente podem ser caracterizadas como exóticas, emotivas, femininas, atrasadas, hedonistas, não racionais e assim por diante. Isso

---

[102] O Choque de Civilizações é uma teoria formulada por Samuel Huntington durante a década de 1990, em que ele defende a hipótese de que as diferenças culturais e religiosas das sociedades seriam os principais fatores de conflito no mundo em um contexto pós-Guerra Fria. Esta teoria, de certa forma, veio em resposta a outra ideia concorrente daquele contexto: a do Fim da História, cuja hipótese posta a vitória e existência de uma única unidade ideológica (dos direitos humanos, da democracia liberal e da economia capitalista) com o fim da União Soviética. Segundo Huntington, apesar de haver o fim da possibilidade de um conflito ideológico, o mundo retornaria aos conflitos por diferenciação cultural.

contrasta com os atributos vistos como mais "positivos", normalmente associados ao Ocidente, como racionalidade, masculinidade, civilização e modernidade. Muitos estudiosos pós-coloniais, como Walter Mignolo e Dipesh Chakrabarty, enfatizam como os discursos orientalistas ainda são visíveis nas representações ocidentais atuais. As representações e percepções são importantes para os teóricos pós-coloniais porque ditam o que passa a ser visto como "normal".

Um exemplo desta alteridade racializada pode ser encontrado nos discursos sobre a não proliferação nuclear. Nesses discursos, os países e seus líderes do Sul Global geralmente são considerados indignos de confiança com armas nucleares. Esses discursos dominantes consideram tais Estados perigosos, imprevisíveis ou irresponsáveis e violadores das normas básicas de direitos humanos. Basta ver como a Coreia do Norte e o Irã, dois Estados que buscaram o armamento nuclear, são retratados como *Rogue States* (Estados fora-da-lei) no discurso da política externa dos EUA. No entanto, durante décadas, o desrespeito do Ocidente pelos direitos humanos pode ser visto na mineração de urânio que, muitas vezes, ocorreu em terras habitadas por povos indígenas em todo o mundo – inclusive nos Estados Unidos – e causou mortes, doenças e degradação ambiental. Mais importante ainda: o que muitas vezes não é mencionado no debate nuclear é o fato de que os Estados Unidos são a única potência que já usou armas nucleares (além dos testes), quando lançou bombas atômicas nas cidades japonesas de Nagasaki e Hiroshima em 1945, com perdas de vidas devastadoras.

Portanto, para estudiosos pós-coloniais, como Shampa Biswas (2014), a noção de que se pode confiar armas nucleares a alguns Estados e a outros não, porque são menos desenvolvidos, menos maduros em sua abordagem da vida humana ou menos racionais, é um discurso racializado. Em debates como esse, o pós-colonialismo não pergunta a quem se pode confiar essas armas, mas sim quem determina em quem se pode confiar, e por quê. Assim, na visão pós-colonial, o simples fato de observar a competição entre os Estados para acumular armas nucleares não nos dirá o suficiente sobre o funcionamento do poder nas Relações Internacionais; é preciso também refletir sobre como uma corrida armamentista nuclear é sustentada pelo poder de alguns Estados de representar outros Estados como incapazes ou inapropriados para possuir tais armas.

4. O PÓS-COLONIALISMO E A MARGINALIZAÇÃO DAS MULHERES DE COR

Como acontece com todas as teorias de RI, há debates internos entre os estudiosos pós-coloniais e, nesse caso, também uma sobreposição significativa com o feminismo, especialmente com o feminismo da "terceira onda", que se tornou proeminente na década de 1990. Bell Hooks (2000) observou que a chamada "segunda onda" do feminismo de meados ao final do século XX havia surgido de mulheres em uma posição de privilégio e não representava as mulheres afro-americanas, que, como ela, permanecem à margem da sociedade, da política e da economia. Como contraponto, ela sugere um ativismo e uma política feministas alternativos, críticos e distintos.

Por exemplo, uma mulher negra de um bairro pobre da zona sul de Chicago sofre sexismo da mesma forma que uma mulher branca dos subúrbios mais ricos? Mulheres que compartilham a mesma identidade étnica podem sofrer sexismo de maneiras diferentes por causa de sua classe. O mesmo pode ser verdade para mulheres de cor e mulheres brancas da mesma classe social. As mulheres de cor e as mulheres brancas nos Estados Unidos vivenciam o "heteropatriarcado" – uma ordem social marcada pela dominação heterossexual masculina branca – de forma diferente, mesmo que sejam da mesma classe social. Uma ilustração de como isso funciona pode ser encontrada na cultura *pop,* no vídeo da canção *Formation,* de Beyoncé, que não apenas mostra como o sexismo é filtrado por essa ordem patriarcal, mas também explora como raça, gênero, classe e sexualidade estão intimamente interligados na história das mulheres negras.

O fato de algumas mulheres negras poderem ser mais privilegiadas em relação à classe não pode eliminar sua experiência de racismo. Por esse motivo (e outros), os estudiosos feministas pós-coloniais

(Chowdhry e Nair, 2002) pedem mais atenção às intersecções de raça e/ou etnia, nacionalidade, classe e gênero. Ao fazer isso, abordam as maneiras pelas quais diferentes aspectos da identidade de uma pessoa, como raça, gênero, classe, sexualidade e assim por diante, se cruzam para criar formas múltiplas e distintas de opressão, de modo que nenhum aspecto possa ser privilegiado em detrimento de outro na compreensão da opressão. Em vez disso, as várias identidades devem ser entendidas como interseções na produção da experiência de opressão de uma pessoa. Essa ideia de "interseccionalidade" é fundamental para as abordagens feministas da terceira onda.

As feministas pós-coloniais compartilham o desejo de ir além da simples análise dos impactos do patriarcado, da desigualdade de gênero e da exploração sexual. Em vez disso, elas destacam a necessidade de combater não apenas o patriarcado (entendido de forma ampla como o poder dos homens sobre as mulheres), mas também o classismo e o racismo que privilegiam as mulheres brancas em detrimento das mulheres de cor. Elas questionam a ideia de solidariedade universal nos movimentos de mulheres, argumentando que a luta contra o patriarcado, bem como a desigualdade social, deve ser situada em relação ao privilégio racial, étnico e sexual.

De forma prática, embora o feminismo ocidental tenha frequentemente retratado o véu como um símbolo da opressão das mulheres, muitas mulheres argelinas adotaram o véu, ao lado dos homens, quando protestavam contra o domínio francês. Para elas, esse era um símbolo de oposição ao patriarcado colonial branco. Em muitas outras partes do mundo colonizado, as mulheres se colocaram lado a lado com os homens em movimentos nacionalistas para derrubar o domínio colonial, mostrando que as mulheres em diferentes contextos culturais, sociais e políticos sofrem opressão de maneiras muito diferentes. As feministas pós-coloniais estão comprometidas com uma abordagem interseccional que revela as implicações mais profundas de como e por que a violência sistêmica evidente na guerra, no conflito, no terror, na pobreza, na desigualdade social e assim por diante criou raízes. Assim, para entender o poder, é necessário prestar atenção a essas interseções e como elas estão inseridas na questão em questão.

O feminismo pós-colonial afirma, portanto, que as mulheres de cor são triplamente oprimidas devido à sua (1) raça/etnia, (2) *status* de classe e (3) gênero. Um exemplo pode ser encontrado nas condições de emprego de muitas mulheres do Sul Global que trabalham em fábricas que produzem têxteis, semicondutores e artigos esportivos e de consumo para exportação para o Ocidente. Em uma dessas fábricas na Tailândia, a Kader Toy Factory, um incêndio, em 1993, matou 220 trabalhadoras e feriu gravemente mais de 500. As portas do prédio estavam trancadas no momento do incêndio. A tragédia revelou a exploração e as condições de trabalho precárias dessas mulheres, que eram empregadas por empreiteiras locais de empresas americanas para fabricar brinquedos e bichos de pelúcia para venda nos mercados ocidentais. Apesar de décadas de tais abusos, a mídia ocidental deu pouca atenção às condições dessas fábricas ou à tragédia do incêndio. Um artigo de opinião capturou a chocante desconsideração pela vida dessas mulheres,

> Esses executivos sabem que seus lucros vêm do trabalho árduo dos jovens e dos miseráveis do Extremo Oriente; eles podem viver com isso – viver bem, na verdade. Mas eles não querem falar sobre mulheres e meninas mortas empilhadas no pátio da fábrica como se fossem lixo, cujos corpos acabarão sendo levados embora como qualquer outro detrito industrial. (Herbert, 1994).

Em outra tragédia, a Rana Plaza – fábrica de roupas em Daca, Bangladesh – desabou, matando 1.135 trabalhadores do setor de roupas, a maioria mulheres. Esse fato chamou a atenção para o funcionamento do setor global de vestuário. As populares linhas de roupas ocidentais lucram com salários baixos, exploração e condições de trabalho precárias ao produzir suas roupas em países com códigos e regulamentações de construção frouxas, e padrões trabalhistas inexistentes (ou inadequados). As linhas de roupas não responsabilizam as fábricas pelas condições de trabalho ou segurança. Os estudiosos pós-coloniais argumentam que as condições profundamente exploradoras e o descaso com a segurança desses trabalhadores mostram que o valor atribuído aos corpos pardos é menor do que o atribuído aos corpos brancos.

Embora tenha havido uma cobertura muito maior deste acidente industrial e as marcas cujas roupas estavam sendo fabricadas no Rana Plaza tenham sofrido uma má publicidade momentânea, houve pouco esforço sustentado para corrigir os erros nas operações das empresas multinacionais. A busca pelas maiores margens de lucro força os países em desenvolvimento a uma "corrida para o fundo do poço", na qual eles competem para ter a mão de obra e os custos de produção mais baratos a fim de atrair investimentos de empresas multinacionais.

Os resultados são salários baixos, superexploração e baixos padrões de segurança. Os estudos pós-coloniais explicam o fracasso em mudar essas condições expondo como a raça, a classe e o gênero se unem para obscurecer a situação desses trabalhadores, o que significa que os supervisores das fábricas, como os proprietários das operações do Rana Plaza e do Kader, não são responsabilizados até que ocorra uma tragédia. Mesmo quando eles são responsabilizados, a punição não se estende às corporações ocidentais que estão mais acima na cadeia e que subcontratam a tarefa de explorar os trabalhadores. É quase impossível imaginar que uma tragédia de escala semelhante em um Estado ocidental provocaria tão pouca ação contra os responsáveis ou permitiria que as condições que a causaram continuassem praticamente sem controle.

A fim de fechar esse subcapítulo, o pós-colonialismo questiona uma ordem mundial dominada por grandes atores estatais e seus interesses dominantes e formas de ver o mundo. Ele desafia as noções que se consolidaram sobre a maneira como os Estados agem ou se comportam e o que os motiva. Ele nos obriga a fazer perguntas difíceis sobre como e por que surgiu uma ordem internacional hierárquica e desafia ainda mais as principais suposições das RI sobre conceitos como poder e como ele opera. O pós-colonialismo nos obriga a considerar as injustiças e as opressões cotidianas que podem se revelar em termos mais severos em um determinado momento de crise. Quer se trate da ameaça de armas nucleares ou da morte de trabalhadores em fábricas, o pós-colonialismo nos instiga a analisar essas questões a partir das perspectivas daqueles que não têm poder.

Embora o pós-colonialismo compartilhe alguns pontos em comum com outras teorias críticas a esse respeito, também oferece uma abordagem distinta. Ele reúne uma profunda preocupação com as histórias do colonialismo e do imperialismo, sobre como essas histórias são levadas até o presente e como as desigualdades e opressões embutidas nas relações de raça, classe e gênero em escala global são importantes para a nossa compreensão das Relações Internacionais. Ao prestar atenção em como esses aspectos do global se manifestam em contextos específicos, o pós-colonialismo nos oferece uma lente conceitual importante e alternativa que nos fornece um conjunto diferente de ferramentas teóricas para desvendar as complexidades deste mundo — algo que trataremos no próximo subcapítulo.

5. O QUE A ÁFRICA TEM A DIZER SOBRE AS RELAÇÕES INTERNACIONAIS?

É importante pontuar, logo de partida, que houve tentativas de buscar "perspectivas africanas" como se as perspectivas não africanas – leiamos "ocidentais" – fossem inerentemente suficientes e tudo o que precisássemos fazer fosse acrescentar visões africanas sobre as coisas. Ajuda, portanto, se, por um lado, formos claros sobre o que queremos dizer com "perspectivas africanas" e, por outro lado, sobre quem pode falar com autoridade sobre a África.

Entendemos por "perspectivas africanas" os pontos de vista articulados por africanos do continente e de outros lugares, ou as entendemos como pontos de vista que são informados pela experiência africana, em sentido amplo? Pois, ambas as possibilidades são informadas pela suposição de que essas perspectivas africanas teriam algo novo ou diferente a acrescentar ao nosso entendimento e à teorização das RI.

Os termos do debate pressupõem uma contradição impossível. Por um lado, as principais teorias de RI têm pouco a nos dizer sobre a África. Por outro, a elaboração de teorias alternativas a partir de uma perspectiva africana corre o risco de não ter nada a nos dizer sobre o resto do mundo. Posto dessa maneira, é provável que esse debate fique preso como um cão que persegue o próprio rabo. De qualquer forma, podemos entender esse esforço como uma das duas coisas:

1. Jogar o jogo como está posto: a necessidade de os africanos elucidarem o mundo da forma como é convencionalmente entendido, ou seja, da forma como os teóricos convencionais o fazem, de maneira que sirva para reafirmar que os africanos também podem fazer RI.

2. Uma reformulação radical da ordem internacional: mudar os princípios normativos que regem nossas ideias e deliberações sobre a natureza do "internacional" e as noções relacionadas à soberania, ordem estatal, bens comuns, humanidade e assim por diante; e, mais crucialmente, a natureza do esforço teórico.

A utilidade de uma perspectiva africana é, em primeiro lugar, enfatizar que teoria existe e se baseia em uma série de recursos simbólicos; o que queremos dizer com isso é que uma teoria é um produto histórico e culturalmente específico. Em suma, uma teoria é gerada a partir das tradições cognitivas pertinentes ao seu contexto. Tem local no tempo e no espaço. A questão é, portanto, indicar que uma teoria africanista emerge da experiência social da periferia, contrapondo a teoria produzida nos centros europeu e estadunidense.

Se aceitarmos o que foi exposto, como consequência, enfatizamos o fato de que os africanos nunca foram atores passivos e apáticos como normalmente nos são relatados nos discursos de marginalização. Por exemplo, poderia ser útil argumentar que os "bens comuns globais"[103] não foram um resultado de empreendimentos imperiais, como presumem os intelectuais tradicionais, nem o produto da benevolência ocidental, como se insinua de forma proeminente na literatura humanitária.

Muito pelo contrário, a África — enquanto espaço e, também, enquanto agente — foi e tem sido uma grande contribuinte por meio do anticolonialismo e da descolonização para a noção de um bem

---

[103] Bem público global é uma política que trata alguns itens ou bens sendo comuns a todo o planeta. Ou seja, nenhum país tem posse sobre tal item, como, por exemplo, os oceanos, sobre os quais cada país tem a liberdade de navegar sem restrições.

comum global. Isso porque, caso contrário, ou seja, se aceitarmos a passividade que nos foi contada pela literatura dominante, estaríamos negligenciando a vontade de liberdade daqueles diretamente afetados pela da estrutura colonial. E o fato de ter sido esta vontade de libertação um dos fatores que conferiu efetividade à noção de um bem comum global de políticas livres e iguais.

Nesse sentido, vale a pena refletirmos sobre a própria noção de descolonização enquanto o vocábulo que descreve os fenômenos de independência. Compreender esses processos por meio de descolonização reflete uma passividade que, aqui, tentamos combater. A ideia que a descolonização traz, semanticamente, é de um movimento consciente, voluntário e, no limite, benevolente das metrópoles de repensar suas ações nas colônias, cobrirem a sua racionalidade, e concederem de bom grado a condição de Estado. O que isso também faz, ao mesmo tempo, é apagar e obscurecer todos os movimentos locais por libertação nacional que os africanos travaram.

Portanto, torna-se absurdo sustentar teorias e modelos estabelecidos segundo os quais as ideias e normas contemporâneas de direitos humanos, o bem público e a ideia de propriedade são incompatíveis com as formas africanas. Aqui, novamente, o período de independências pode ser visto como um momento único durante o qual a liberdade, a solidariedade e os direitos humanos tiveram de ser repensados em relação ao modo sobre como informavam um esforço para resgatar a humanidade do colapso ético em que havia sido mergulhada por impulsos imperiais.

Os intelectuais das metrópoles, nesse contexto, estavam empenhados em repensar os fundamentos da moralidade internacional, a base ou a conveniência de uma ordem pós-guerra que não rompesse fundamentalmente com as fontes de patologias que levaram a duas guerras mundiais. Os atores políticos africanos, por outro lado, consideravam sua responsabilidade como global e sua vocação como universal. Eles entenderam que a necessidade de abordar a reforma política global deveria ensejar um novo paradigma de política capaz de levar em conta tanto a especificidade quanto a universalidade das preocupações, valores e aspirações africanas.

No contexto da formação da União Franco-Africana (UF-A, 1946-1958) como sucessora do Império Francês, por exemplo, os debates sobre a exigência de autodeterminação foram colocados em termos de igualdade na diferença, e as demandas por soberania foram subvertidas por uma política multinacional. Desde então, e em contraste com as teorias de produção e consumo de normas, as intervenções em África, cada vez mais, adotam como subterfúgio um desvio de normas com relação a questões de abusos de direitos humanos; ou seja, um tido sucesso, por mais problemático que isso seja[104], é mérito de quem intervém, por outro lado, os problemas que as intervenções acarretam são responsabilidade e culpa dos locais.

A relativa fragilidade dos direitos humanos na África e em outros lugares reforça a intensidade desse apego (Rao, 2012, p. 167). Além disso, a externalização da política interna africana ao longo de sua história e o papel subsidiário historicamente assumido pela África também tem implicações cruciais para a hierarquia e a ordenação e para a implantação e refinamento de normas (Anghie, 1999). Em contrapartida, o Ocidente tem se apropriado de ideias diferentes como se fossem suas, especialmente quando elas alimentam um esforço de justificação de sua superioridade, sua visão da moralidade internacional e sua cruzada hegemônica unilateral (Niang, 2014a). Como resultado, as histórias que o Ocidente conta sobre si mesmo ocupam um espaço desproporcional nos debates acadêmicos em RI.

Um desafio que se põe a nós, então, é pensar construtivamente sobre o ensino e a pedagogia além de uma abordagem que simplesmente enraíza as RI como um monólogo ocidental que fala do encontro como uma aventura ocidental em lugares sem experiência de políticas estruturadas. Uma consequência comum é o enraizamento da historicidade da experiência europeia como autêntica e como a única que vale a pena ser ensinada. Isso se verifica, por exemplo, nos livros didáticos escolares que tomam a experiência europeia como ponto de partida para contar a história global.

---

[104] Há complicadores intrínsecos quando se declara sucesso de intervenções humanitárias pois não se qualifica o que é esse sucesso. O que se quer dizer quando falam de sucesso? Sucesso para quem? Atendendo a quais interesses? Por quanto tempo?

Precisamos, nesse sentido, nos perguntar: a história da Europa é a história do mundo? O objetivo, portanto, da mobilização de experiências e tradições do mundo não ocidental é enfatizar que cânones disciplinares não são um dado natural e normativo.

A ausência estrutural de ideias não ocidentais na teoria política é transformada em um tipo específico de marcação nas práticas de ensino em que a teoria é o que informa as intervenções ocidentais no não ocidente. Um desafio, portanto, é ensinar RI de forma a transcender uma mera narrativa "africanista" das interações da África com o resto do mundo, ousando colocar a África no centro do palco em posicionamentos geopolíticos e geoestratégicos históricos e contemporâneos. Os estudos de área são um espaço de experiências empíricas e de envolvimento com o local. Historicamente, sua função tem sido atender às Ciências Humanas e Sociais com o material etnográfico da vida real a ser investido na ciência "superior" (branca) da teoria.

Para muitos, a ideia de que a África possa ter algo a contribuir para a ordem internacional é uma aberração. Uma forma de atenuar o estrangeirismo das RI tem sido destacar a robusta participação africana nos debates da Organização das Nações Unidas (ONU), especialmente, as contribuições africanas para os debates internacionais sobre libertação e pensamento humanitário. Também considero útil apresentar os textos dos principais pensadores africanos, sem necessariamente reduzir sua relevância ao fato de serem africanos. Por exemplo, Amílcar Cabral (1974) tem sido um caso importante nas discussões sobre movimentos sociais, movimentos sociais transnacionais, política revolucionária e o papel dos atores não estatais nas RI.

Mesmo quando persiste o pensamento de que só se pode pensar em RI da África a partir de uma posição de marginalidade, há algumas possibilidades universalizantes de uma teoria da libertação que concebe uma solidariedade global, uma ética de justiça, política, social e redistributiva, que transcende o humanismo marxista tradicional[105]. Mais importante ainda, uma abordagem historicamente

---

[105] O marxismo humanista é um ramo do marxismo que se concentra principalmente nos escritos anteriores de Marx, de 1844, em que Marx expôs a sua teoria da alienação, como oposição às suas obras posteriores, que são consideradas mais preocupadas com a sua concepção estrutural da sociedade capitalista.

informada sobre a integração da África nos processos globais pode mostrar a natureza imbricada das redes, das determinações normativas e das contingências globais que estruturam os processos estatais e sociais africanos.

Outra questão seria apresentar os pontos de vista dos atores africanos sobre como as concepções alternativas de solidariedade na preservação da paz regional estão sendo aplicadas nas instituições encarregadas de promovê-las. Surgiram exemplos de novas abordagens ao humanitarismo nas deliberações da União Africana (UA), por exemplo, sobre a crise da Líbia de 2011[106]. Nesse caso, os líderes africanos, por meio da UA, delinearam uma abordagem para a resolução de conflitos que questionava a autoridade da Europa e do Ocidente para falar e agir em nome da "comunidade internacional" (Niang, 2014a). Na mesma linha, devemos nos interessar pela elaboração de normas dentro da UA e das comunidades regionais africanas. Essas instituições têm se preocupado com necessidades e problemas específicos, cuja resolução não se baseia principalmente nas suposições de que estavam operando em condições de anarquia ou hierarquia cultural. Grovogui (2013), por exemplo, explica que a Organização da Unidade Africana (OUA) foi fundada com os objetivos, entre outros, de promover um *ethos* de unidade e solidariedade entre os africanos, defender a independência e a soberania de todos os estados africanos e promover a paz e a cooperação internacionais por meio do devido respeito à Carta das Nações Unidas e à Declaração Universal dos Direitos Humanos.

A OUA buscou atingir essas metas por meio da criação de normas destinadas a permitir a emancipação e a descolonização da vida pública internacional. Crucialmente, a posição e a prática da OUA sobre os bens comuns estavam decididamente em desacordo com as normas internacionais vigentes. Isso mostra como as normas, como modelos formais, podem e são suscetíveis a serem reformuladas,

---

[106] A crise da Líbia de 2011 está inserida no que a mídia e a academia chamaram de "Primavera Árabe", uma onda de protestos que ocorreu no norte da África e no Oriente Médio a partir do fim de 2010. Na Líbia, a onda de protestos e a repressão do Estado, grosso modo, acabaram desembocando na guerra civil do país, iniciada em 2014.

subvertidas e recriadas no processo. Desde sua criação, a UA tem tentado reformular o direito e a participação da África e dos africanos no mundo e uma visão da moralidade global que testa os limites das práticas convencionais de direitos humanos.

Historicamente, algumas dessas ideias foram fortemente informadas por debates abertos sobre a condição humana, a natureza das relações da África com as antigas potências coloniais e as formas de autodeterminação que poderiam ser consideradas. Nesse sentido, o histórico congresso da Assembleia Democrática Africana (RDA)[107] em Bamako (capital do Mali), em 1957, foi fundamental na medida em que defendeu uma visão da autodeterminação em um processo mais amplo de progresso histórico global em vez de um problema especificamente africano. Um longo fio condutor nessas várias intervenções tem sido o entendimento da autodeterminação como aquela que permite que as pessoas recuperem a dignidade perdida, daí a insistência nos meios e no acesso a recursos, com os quais as pessoas podem se auto constituir e se autogovernar, em vez dos requisitos formais de território, população e instituição estatal como pré-requisitos para a autonomia política.

Essas discussões foram emblemáticas de uma luta única que, sem dúvida, demorou a dar frutos. No entanto, ela alcançou um feito fundamental ao permitir a transformação do argumento da autodeterminação em um direito humano fundamental. Esse argumento foi desenvolvido sucessivamente na ONU e em plataformas regionais e transnacionais, como a de Bandung[108]. Representantes de colônias e ex-colônias pressionaram para a Resolução A/RES/1514(XV) da Assembleia Geral da ONU em 1960. Ela estipula que "todos os povos

---

[107] A Assembleia Democrática Africana (ADA) foi um partido regional que durou de 1946 até 1958. Foi uma das grandes responsáveis por articular as independências das colônias francesas em África. A ideia era que todas as sociedades que estavam sob domínio francês formassem um único Estado, o que acabou não acontecendo. Contudo, a ADA manteve vivos, ainda que em cada nação, os ideais pan-africanistas, mesmo que preservando o direito de autodeterminação dos povos.

[108] A Conferência de Bandung foi uma reunião de países africanos e asiáticos, ocorrida em 1955, numa primeira tentativa das ex-colônias de articulação não alinhada com os blocos dominantes da época, capitaneados por Estados Unidos e União Soviética. Formou o que, mais tarde, a literatura chamou de Terceiro Mundo e o Movimento não Alinhado.

têm o direito à autodeterminação; em virtude desse direito, eles determinam livremente seu status político e buscam livremente seu desenvolvimento econômico, social e desenvolvimento econômico, social e cultural". A Resolução 1514 é duplamente revolucionária: ela consagra o direito de autodeterminação além dos paradigmas de raça e etnia, ao mesmo tempo em que promove direitos econômicos e sociais como igualmente fundamentais.

Outra convenção de importância no debate sobre autodeterminação é a Carta Africana dos Direitos Humanos e dos Povos (1981), pela forma como aborda a autodeterminação. Em seu artigo 20, a Carta afirma que:

> Todos os povos terão o direito à existência. Eles terão o direito inquestionável e inalienável direito à autodeterminação. Eles determinarão livremente seu status político e buscarão seu desenvolvimento econômico e social de acordo com a política que escolheram livremente (Organização da Unidade Africana, 1981, p. 7).

Uma das contribuições mais originais da Carta é associar a autodeterminação à liberdade econômica, em outras palavras, para que as pessoas "disponham livremente de suas riquezas e recursos naturais" (art. 21). Implícito na discussão acima está o argumento de que muitos ideais anticoloniais e "periféricos" muitas vezes se desviam das premissas e normas disciplinares predominantes, mas isso nunca foi totalmente reconhecido nas teorias de RI. A mudança de uma visão da descolonização como mera restauração da liberdade confiscada para uma reformulação das ideias sobre humanidade, direitos humanos, liberdade, justiça, igualdade, livre comércio e solidariedade humana é analiticamente útil. No mínimo, ela permite reavaliar os vários significados de liberdade e autodeterminação no contexto.

Já em termos de contribuição ao campo de estudos das Relações Internacionais, podemos mencionar, por exemplo, a ideia de *ubuntu*. Ela pode ser considerada uma visão do mundo endógena comum às sociedades da África Austral e que se encontra sob diferentes formas no resto do continente africano. Embora o termo *ubuntu* provenha da família linguística Nguni, existem variantes do mesmo em muitas línguas da África Subsaariana. *Ubuntu* traz a ideia de que a existência do indivíduo se deve a outras pessoas: o que acontece com o indivíduo acontece com todo o grupo, e vice-versa (Tieku, 2011).

Embora a ideia de *ubuntu* tenha ganhado algum destaque recentemente, especialmente com referência à literatura de resolução de conflitos, construção da paz e direitos humanos, ele permanece à margem da análise acadêmica em RI. Os estudiosos de política externa da África do Sul a conheceram melhor depois que o termo apareceu no título do *white paper* de política externa do país em 2011: "Construindo um mundo melhor: a diplomacia do *ubuntu*"[109]. O conceito de *ubuntu* pode nos ajudar a entender como os atores estatais e não estatais do sul da África (Namíbia, Zimbábue, Botsuana, Moçambique e a África do Sul, por exemplo) se relacionam entre si.

Ao aplicar um entendimento coletivista às Relações Internacionais da África, Tieku argumenta que isso tem implicações importantes para a reflexão sobre conceitos como interesse nacional. Se o Estado não se vê primordialmente como um ator independente que busca seus próprios interesses restritos, o comportamento visto como "irracional" dos Estados africanos pode ser mais facilmente compreendido.

E isso também reflete a própria prática de fazer a política internacional em África. Quando o ex-presidente da Tanzânia Julius Nyerere diz que os presidentes conversarão até concordarem com uma decisão, isso significa dizer, por exemplo, que as decisões do Conselho de Paz e Segurança da União Africana sobre a intervenção ou não em um conflito no continente devem ser dadas por meio de consenso.

Fica mais fácil compreender, por fim, o comportamento pan-africanista dos presidentes em fóruns externos. Tieku considera a norma de solidariedade pan-africana como uma crença generalizada entre as elites governantes africanas de que o comportamento adequado e eticamente aceitável das elites políticas da África é demonstrar um sentimento de unidade e apoio a outros líderes africanos, pelo menos em público (Tieku, 2011).

---

[109] Disponível em: https://www.gov.za/documents/white-papers/white-paper-south-african-foreign-policy-building-better-world-diplomacywww.gov.za. Acesso em: 23 fev. 2024.

6. CONSIDERAÇÕES FINAIS

Conforme pudemos notar durante este capítulo, apesar de o pensar tradicional das Relações Internacionais ter excluído a categoria de raça das suas análises e o fazer tradicional das Relações Internacionais ter negligenciado a agência do continente africano, pudemos notar que não somente a categoria de raça é central para uma análise coerente e ajustada da realidade, como o continente africano é agente na política internacional e tempropostas ousadas e sem precedentes para o funcionamento do sistema internacional.

Em primeiro lugar, é importante que saibamos, neste ponto, que "esquecer" de levar em consideração a importância da raça nas RI não é um movimento inconsciente. Reconhecer a relevância da categoria de raça significa, irremediavelmente, reconhecer os impactos dos 500 anos de exploração, usurpação, sequestro e devastação que a Europa perpetrou em África na realidade internacional.

Em segundo lugar, quando imaginamos o continente africano como um espaço de sofrimento, pobreza, atraso e primitivismo, essa imagem não é espontânea. Isso porque a imagem produzida pela Europa (e reproduzida pela mídia ocidental) de si mesma enquanto um lugar de riqueza, desenvolvimento e superioridade se deu em detrimento da construção do seu par oposto — África. O mesmo também se aplica quando pensamos no binarismo branquitude/negritude. Seja padrão de beleza/estética, sexualidade, manifestação cultural, desenvolvimento científico, celebração religiosa, dentre outras. Somos ensinados desde o primeiro dia a aprender o que é bom/desejável, e o que não é.

O mesmo é verdade para as Relações Internacionais. Podemos concluir que o continente africano é pujante no que se refere ao fazer e ao refletir a política internacional, isso sem mencionar o legado dos indivíduos que conquistaram suas independências com muitas lutas. Cabe a nós, hoje, sermos ousados o suficiente para quebrar os padrões impostos.

7. ESTUDO DIRIGIDO

Questão 1. Por que é importante contemplarmos a categoria de raça quando refletimos sobre Relações Internacionais?

Questão 2. Quais são as diferenças entre um Estado racial e um Estado racista?

Questão 3. Qual é o interesse dos teóricos e das teóricas pós-coloniais em pensar as categorias canônicas das Relações Internacionais?

Questão 4. Que contribuições o continente africano tem a oferecer às Relações Internacionais. E às Relações Internacionais, como área de estudos?

Questão 5. O que significa *ubuntu* e quais as diferenças esse conceito traz em relação ao que sabemos sobre as Relações Internacionais?

8. REFERÊNCIAS BIBLIOGRÁFICAS

ALMEIDA, S. *O que é racismo estrutural?* Belo Horizonte: Letramento, 2018.

ANGHIE, A. Finding the peripheries: sovereignty and colonialism in nineteenth century international law. *Harvard International Law Journal* 40(1): 1-80, 1999.

ARMITAGE, D. *The Ideological origins of the British empire.* Cambridge; New York: Cambridge University Press, 2000.

BISWAS, S. *Nuclear desire: power and the Postcolonial Nuclear Order* (Minneapolis, MN, 2014; online edn, Minnesota Scholarship Online, 24 aug. 2015). Disponível em: https://doi.org/10.5749/minnesota/9780816680979.001.0001 Acesso em: 22 jan. 2024.

ORGANIZAÇÃO DA UNIDADE AFRICANA. Carta africana dos direitos humanos e dos povos. 1981. Disponível em: https://plataformabioksan.com/wp-content/uploads/2020/07/Carta_Africana_dos_Direitos_Humanos_e_dos_Povos.pdf. Acesso em: 15 fev. 2024.

CHOWDHRY, G; NAIR, S. Introduction: power in a postcolonial world:

race, gender, and class in international relations. *In:* CHOWDHRY, G.; NAIR, Sheila. *Power, postcolonialism and international relations*: reading race, gender and class. London: Routledge, p. 1-32, 2002.

COSTA, S. *Dois Atlânticos:* teoria social, antirracismo e cosmopolitismo. Belo Horizonte: Editora UFMG, 2006.

DU BOIS, W. E. Mundos de cor. *Foreign Affairs*, vol. 3, n. 3, 1925. Disponível em: https://www.jstor.org/stable/20028386?origin=-JSTOR-pdf. Acesso em: 23 fev. 2024.

FERNANDES, V. R. Idealismo e realismo nas Relações Internacionais: um debate ontológico. *JANUS.NET e-journal of International Relations*, vol. 7, n. 2 nov.-abr., 2016-2017. Disponível em: http://hdl.handle.net/11144/2781. Acesso em: 23 fev. 2024.

GOLDBERG, D. T. *The racial state.* Oxford: Blackwell, 2002.

GROVOGUI, S. The missing human: Intervention, human security, and empire. *Paper presented at the University of the Witwatersrand*, Johannesburg, South Africa, 6 June, 2013.

HENDERSON, E A. Racism in international relations theory. *In:* ANIEVAS, A.; MANCHANDA, N.; SHILLIAM, R. (org.). *Race and Racism in International Relations*. Londres: University College, p. 32-231, 2017.

HERBERT, B. In America: terror in Toyland. Opinion. New Your Times, 1994. Disponível em: https://www.nytimes.com/1994/12/21/opinion/in-america-terror-in-toyland.html. Acesso: 3 de nov. 2024.

HOOKS, B. *Feminism is for everybody:* passionate politics. Cambridge: South End Press, 2000.

HUNTINGTON, S. The clash of civilizations. *Foreign Affairs*, 72, 22-49, 1993. Disponível em: https://doi.org/10.2307/20045621. Acesso em: 23 fev. 2024.

LAGE, V. C. Os debates em Relações Internacionais e a emergência do movimento construtivista. *Revista Fronteiras*, Belo Horizonte, v. 6,

n. 12, p. 101-121, 2° sem. 2007, 2007. Disponível em: http://perio-dicos. pucminas.br/index.php/fronteira/article/view/3894/4185. Acesso em: 23 fev. 2024.

MENDES, P. E. *A invenção das Relações Internacionais como ci-ência social: uma introdução à ciência e à política das RI*. Centro de Estudos da População, Economia e Sociedade de Portugal, 2013. Disponível em: https://www.cepese.pt/portal/pt/publicacoes/ colecoes/working-papers/relacoes-externas-de-portugal/a-inven-cao-das-relacoes-internacionais-como-ciencia-social-uma-introdu-cao-a-ciencia-e-a-politica-das-ri-2217. Acesso em: 23 fev. 2024.

MILLS, C. W. *The racial contract*. New York: Cornell University Press, 1997.

NIANG, A. *A right to the world:* the disorder of things, 2014a. Disponível em: http://thedisorderofthings.com/tag/ amy-niang/. Acesso em: 23 fev. 2024.

NIANG, A. Ransoming, compensatory violence, and humanita-rianism in the Sahel. *Alternatives: Global, Local, Political* 39(4): 231–251, 2014b. Disponível em: https://www.jstor.org/stab-le/24569467. Acesso em 23 fev. 2024.

NOGUEIRA, J. P.; MESSARI, N. *Teoria das Relações Internacionais*. Rio de Janeiro. Elsevier, 2005.

PECEQUILO, C. S. *Introdução às Relações Internacionais:* temas, atores e visões. Rio de Janeiro: Vozes, 2004.

PEREIRA, D. C.; ROCHA, R. A. Debates teóricos em Relações Internacionais: Origem, evolução e perspectiva do "embate" NEO-NEO. *Revista de Relações Internacionais UFGD*, Dourados, v. 3, n. 6, jul.-dez., 2014. Disponível em: http://ojs.ufgd.edu.br/index.php/ moncoes/article/viewFile/3919/2133. Acesso em: 23 fev. 2024.

PERSAUD, R B.; WALKER, R. B. J.: Apertura: Race in International Relations. *Alternatives: Global, Local, Political* 26, no. 4 (2001): 373–76, 2001. Disponível em: http://www.jstor.org/stable/40645026. Acesso em: 23 fev. 2024.

PITTS, J. Political theory of empire and imperialism. *Annual Review of Political Science* 13: 211–235, 2010. Disponível em: https://www.annualreviews.org/doi/abs/10.1146/annurev.polisci.051508.214538. Acesso em: 23 fev. 2024.

RAO, R. Postcolonial cosmopolitanism: making place for nationalism. *In*: TRIPATHY, J.; PADMANABHAN, S. (ed.). *The Democratic Predicament: Cultural Diversity in Europe and India.* New Delhi, India: Routledge, pp.165–187, 2012.

SARAIVA, J. V. M. O apagamento da ideia de raça e o campo de estudos das Relações Internacionais: colonialidade do saber e as violências epistêmicas. *In*: *ABRI*, 4°, 2018, Foz do Iguaçu. As Diretrizes Curriculares Nacionais e seus impactos para as Relações Internacionais no Brasil. Paraná: UNILA, 2018. p. 2-272, 2018. Disponível em: https://www.seminario2018.abri.org.br/site/anais-complementares2?AREA=5. Acesso em: 23 fev. 2024.

SAID, E. *Covering Islam*. New York: Vintage Books, 1997.

SPIVAK, G. C. Can the subaltern speak? *In*: NELSON, C.; GROSSBERG, L. (dd.). *Marxism and the Interpretation of Culture.* Urbana: University of Illinois Press, 1988. p. 271-313.

TIEKU, T. K. Collectivist worldview: its challenge to international relations. *In*: CORNELISSEN, S.; CHERU, F.; SHAW, T. M. (org.). *Africa and International Relations in the 21st Century.* Basingstoke: Palgrave Macmillan, 2011.

9. RECURSOS AUDIOVISUAIS

Ponta de Lança Podcasts. 2024. *Podcast*. Sinopse: um *podcast* que debate cultura, política e esporte no continente africano. Disponível em: https://open.spotify.com/show/68MtdbrMtUAzeniVSLbYnM?si=774a6c186fcd4208.

Black is king. Gênero: musical. Ano: 2020. Direção: Beyoncé Giselle Knowles-Carter. Sinopse: as viagens das famílias negras, ao longo do tempo, são honradas em um conto sobre a jornada transcendente de um jovem rei por meio de traição, amor e auto identidade. Seus antepassados ajudam a guiá-lo em direção ao seu destino e, com os ensinamentos e a orientação de seu pai do amor infantil, ele ganha as virtudes necessárias para recuperar seu lar e trono. Essas lições atemporais são reveladas e refletidas pelas vozes negras de hoje, agora em seu próprio poder. *Black is king* é uma afirmação de um grande objetivo, com visuais exuberantes que celebram a resiliência e a cultura dos negros. O filme destaca a beleza da tradição e da excelência negra.

CAPÍTULO 14

As Perspectivas do Sul global nas Relações Internacionais

CAROLINA ANTUNES CONDÉ DE LIMA[110]

1. INTRODUÇÃO

1.1. Para começar, o que é o Sul Global?

Agora que já aprendemos os conceitos de Estado, poder e sistema internacional no decorrer dos capítulos deste livro sobre Introdução às Relações Internacionais, é importante compreendermos que essas definições, consideradas tradicionais, normalmente, foram construídas no Ocidente – o que implica dizermos que se tratam de perspectivas que não levam em consideração as visões do Sul Global. Por isso, é hora de questionar essas visões e entender que há outras formas de se pensar o mundo.

O esforço de pensar de onde vem o que sabemos pode parecer estranho, mas é um primeiro passo importante, porque a origem dos nossos saberes é determinante para saber *o que* sabemos e da maneira *como* sabemos. Tudo isso será trabalhado e explicado de forma minuciosa mais a frente neste capítulo, mas, neste primeiro momento, é importante termos em mente dois entendimentos: o que é Ocidente e o que é Sul Global.

---

[110] Doutoranda em Relações Internacionais pelo programa de pós-graduação San Tiago Dantas (Unesp/Unicamp/PUC-SP), com bolsa CAPES. Pesquisadora do Grupo de Estudos de Defesa e Segurança Internacional (Gedes). Professora de Relações Internacionais na ESAMC e na Universidade Paulista (UNIP).

Tradicionalmente, pensar Ocidente e Sul nos remete às divisões do planeta Terra baseadas na geografia. Enquanto a divisão Norte e Sul é traçada a partir da Linha do Equador, o Ocidente é entendido como tudo aquilo que está à esquerda de Istambul, antiga Constantinopla. Essas divisões geográficas, no entanto, não nos servem para a compreensão daquilo que queremos dizer quando falamos de Ocidente e Sul Global, nos termos das análises pós-coloniais e decoloniais.

A partir da pós-colonialidade e da decolonialidade, Ocidente tem uma delimitação geográfica bastante restrita. Para ambos, o Ocidente é composto pelos países que são reconhecidos como berços dos saberes modernos, ou seja, uma lista de menos de dez países que são reconhecidos como matrizes da ciência, são eles: Inglaterra, França, Alemanha, Itália, Portugal, Espanha e EUA[111]. Ou seja, a ideia é que aquilo que entendemos como ciência e conhecimento só é assim reconhecido quando oriundo de um destes centros. Este entendimento é fundamental porque estabelece um dos principais pontos de crítica das análises pós e decoloniais: os saberes vieram impostos de um lugar que nada tem a ver com os lugares para onde eles foram exportados.

A partir do entendimento da ideia de Ocidente, passamos a entender o Sul Global. Conforme mencionado anteriormente, a primeira coisa a se ter em mente é que Sul Global não é um conceito geográfico, ou seja, não é uma referência para os países que se encontram abaixo da Linha do Equador. O México, por exemplo, é um país do norte geográfico, mas do Sul Global.

Por vezes, a ideia de Sul Global é associada diretamente à questão do desenvolvimento econômico. A UNCTAD[112] associa Norte e Sul

---

[111] Uma das primeiras diferenças entre a pós-colonialidade e a decolonialidade é o marco temporal de análise, o que implica diretamente o reconhecimento de quais Estados são vistos como origens do conhecimento. Enquanto os decoloniais retomam a importância dos países ibéricos na constituição dos saberes impostos via colonização, os pós-coloniais desconsideram as heranças de Portugal e Espanha e têm como foco França, Inglaterra e Alemanha.

[112] UNCTAD, sigla em inglês para Conferência das Nações Unidas sobre Comércio e Desenvolvimento, foi estabelecida em 1964 como um fórum permanente da Assembleia Geral das Nações Unidas que busca ajudar os países do Sistema ONU a alcançarem padrões de desenvolvimento com base no que está estipulado no sistema econômico global.

Global a níveis de desenvolvimento econômico; visões mais críticas, no entanto, entendem que seu sentido é mais amplo. Neste capítulo, "Sul Global" será utilizado a partir de uma perspectiva crítica, como um termo político que indica os países que, ao longo da história, foram dominados e explorados pelos antigos impérios europeus e não conseguiram superar a espoliação econômica imposta pela colonização.

Apresentada a ideia de Sul Global é necessário dizer que este é um espaço complexo, que inclui uma multiplicidade de povos, línguas, culturas, histórias e saberes diferentes. Em função disso, o uso do termo Sul Global no singular poderia ser substituído por "Suis Globais", uma vez que as dinâmicas históricas, linguísticas, culturais e as vivências das populações que habitam os diversos Suis são distintas. Consequentemente, quando falamos de "perspectivas do Sul Global nas RI", nos referimos, na verdade, às perspectivas dos Suis Globais – ou seja, existe mais de um lugar desde o Sul de produção de pensamentos e questionamentos sobre as Relações Internacionais.

Os muitos Suis, por sua vez, têm como oposição um Norte que, cada vez mais, se demonstra bastante homogêneo. Falar de um norte homogêneo significa dizer que o grupo acima mencionado de países, composto por Alemanha, Espanha, EUA, França, Inglaterra, Itália e Portugal, compartilham das mesmas bases da ciência: tanto *como* é desenvolvida e *o que* faz parte do seu escopo. Essas ideias, por sua vez, são determinadas a partir daquilo que ficou conhecido como o Racionalismo de Descartes.

René Descartes é considerado o filósofo responsável por algumas ideias que, de certa forma, revolucionaram a ciência, especialmente por conta da concepção de que a função da ciência é a busca de **uma verdade absoluta** e o entendimento que corpo e mente são substâncias separadas do ser humano, logo, a consciência não deve ser afetada pelas sensações corpóreas (Descartes, 1983).

A concepção de que existe uma verdade absoluta foi usada como justificativa para o processo de imposição de saberes por homens dos países acima mencionados àqueles que foram colonizados. Como dito anteriormente, as diferenças entre os países do Sul Global se findam em um passado compartilhado de colonização, exploração e um desenvolvimento material inferior aos países que causaram essa exploração. Outro ponto em comum é, justamente, a relação com os responsáveis por esse passado de exploração. Os mesmos países que compõem o Ocidente e são tidos como os berços do conhecimento e da ciência, foram os responsáveis pelos processos de colonização e espoliação de diversos territórios ao redor do mundo, o que gerou acumulação material em detrimento do subdesenvolvimento alheio.

Dito isso, a intenção deste capítulo é apresentar as abordagens vindas dos Suis para se repensar, principalmente, os mitos de fundação e as relações de poder que são intrínsecas às Relações Internacionais. Atualmente, existem dois principais "guarda--chuvas" que abrangem essas abordagens: o pós-colonialismo e a decolonialidade. Ambos se dividem em diferentes leituras e perspectivas, mas todos partem do mesmo objetivo: questionar os saberes que nos foram impostos pela universalidade europeia[113] e repensar as análises estruturais e teóricas das Relações Internacionais a partir daqueles que foram colonizados.

1.2. Aspectos centrais do pós-colonialismo e da decolonialidade

Pós-colonialismo e decolonialidade são abordagens múltiplas e bastante diversas que não se propõem a ser teorias únicas, mas sim apontamentos sobre o mundo e como ele funciona, além de indicar possibilidades de reflexão a respeito dele. Para isso, é necessário entender os elementos que são utilizados para teorizar o mundo, entre eles: a epistemologia, a ontologia e as questões normativas que perpassam a leitura da ordem internacional.

---

[113] De acordo com Wallerstein (2007, p. 109), o Universalismo Europeu é composto de três características: "o direito dos que acreditam defender valores universais ao intervir contra os bárbaros; o particularismo essencialista do Orientalismo; e o universalismo científico". Para nós, neste momento, o que mais interessa é a noção de universalismo científico, uma ideia de "uma ciência externa à 'cultura', em certo sentido mais importante que a cultura, torna[ndo]-se o último terreno da justificativa dos poderosos. Afinal, apresenta o universalismo como ideologicamente neutro, desinteressado da 'cultura' e até da arena política, e extrai sua justificativa principalmente do bem que pode oferecer à humanidade por meio da aplicação do saber teórico que os cientistas vêm adquirindo" (Wallerstein, 2007, p. 116).

Enquanto a epistemologia traça o caminho de *como* nós sabemos das coisas, a ontologia diz respeito *ao que* sabemos, e as questões normativas determinam *quais valores* são importantes (para uma definição mais completa, ver Quadro 1). O pós-colonialismo e a decolonialidade têm como objetivo apontar como a tríade epistemologia-ontologia-normas são responsáveis pela hierarquização de temas que determinam a ordem de relevância dos acontecimentos do mundo. Por questionar a organização e a estrutura das Relações Internacionais, é possível dizer que quando falamos de pós-colonialismo e decolonialidade estamos falando de lutas políticas que demandam um repensar das estruturas de saber e conhecimento do mundo.

Quadro 1 – Glossário

EPISTEMOLOGIA	É o estudo filosófico de *como se vem a saber alguma coisa*; estudo daquilo que pode ser tido como conhecível. Existem duas principais formas de se pensar epistemologia das RI: a primeira e mais tradicional é a partir da ideia de que as RI podem ser explicadas a partir de testes empíricos; em contrapartida está a ideia de que o entendimento das RI não está separado da história e das vivências daqueles que a estudam.
ONTOLOGIA	É o estudo filosófico na natureza do mundo e de seus componentes, ou seja, da realidade. Os debates teóricos feitos nas RI refletem duas ontologias distintas: uma que afirma que existe uma natureza objetiva da experiência e vivência humana e outra que entende que a percepção do mundo será sempre subjetiva, a depender das experiências vividas por indivíduos e sociedades.
QUESTÕES NORMATIVAS	Aquilo que é chamado de questão normativa está diretamente associado com a compreensão de quais são os valores, a moral e a ética que regem as RI.

Fonte: Jackson e Sørensen, 2018.

O ponto de partida para esses questionamentos é o entendimento do que chamamos de **Modernidade**. Tradicionalmente, a Modernidade está associada aos processos revolucionários que aconteceram na Europa ao longo dos séculos XVII e XVIII, e tem as Revoluções Industriais, o Iluminismo e a Revolução Francesa como os principais marcos desse processo. O pós-colonialismo e a decolonialidade questionam, cada um à sua maneira, esse marco inaugural da Modernidade ao partirem do entendimento que o mundo moderno só pode ser construído a partir das experiências coloniais conduzidas pela Europa.

A partir desse repensar da origem da Modernidade, o que as abordagens pós e decoloniais fazem é apontar para a necessidade de colocar os processos de colonização e as consequências da colonialidade dentro das formulações teóricas das RI, algo que as demais teorias e abordagens não fazem. O movimento proposto é um desafio às fundações do campo: retira-se a centralidade da Europa no desenvolvimento da ordem mundial e alçam-se os processos de colonização, violência e racismo contra os povos colonizados ao lugar de base fundamental do campo.

Além disso, as abordagens pós e decoloniais dedicam uma atenção importante a questões que geralmente ficam de fora das demais formulações teóricas das RI, como o papel da história, das ideologias e das práticas de descolonização ligados aos processos de independência política de meados do século XX, na África e na Ásia. Uma das questões suscitadas pelas abordagens é como os processos que resultaram no surgimento de novos países durante a Guerra Fria (1947-1989) foram espaços de desenvolvimento intelectual crítico ao papel histórico da colonização europeia. Nesse sentido, um dos principais argumentos apresentados é, justamente, apontar o quanto as teorias tradicionais das RI – o realismo, o liberalismo e suas derivações "neo" – são falhas, visto que partem da falsa premissa de um sistema internacional (SI) anárquico e de igualdade entre Estados soberanos que compõem esse SI.

A base dessa crítica é que tanto o realismo, o liberalismo, suas derivações neorrealistas e neoliberais e algumas das chamadas teorias críticas das RI ignoram o papel que os Impérios e a colonização tiveram na produção de padrões e dinâmicas de poder intrínsecos à ordem internacional. Além disso, as abordagens pós e decoloniais também apontam para o silenciamento das discussões sobre raça e racismo nessas teorias[114].

Assim, ao apontar para os elementos que foram deixados de fora na formulação do campo, autoras e autores que partem da pós ou da decolonialidade apontam para a necessidade de reformular a área. Dessa forma, questões clássicas do campo de estudo das Relações Internacionais, como guerra, soberania, Estado, segurança e desenvolvimento, precisam ser repensadas para incluir os temas que foram previamente excluídos, mas que são determinantes para a elaboração da ordem internacional.

1.3. Epistemologia e ontologia pós e decolonial

Assim como vários debates que aconteceram nos estudos das RI, as ideias vindas desde os Suis chegaram ao campo após terem se desenvolvido em outras áreas das Ciências Humanas, como os estudos literários, a Filosofia, a Sociologia e os estudos sobre desenvolvimento econômico, por exemplo. Como dito anteriormente, o pós-colonialismo e a decolonialidade não devem ser vistos como uma teoria única, universal e detentora de uma verdade absoluta, mas sim como uma maneira de pensar o mundo que nos permita refletir sobre os *porquês* das coisas.

Uma vez que ambas as abordagens se debruçam sobre a forma como o conhecimento é gerado, ou seja, a origem das nossas epistemologias, um dos pressupostos principais trazidos pelos intelectuais

---

[114] Discussões sobre racismo e sua importância para determinar os acontecimentos no internacional são anteriores ao próprio surgimento da disciplina de Relações Internacionais. Quem inaugura essa discussão é W.E. Du Bois, ainda no começo do século XX, quando apresenta a formulação sobre a linha de cor do sistema internacional. Conforme coloca Silva (2021, p. 40), a ideia da linha de cor é de "uma estratificação baseada em raça que moldaria o mundo. A 'linha de cor' define a estrutura global de poder dos brancos assentada em forças políticas, econômicas e ideológicas". Mais sobre o tema sobre raça e racismo nas RI pode ser encontrado no Capítulo 13 deste mesmo livro.

da área é que o conhecimento *não é* neutro e nem objetivo. Ao partirem da importância da colonização para a construção do mundo, o que os autores pós e decoloniais afirmam é que *tudo* aquilo que está relacionado aos saberes, desde *o que* sabemos à maneira *como* somos ensinados, foi construído a partir de determinados interesses e visões de mundo e representam estruturas baseadas em hierarquias que foram estabelecidas durante os períodos de colonização.

Tendo isso em mente, o objetivo do pensar e agir pós e decolonial é ler o mundo a partir de saberes que partam de epistemologias que tenham suas origens naqueles que foram marginalizados pelos saberes e violências impostos pela colonização. Uma vez que as experiências coloniais foram distintas, apesar de elementos em comum, as análises dos diversos autores também apresentam diferenças. Logo, a partir das múltiplas experiências coloniais surgem diferenciações significativas entre os pensamentos pós-colonial e decolonial.

O pensamento pós-colonial se desenvolveu junto com os processos de descolonização dos países do continente africano, a partir de meados do século XX. Associados aos movimentos de libertação nacional surgiram apontamentos a respeito do papel da experiência colonial para a construção do mundo e modulação dos habitantes dos territórios colonizados. A experiência colonial a qual os intelectuais africanos e daqueles que estavam em diáspora se referiam foi aquela iniciada ao final do século XIX, que culminou na Conferência de Berlim, de 1908, impulsionada pelas disputas imperialistas dos Estados europeus. Aos intelectuais africanos somaram-se também estudiosos e estudiosas que pensaram e discutiram os demais processos de descolonização que aconteceram na metade do século XX no Oriente Médio e no subcontinente indiano, sendo esses últimos os responsáveis pelo grupo de Estudos Subalternos[115].

---

[115] Estudos Subalternos é a maneira como ficou conhecido um grupo de pesquisadores indianos que apontava para a maneira como a participação de populações colonizadas foi ignorada pelos colonizadores no desenvolvimento dos saberes e conhecimentos a respeito dessas populações. Uma obra seminal do tema é *Pode o subalterno falar?* de Gayatry Spyvak (2018). Na oportunidade, a autora aponta para o silenciamento das mulheres indianas tanto pelos colonizadores ingleses quanto pelos próprios homens indianos.

A decolonialidade, por sua vez, tem origem na América Latina num movimento de intelectuais da região que apontavam que os processos de colonização ocorridos em África e Ásia nos séculos XIX e XX tiveram como precedentes a colonização do continente americano, iniciada em 1492. Para os autores decoloniais, a chegada de Cristóvão Colombo, em 12 de outubro de 1492, foi o acontecimento histórico que determinou a construção do Sistema Internacional e, consequentemente, das relações sociais e de poder que se constituíram desde então. Por isso, para eles é necessário repensar a elaboração das relações de poder e de construções de saberes desde a experiência americana, o que faria do pós-colonialismo uma abordagem incompleta.

Apesar das diferenças epistemológicas, ambas as abordagens propõem a mesma coisa: desafiar as fundações, a ontologia, do campo das Relações Internacionais. Quando apontam para a ontologia do campo, ambas as abordagens se encontram, pois fazem os mesmos questionamentos: *o que* está sendo estudado?; *quem* está estudando?; *quem* está sendo estudado?; *do que* consiste o mundo?

2. RETOMADA HISTÓRICA: O PAPEL DA COLONIZAÇÃO PARA A CONSTRUÇÃO DAS RELAÇÕES INTERNACIONAIS

A colonização é uma das bases ontológicas das Relações Internacionais, afinal, foi por meio dos processos de invasão, exploração, espoliação e violência nos territórios colonizados que se formaram as questões normativas que fundamentam a ordem e a política internacional. Foi por meio das práticas da colonização ocidental que o racismo e a desumanização do não europeu aconteceram, estabelecendo uma estrutura que tem como base a ideia de supremacia ocidental. O entendimento de que existe uma supremacia vinda do Ocidente, que o tornou capaz de organizar o mundo à sua imagem, também foi determinante para o estabelecimento desse mesmo Ocidente como grande responsável por definir a história do mundo. A ideia que se desenvolve é que antes da chegada da Europa aos territórios colonizados, não havia nada.

As abordagens pós e decoloniais estão associadas justamente ao questionamento dessa ideia de que antes da Europa só existia o vazio. Como mencionado anteriormente, o pós-colonialismo tem sua inspiração nos processos de descolonização que ocorreram na África e na Ásia, em meados do século XX, enquanto a decolonialidade surge algumas décadas depois justamente para apontar que a colonização como determinante da organização do mundo teve seu início ainda no século XV.

A partir disso, consideramos que a base comum da colonização é pensada de forma diferente por causa dos momentos históricos distintos nas quais elas aconteceram. A história da colonização da América Latina remonta à chegada dos ibéricos em finais do século XV e começo do XVI, junto com a conquista de territórios, genocídio das populações originárias, catequização, exploração do ouro e da prata e plantio de monoculturas, que atendiam os interesses comerciais da metrópole.

A colonização da África, por sua vez, está inserida no contexto da chamada Era dos Impérios (1875-1914), quando Estados europeus dividiram o continente entre si para garantir monopólios de exploração e mercado consumidor para seus produtos. O acontecimento marcante deste processo é a Conferência de Berlim, de 1908, quando o continente africano foi recortado e entregue às potências europeias para sua dominação. Para além dos interesses comerciais, esse período é marcado pelo chamado Fardo do Homem Branco[116], a noção de que o europeu, por ter alcançado um *status* de civilidade, detinha o poder moral de civilizar as populações "bárbaras".

Eram duas as principais formas de controle dos territórios invadidos. A primeira pela subjugação militar e cooptação das elites locais, sem o objetivo de exterminar a população e ocupar o território conquistado, como aconteceu na Índia e nos demais processos

---

[116] *O fardo do homem branco* é o nome do poema do escritor inglês Rudyard Kipling no qual se faz uma ode à colonização e se aponta para o dever que o homem europeu tem de partir para civilizar os demais povos do mundo.

de colonização dos séculos XIX e XX. A outra forma de colonização é marcada pela invasão e desapropriação de terras somadas à violência genocida das populações nativas, como a que assistimos no continente americano, na Oceania e na África do Sul, por exemplo.

Mesmo sendo processos que aconteceram com séculos de diferença, a colonização europeia teve traços semelhantes em todos os lugares no qual chegou. Para além da ocupação e das violências impostas que são elementos característicos dos dois momentos históricos da colonização, outros pontos em comum são: a dominação política de uma Coroa europeia; a dominação econômica em forma de exploração de mão obra indígena e africana escravizada para extração ou cultivo que atendiam aos interesses comerciais da metrópole; a imposição cultural e o extermínio das tradições dos povos dominados; e a imposição de hierarquias sociais com base na raça.

A imposição cultural e o extermínio das tradições dos povos dominados é aquilo que chamamos de **epistemicídio**. O termo designa "um processo levado a cabo nos últimos cinco séculos de supressão de conhecimentos locais, cosmovisões e saberes outros presentes nas 'sociedades e sociabilidades coloniais'" (Fernandez, 2019, p. 458-459). Foi a partir dessas supressões que teve início o processo de construção de um saber universal que tem a Europa como centro.

Como mencionado anteriormente, a raça foi um elemento importante para a construção das Relações Internacionais e das relações de poder, que foram estabelecidas na ordem internacional. A ideia de raça foi construída socialmente a partir do encontro entre europeus com os povos originários da América, ainda no final do século XV. O propósito por trás da construção da racialidade era a imposição e a justificação da dominação e exploração dos povos e terras colonizadas. A ideia de raça foi estabelecida como um padrão de dominação e organização hierárquica, implicando diretamente sobre os padrões de relação e interação humana entre europeus e povos colonizados, desde seus primeiros contatos.

O mito da história do mundo ser pautada pela chegada europeia encontrou equivalência quando falamos de desenvolvimento. De acordo com as leituras clássicas do desenvolvimento econômico europeu este se deu via um processo de acumulação primitiva, iniciado no mercantilismo, que possibilitou o desenvolvimento de uma burguesia nascente e culminou na Revolução Industrial e no surgimento do capitalismo. O que a história do capitalismo deixa de fora da sua explicação é que tanto o mercantilismo como a acumulação primitiva têm relação direta com a colonização e suas mazelas: a exploração de territórios ocupados, a exploração de mão de obra dos povos originários e a escravização de africanos. O tráfico negreiro é apontado como uma das principais fontes de enriquecimento e acumulação que permitiram o desenvolvimento da burguesia que possibilitou a Revolução Industrial, por exemplo.

Logo, como aponta Fanon (2022, p. 97), "a Europa é literalmente uma criação do Terceiro Mundo". Foi a exploração econômica imposta durante o período colonial e suas constantes adaptações ao longo dos últimos cinco séculos que perpetuaram o desenvolvimento e qualidade de vida desfrutada pelo Ocidente. Atualmente, isso é mantido por meio das regras de Organizações Internacionais que orientam políticas econômicas austeras, regulam o comércio internacional via imposição de barreiras, tarifárias e não tarifárias, e, até mesmo, via mercado de patentes.

3. CONSIDERAÇÕES FINAIS

Quando falamos em Perspectivas do Sul Global é importante termos em mente que estamos falando em Suis e não apenas um Sul Global. Entender que o Sul é heterogêneo é importante porque coloca em perspectiva os diferentes saberes, visões de mundo e demandas que partem de seus componentes. Por mais que parte das demandas sejam iguais, elas diferem entre si por causa das desigualdades que foram impostas aos vários lugares que um dia foram ocupados pela Europa.

A partir dos questionamentos propostos pelas duas abordagens a respeito da epistemologia, da ontologia e das normas que dominam o campo, percebemos que, desde a fundação da área de Relações

Internacionais, no contexto pós-Primeira Guerra Mundial (1914--1918), as RI têm se entendido (e sido entendidas) como uma área de estudos sobre Estados soberanos e como eles se relacionam entre si. Em função disso, as teorias que surgiram inicialmente foram elaboradas para entender as relações que se derivam desses Estados e se elas resultam em conflito, como posto pelo realismo, ou cooperação, como afirma o liberalismo.

O que as abordagens pós e decoloniais propõem é que as experiências que permitiram tais formulações têm como referências *apenas* os acontecimentos do continente europeu e dos Estados que ali se formaram. Ou seja, as formulações teóricas do realismo e do liberalismo ignoram a maior parte da população mundial e dos acontecimentos de fora do Ocidente. É por isso que o pós-colonialismo e a decolonialidade apontam para a imprecisão das teorias tradicionais do campo: a base de suas análises é excludente; por isso, elas não são capazes de entender e explicar as Relações Internacionais em sua completude.

Por fim, fica a questão: de que formas podemos incorporar essas reflexões ao nosso modo de fazer RI no Brasil? O mais importante a ser feito a ser feita é a mais óbvia, mas também a mais difícil: colocar o Brasil no seu devido lugar de pertencimento no Sul Global. Ao admitirmos que falamos desde o Sul e que nossa história está ligada ao processo de exploração e colonização responsável pelas desigualdades do mundo e que somos vítimas destes, nosso olhar para o internacional é transformado. Essa consciência nos permite olhar para o nosso território e perceber as histórias e os saberes que foram apagados para dar lugar aos contos do colonizador.

Para além do pensar, há também o agir, ou seja, incorporar as perspectivas decoloniais e pós-coloniais na maneira de pensar o campo das RI a partir da perspectiva do Brasil demanda um agir diferente. Isso significa não apenas cobrar os Estados do Norte alegando a necessidade de uma reparação histórica, mas, principalmente, transformar o contexto internacional de dentro para fora, ou seja, primeiro admitir as estruturas de dominação e as hierarquias sociais e raciais que permanecem nesses Estados para, então, destruí-las.

4. ESTUDO DIRIGIDO

Questão 1. Quais são as principais contribuições que o debate pós--colonial e decolonialidade trazem para as Relações Internacionais?

Questão 2. O que diferencia pós-colonialismo e decolonialismo?

Questão 3. Quais são as questões em comum entre o pós-colonialismo e a decolonialidade?

Questão 4. Como o pós-colonialismo e a decolonialidade se diferenciam das chamadas tradições teóricas tradicionais das RI?

Questão 5. Por que é importante pensar as Relações Internacionais a partir do Sul Global?

5. REFERÊNCIAS BIBLIOGRÁFICAS

BALLESTRIN, L. América latina e o giro decolonial. *Revista Brasileira de Ciência Política*, v. 11, p. 89-117, 2013.

BLANCO, R; DELGADO, A. C. T. Problematizando o outro absoluto da modernidade: a cristalização da colonialidade na política internacional. *In*: TOLEDO, Aureo. *Perspectivas pós-coloniais e decoloniais em Relações Internacionais*. Salvador: EDUFBA, 2021.

CESAIRE, A. *Discurso sobre o colonialismo*. Tradução de Claudio Willer. Ilustração de Marcelo D'Salete. Cronologia de Rogério de Campos. São Paulo: Vendeta, 2020

DESCARTES, R. Meditações *In*: *Os pensadores*. 3. ed. São Paulo: Abril Cultura, 1983.

DUSSEL, E. Europa, modernidade e eurocentrismo. *In*: LANDER, E. (org). *A colonialidade do saber:* eurocentrismo e ciências sociais. Perspectivas latino-americanas. Colección Sur. Buenos Aires: CLACSO, 2005.

FANON, F. *Os condenados da Terra*. Tradução de Ligia Fonseca Ferreira; Regina Salgado Campos. 1. ed. Rio de Janeiro: Zahar, 2022.

FERNÁNDEZ, M. As Relações Internacionais e seus epistemicídios. *Monções:* Revista de Relações Internacionais da UFGD, Dourados, v. 8. n. 15, jan./jun., 2019.

GROSFOGUEL, R. A estrutura do conhecimento nas universidades ocidentalizadas: racismo/sexismo epistêmico e os quatro genocídios/epistemicídios do longo século XVI. *Revista Sociedade e Estado*, vol. 31, número 1, janeiro/abril 2016.

JACKSON, R; SØRENSEN, G. *Introdução às Relações Internacionais.* Tradução de Barbara Duarte; Carlos Alberto Medeiros. 3. ed, rev. e ampl. Rio de Janeiro: Zahar, 2018.

MALDONADO-TORRES, N. Sobre la colonialidad del ser: contribuciones al desarrollo de un concepto. *In*: CASTRO-GÓMEZ, S.; GROSFOGUEL, R. (ed.). *El giro decolonial.* Reflexiones para una diversidad epistémica más allá del capitalismo global. Bogotá: Iesco-Pensar-Siglo del Hombre Editores, 2007. pp.127-167.

QUIJANO, A. colonialidad del poder, cultura y conocimiento en América Latina. *Revista Ecuador Debate 44*, p.227-238, 1998.

QUIJANO, A. colonialidade do poder, eurocentrismo e América Latina. *In*: LANDER, Edgadrdo (org). *A colonialidade do saber:* eurocentrismo e ciências sociais. Perspectivas latino-americanas. Colección Sur Sur. Buenos Aires: CLACSO, 2005.

ROJAS, C. Contestando as lógicas coloniais do internacional: rumo a uma política relacional para o pluriverso. *Monções: Revista de Relações Internacionais da UFGD*, Dourados, v. 8, n. 15, jan.-jun., 2019.

SAID, E. W. *Orientalismo:* o Oriente como invenção do Ocidente. São Paulo: Companhia das Letras, 2007.

SILVA, K. de S. "Esse silêncio todo me atordoa": a surdez e a cegueira seletivas para as dinâmicas raciais nas Relações Internacionais. *Revista de Informação Legislativa* RIL, Brasília, DF, v. 58, n. 229, p. 37-55, jan.-mar. 2021.

SPYVAK, G. *Pode o subalterno falar?*. Belo Horizonte: UFMG, 2018.

VITALIS, R. The graceful and generous liberal gesture: making racism invisible in American international relations. *Millennium:* Journal of International Studies, 2000. vol. 29, No. 2, p. 331-356. 2000.

WALLERSTEIN, I. *O universalismo europeu:* a retórica do poder. Trad. Beatriz Medina; apresentação Luiz Alberto Moniz Bandeira. São Paulo: Boitempo, 2007.

6. RECURSOS AUDIOVISUAIS

Vênus negra. Gênero: biografia/drama/histórico. Ano: 2009. Direção: Abdellatif Kechiche. Sinopse: o filme baseado em fatos conta a história de Saartjie Baartman, mulher de origem sul-africana, que foi levada por um homem europeu para a Europa para ser exposta em um zoológico humano.

Exterminate all the brutes. Gênero: documentário/história. Ano: 2021. Direção: Raoul Peck. Sinopse: documentário em formato de minissérie, *Exterminate all the Brutes* é uma adaptação de livro de mesmo nome que tem como tema central o colonialismo e o impacto do supremacismo branco no mundo, uma herança colonial, no mundo de hoje.

Decolonizando as Relações Internacionais. *Podcast* Chutando a Escada. Ano: 2023. Sinopse: a pesquisadora Camila Santos Andrade conversa com Felipe Mendonça sobre os múltiplos racismos existentes na área de Relações Internacionais no Brasil.

Perspectivas pós-coloniais e decoloniais. *Podcast* Chutando a Escada. Ano: 2021. Sinopse: a professora Lara Selis (UFU) e o professor Aureo Toledo (UFU) falam sobre o livro *Perspectivas pós-coloniais e decoloniais em Relações Internacionais*, um esforço para reunir algumas das principais contribuições brasileiras para os estudos pós-coloniais em Relações Internacionais. Na oportunidade os dois discutiram a pluralidade desse campo nas ciências humanas, a sua consolidação teórica e prática no Sul global, e qual a sua importância para pensar resistências.

Pós-colonialismos e Relações Internacionais. Podcast Chutando a Escada. Ano: 2018. Sinopse: A professora Marta Fernández (PUC-Rio) e o professor Aureo Toledo (UFU) falam sobre o pós-colonialismo e os estudos das Relações Internacionais apresentando quais são os pressupostos básicos desta perspectiva e suas principais influências teórico/metodológicas.

Coração das trevas. Gênero: clássico. Autor: Joseph Conrad. Ano de publicação: 1902. Sinopse: livro baseado na experiência do próprio autor, tem como história o relato do capitão Marlow em expedição pelo Rio Congo para resgatar um gerente de posto de comércio no coração do continente africano colonizado pelos europeus.

O perigo da história única. Gênero: ensaio. Autor: Chimamanda Ngozie Adichie. Ano de publicação: 2019. Sinopse: o livro é uma adaptação da palestra da autora para o *Ted Talk* em 2009, sendo até hoje um dos mais assistidos da plataforma. Em *O perigo da história única*, Adichie aponta para como nosso conhecimento é moldado pelas histórias que consumimos e escutamos e como isso afeta a nossa visão de mundo.

O fardo do homem branco. Gênero: Poema. Autor: Rudyard Kipling. Ano de publicação: 1899. Sinopse: Em uma ode à colonização, Rudyard Kipling aponta para o dever que o homem europeu tem de partir para civilizar os demais povos do mundo.

BIOGRAFIA DOS AUTORES
em ordem alfabética

ANA CAROLINA DE ARAÚJO MARSON
Professora de Relações Internacionais na Universidade São Judas Tadeu (USJT). Doutora em Relações Internacionais pelo Instituto de Relações Internacionais da Universidade de São Paulo (IRI-USP).

AUGUSTO LEAL RINALDI
Doutor em Ciência Política pela Universidade de São Paulo (USP). Professor de Relações Internacionais na Pontifícia Universidade Católica de São Paulo (PUC-SP) e pesquisador do Núcleo de Estudos de Relações Internacionais da PUC-SP (NERI). Autor do livro *O Brics nas Relações Internacionais contemporâneas.*

CAROLINA ANTUNES CONDÉ DE LIMA
Doutoranda em Relações Internacionais pelo programa de pós--graduação San Tiago Dantas (Unesp/Unicamp/PUC-SP), com bolsa CAPES. Pesquisadora do Grupo de Estudos de Defesa e Segurança Internacional (Gedes). Professora de Relações Internacionais na ESAMC e na Universidade Paulista (UNIP).

CLARISSA NASCIMENTO FORNER
Doutora em Relações Internacionais pelo PPGRI San Tiago Dantas (Unesp/Unicamp/PUC-SP). Professora do Departamento de Relações Internacionais da Universidade do Estado do Rio de Janeiro (UERJ). Pesquisadora do Grupo de Estudos de Defesa e Segurança Internacional (Gedes) e do Instituto Nacional de Ciência e Tecnologia para Estudos sobre os Estados Unidos (INCT-INEU). E-mail: clarissaforner@gmail.com.

DAVID MAGALHÃES
Professor de Relações Internacionais na PUC-SP e na FAAP e coordenador do Observatório da Extrema Direita (OED).

GIOVANNA AYRES ARANTES DE PAIVA
Pós-doutora em Relações Internacionais pelo programa de pós-graduação em Relações Internacionais San Tiago Dantas (Unesp/Unicamp/PUC-SP).

JONATHAN DE ARAUJO DE ASSIS
Doutor em Relações Internacionais pelo PPGRI San Tiago Dantas (Unesp/Unicamp/PUC-SP). Pesquisador do Grupo de Estudos de Defesa e Segurança Internacional (Gedes), da Rede de Pesquisa em Autonomia Estratégica, Tecnologia e Defesa (PAET&D) e do Instituto Nacional de Ciência e Tecnologia para Estudos sobre os Estados Unidos (INCT-INEU).

KIMBERLY ALVES DIGOLIN
Professora no curso de Relações Internacionais da Universidade Paulista (UNIP) e pesquisadora no Núcleo de Estudos de Gênero – Iaras, vinculado ao Grupo de Estudos de Defesa e Segurança Internacional (Gedes). Doutoranda pelo programa de pós-graduação em Relações Internacionais San Tiago Dantas (Unesp/Unicamp/PUC-SP), com bolsa CNPq. Mestre pela mesma instituição e especialista em Docência para o Ensino Superior. Graduada em Relações Internacionais pela Universidade Estadual Paulista (Unesp), campus de Franca. Pesquisadora visitante na Universidade de Coimbra por meio do Programa Capes PrInt – Unesp, Edital 63/2023.

LAERTE APOLINÁRIO JÚNIOR
Doutor em Ciência Política pela Universidade de São Paulo (USP). Professor de Relações Internacionais na Pontifícia Universidade Católica de São Paulo (PUC-SP) e pesquisador do Núcleo de Estudos de Relações Internacionais da PUC-SP (NERI).

LETÍCIA RIZZOTTI LIMA
Docente de Relações Internacionais no Centro Universitário Sagrado Coração (Unisagrado). Mestre e doutora em Relações Internacionais pelo programa de pós-graduação em Relações Internacionais San

Tiago Dantas (Unesp/Unicamp/PUC-SP), na área de concentração de "Paz, Defesa e Segurança Internacional". Graduada em Relações Internacionais pela Universidade Federal de São Paulo (Unifesp).

LÍVIA PERES MILANI
Doutora em Relações Internacionais pelo programa de pós-graduação San Tiago Dantas (Unesp/Unicamp/PUC-SP), onde também realizou estágio de pós-doutorado. É pesquisadora do Grupo de Estudos em Defesa e Segurança Internacional (Gedes) e do Instituto Nacional de Ciência e Tecnologia para Estudos sobre Estados Unidos (INCT-INEU).

LUCAS DE OLIVEIRA RAMOS
Graduado em Relações Internacionais pela Universidade Federal de Pelotas (UFPel). Mestre em Relações Internacionais pelo PPGRI San Tiago Dantas (Unesp/Unicamp/PUC-SP). Pesquisador do Grupo de Estudos de Defesa e Segurança Internacional. Desenvolve pesquisa sobre as dinâmicas de defesa e segurança no Chifre da África.

MATHEUS DE OLIVEIRA PEREIRA
Doutor em Relações Internacionais pela Unicamp. Pesquisador do Instituto Nacional de Ciência e Tecnologia para Estudos sobre os Estados Unidos (INCT-INEU) e do Grupo de Estudos em Defesa e Segurança Internacional (Gedes). Professor de Relações Internacionais na Fundação Armando Álvares Penteado e no Centro Universitário Belas Artes de São Paulo.

MAURICIO HOMMA
Doutor em Ciências Sociais: Relações Internacionais e Mestre em Educação: currículo pela PUC-SP. Graduado em Ciências Políticas e Sociais pela Escola de Sociologia e Política de São Paulo. Professor no curso de Relações Internacionais da Universidade São Judas Tadeu.

RODRIGO FERNANDO GALLO

Cientista político, mestre e doutor em Ciências Humanas e Sociais pela Universidade Federal do ABC (UFABC). Leciona em cursos de graduação nas áreas de Administração, Ciências Econômicas e Relações Internacionais, e de pós-graduação nas áreas de Ciência Política e Relações Internacionais. Coordenador do curso de Relações Internacionais do Instituto Mauá de Tecnologia (IMT) e do Laboratório de Gestão e Negócios.

THIAGO FELIX MATTIOLI

Internacionalista, professor universitário, coordenador de projetos de extensão na área de Relações Internacionais, Comércio Exterior, Logística e Ciências Sociais. Mestre e doutor em Ciências Humanas e Sociais pela Universidade Federal do ABC.